데이터를 엮는 사람들
데이터 과학자

DATA SCIENTIST

데이터를 엮는 사람들
데이터 과학자

권정민 지음

데이터 분석 업계에 대한 진솔한 이야기

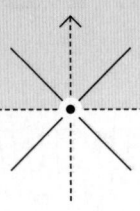

저자 소개

권정민

세상은 데이터로 이루어져 있다고 생각하며, 이를 잘 활용하기 위해 다양한 데이터 분석 및 활용 방안을 연구하고 있다. 카이스트(KAIST) 및 포항공과대학교(POSTECH)에서 산업공학과 전산학을 전공했으며, 다양한 산업군에서 데이터 분석을 수행하고 있다. 저서로는 『데이터 분석가의 숫자유감』(골든래빗)이 있고, 역서로는 『파이썬을 활용한 베이지안 통계』(한빛미디어, 2014), 『빅데이터 분석 도구 R 프로그래밍』(에이콘, 2012) 등이 있으며 『딥러닝 레볼루션』(한국경제신문사, 2019) 등을 감수했다.

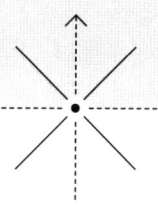

베타 리더 리뷰

이 책을 읽는 동안 같은 업계에 있는 아주 친한 선배와 함께 티타임을 가지며 업계 전반에 걸친 이야기를 진솔하고 신랄하게 주고받는 듯한 느낌이 들었습니다. 오늘은 어떤 이야기를 하실지 궁금해하며 티타임 시간을 기다리게 하는 그런 선배의 이야기 같았습니다. 데이터를 다루는 사람 또는 다루고 싶은 사람이라면 고충을 미리 겪은 선배들이 경험하고 느꼈던 업계 전반을 미리 경험할 수 있을 것 같아서 꼭 읽어 보길 권하고 싶습니다.

강경구, 데이터 엔지니어

이 책은 '데이터'를 다루는 다른 책처럼 '이렇게 하면 성공한다', '이런 트렌드가 있더라'와 같은 '남의' 이야기가 아닌, 안내와 경고 그리고 위로와 공감이 될 수 있는 내용들을 담고 있습니다. 경험에서 우러난 솔직한 이야기부터 SQL, 추천, A/B 테스트 등 여러 실무의 이야기까지. 숫자유감의 권민주 대리가 만화에선 미처 하지 못했던 이야기들이 데이터를 제대로 활용하고자 하는 많은 사람들에게 좋은 가이드가 되어줄 것이라고 생각합니다.

김진환, 차라투 R 개발자

이 책은 '데이터 과학자로 가는 길' 혹은 '데이터 과학자를 위한 훌륭한 가이드 북'이라고 생각합니다. 데이터 분석 관련 많은 책들이 분석 방법과 기술에 집중되어 있다면, 이 책은 저자의 오랜 현장 경험을 바탕으로 현실적이고 인간적인 여러 이야기를 다루고 있습니다. 만약 결론만 듣기를 원한다면 다소 긴 이야기가 될 수도 있겠지만, 현장에서 데이터 과학자의 역할을 감당할 분이라면 분명 이 책이 큰 도움을 줄 것이라고 확신합니다.

한상길, IT디지털개발부 책임자

현실감 있는 현업 사례가 데이터 과학자의 업무를 이해하고 간접적으로 경험하는 데 도움을 주었습니다. 아름답게 포장하려고 하지 않고, 솔직한 관점으로 이야기가 구성되어 있어서 공감이 많이 되었습니다. 책의 후반부에서 데이터 지표, 추천, A/B 테스트를 이해하고 풀어가는 데이터 과학자의 관점이 매우 흥미로웠습니다. 데이터 과학자의 커리어를 시작하려는 분들 또는 직무를 바꾸려는 분들은 꼭 봐야 할 책입니다.

박윤서, 백엔드 엔지니어

이과 느낌이 물씬 나는 차가운 서적들 속에서 이 책이야 말로 데이터 과학 분야의 한 줄기 따뜻한 햇살 같은 에세이라고 생각합니다. 저자는 '빅데이터'라는 말이 유명해지기 전부터 현업에서 종사하면서 많은 흥망성쇠를 직접 체험한 데이터 과학 분야의 산 증인이라 할 수 있습니다. 에필로그에서 저자가 언급한 것처럼 데이터 과학자이거나 데이터 분야에 발을 들이고자 한다면 이 책을 꼭 한번 읽어 보았으면 합니다. 특히, 머리 아픈 머신러닝 이론서를 보다가 잠시 휴식이 필요할 때 한 챕터씩 읽으면서 머리를 식히고 가슴을 따뜻하게 예열해 보길 권하고 싶습니다.

박순호, 영국 에든버러대학교 데이터 과학 대학원 석사과정

통계학과 학생으로서, 진로에 대해 여러 혼란이 있었고 특히 대학원 진학을 많이 고민하고 있었는데 진로 결정에 용기와 조언을 준 유용한 책이었다고 감히 자부할 수 있습니다. 또한, 잘못된 자료로 선동과 날조가 만연한 세상에서 미래에 데이터 관련 직종으로 나아갔을 때 올바른 데이터 과학자의 상(像)이 무엇인지를 깨달을 수 있는 좋은 책이었습니다.

이희범, 통계학과 대학생

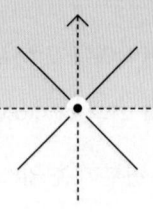

목차

저자 소개 • iv
베타 리더 리뷰 • v
프롤로그 • x

1부 데이터 과학자의 일하는 마음

- 1-1 빅데이터가 없을 때도 데이터 과학자가 있었나요 • 2
- 1-2 좋은 데이터 과학자에게 필요한 능력 • 13
- 1-3 데이터 기반 의사 결정이라는 성배 • 30
- 1-4 통계학자, 머신러닝 연구자 그리고 데이터 과학자 • 44
- 1-5 데이터 과학자의 빛과 소금, 데이터 엔지니어 • 54
- 1-6 가깝고도 먼 우리 사이, 데이터 과학자와 개발자 • 63
- 1-7 데이터 과학자로서 일하는 마음 • 71

2부 데이터 과학자가 일하는 법

- 2-1 데이터가 흐르는 회사 • 82
- 2-2 데이터 분석의 8할은 데이터 전처리 • 94
- 2-3 데이터 과학자의 일은 어디까지일까 • 103
- 2-4 데이터 라벨의 힘 • 112

2-5   충분히 잘 만들어 사용하는 지표는 마법의 숫자와 구분할 수 없다 · 120

2-6   비즈니스에서의 데이터 활용법 · 136

2-7   SQL 오멜라스를 떠나는 데이터 분석가들 · 148

2-8   추천이란 무엇인가 · 160

2-9   A/B 테스트에 대해 아무도 말해주지 않는 것 · 171

2-10 데이터 과학자의 직업 윤리 · 184

3부 데이터 과학자가 생각하는 세상

3-1   인공지능 시대에 통계가 왜 필요할까요 · 202

3-2   머신러닝의 밝은 미래를 말할 때 내가 하고 싶은 이야기 · 213

3-3   데이터 분석의 가시 박힌 꽃, 예측 분석 · 219

3-4   아무 말 대잔치 빅데이터 인공지능 기사 거르기 · 229

3-5   좀비 통계 서바이벌 가이드 · 236

에필로그 · 245

글을 마치며 · 255

찾아보기 · 258

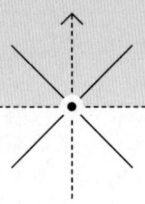

프롤로그

대학교 3학년 때 시간표를 짜면서 데이터베이스 수업이 열린 것을 보고 바로 수강신청 버튼을 눌렀다. 데이터베이스 과목은 전공선택이었고 전산과에서 다른 과로 주전공을 바꾸기로 했던 터라 굳이 듣지 않아도 상관없던 과목이었다. 게다가 데이터베이스 과목은 프로젝트는 어렵고 점수는 그다지 잘 나오지 않는 과목으로 악명이 높기도 했다. 하지만 어차피 쉬운 전공과목이란 존재하지 않았고 무엇보다 나는 '데이터'에 대한 막연한 환상을 가지고 있었다.

    대부분의 사람들이 그렇겠지만, 나 역시 어릴 때부터 무언가를 하고 싶어도 어디서부터 시작해야 할지 몰라 헤맨 경험이 산처럼 쌓여 있다. 물론 그런 경험 후에는 얄팍한 지식을 조금 얻게 됐지만, 그로 인해 너무나도 많은 길을 돌아와야 했고 자원을 필요 없이 많이 낭비하기도 했다. 뭔가 나름대로 찾아본다고 찾아보고 문이 있길래 열고 들어갔을 뿐이었는데, 들어가면 내가 알아본 것은 너무 미약하고 '그것도 모르고 여기를 들어왔니?'라는 눈길과 다시 홀로 찾아봐야 하는 외로움과 같은 감정들이 너무나도 차갑게 느껴졌다. 이런 '삽질'과 같은 시도들은 굉장히 지리하고 피곤하다. 수많은 시간 동안 '남들은 저렇게 척척 잘 하는데, 대체 어떻게 해야 하는 거지?', '이런 걸 하라는데, 어디서부터 시작해야 하는 것일까?', '다들 이 많은 것들을 어떻게 알고 이미 이만큼 해 온 거지?'와 같은 생각에 사로잡혀 있었다.

    이토록 지난하고 어설프던 삶에서 내가 가장 많이 맞닥뜨려야 했던 문제는 '근데 이것을 어디 가서 물어봐야 하지?', '뭘 물어봐야 하지?'였다. '정말 모르면 뭘 어떻게 질문해야 할지도 모른다'라는 말이 있지 않던가. 딱 나의 삶이 그런 꼴이었다. 어디서부터 손을 대야 할지, 어디서 어떻게 찾아야 할지 근본적인 것부터 몰랐기 때문이다. 길눈이 어두운 것을 판별하는 조건이 지도를 볼 줄 모르고 고집은 세서 자기 마음대로 가면서 그 와중에 용감해서 일단 가고 보는 것이라고 하던가. 내가 딱 그 꼴이었다. 그래서 항상 길이 있으면 일단 길을 따라가기 시작했고 조금의 의심도 없이 어떻게든 될 거라 생각하며 쭉쭉 가다가, 어둑어둑해져서야 알 수 없는 목적지에 도달하고는 다시 돌아오는 길을 찾아 헤맸다. 이 과정이 반복되다 보면, 주변에 사람이 있어도 어디서부터 물어야 할지 몰라서 묻지 못하고, 나중에는 질문하는 법마저 배우지 못해서 그나마 기회가 생겨도 어설픈 질문을 하게 되어 서로가 아쉬운 상황이 된다. 이런 상황이 계속 쌓이면서 나는 한없이 어설픈 사람이 되었고, 가끔은 억울하기도 했다. 주변에 물어볼 곳도, 알아서 끌어 주는 곳도 많아 보이는 사람이 여기저기 한가득인 것 같은데, 왜 나는 어리바리 빙글빙글 제자리에서 돌기만 하는지 서러웠다. 나중에는 이 억울함과 서러움의 원인을 나에게서 찾기 시작했고, 결국 자기 비하로 마음을 그어 대며 상처만 가득해졌다.

그런 자기 비하의 시간에서 벗어난 지는 그다지 오래 되지 않았다. 물론 내가 아주 뛰어난 사람은 아니지만, 그렇다고 아주 부족한 사람도 아니리라. 그저 다른 사람보다 질문 능력이 조금 부족했고 내가 하고자 하는 질문의 답을 얻을 수 있는 곳에 손이 닿지 않았다는 것을 알았다. 필요한 시기에 적절한 질문을 하고 그 답을 얻을 수 있는 것은 엄청난 '힘'이라는 것도 깨달았다. 정도의 차이는 있지만 사람들은 누구나 자신의 삶에서 '힘'을 갈망한다. 그 '힘'은 때론 '돈'이 되기도 하고 '권력'이 되기도 하고 '사랑'이 되기도 한다. 그리고 내가 그간 가장 갈망했던 힘은 바로 '정보'임을 깨달았다. 그나마 미약하게라도 삶을 덜 헤맬 수 있도록 정보가 저장되어 있는 곳, 이를 손쉽게 꺼낼 수 있는 곳을 알고 싶었다. 다행히 나는 컴퓨터 통신의 발달로 조금만 수고를 들이면 많은 정보를 얻을 수 있는 시대 속에 있었다.

어쩌면 데이터를 다루는 수업에 계속 관심을 가지고 마침내 그쪽으로 진학을 하게 된 것은, 그리고 지금까지 데이터 분석 일을 하게 된 것은 나에게는 너무나도 자연스러운 일이었는지도 모른다. 항상 '정보'에 목말랐기 때문에 데이터를 예쁘게 쌓아 두고 필요한 것은 간단히 꺼내 쓰고, 그 데이터를 가지고 쓸모 있는 정보를 만드는 일이 나의 갈증을 해소해 줄 수 있을 것처럼 보였다. 원시 데이터지만 잘 쌓여 있기 때문에 내가 찾고

자 하는 것도 손쉽게 꺼낼 수 있으며, 그걸 가지고 내가 아는 지식을 잘 버무리기만 하면 유용한 정보가 되어 나오기도 한다. 이런 일이 가능하다니. 바벨의 도서관[1]의 사서가 되는 것 같은 비현실적인 일이 나의 업무가 되었다. 거기에 데이터를 손쉽게 꺼내고 잘 다듬는 용도의 기술과 도구는 끊임없이 발전하여 새로운 기대를 갖게 한다. 이렇게 아름다운 일이 '데이터 분석'이었고 나에게는 정말 '멋진 신세계'였다.

기업에 한정해서 생각해 보면, 정보의 불균형은 많은 경우 시스템으로 해결할 수 있는 문제고 데이터를 만지는 일을 한다면 더욱더 많은 것을 알 수 있다. 물론 기업의 데이터라는 것은 늘 100% 문서화하기 어렵고 100% 데이터화하는 것이 현실적으로 불가능하며 중간중간 구멍과 오류가 산재한다. 하지만 그럼에도 불구하고 다소 부족한 이 데이터로도 만들 수 있는 정보의 양은 '빅데이터'만큼이나 크다. 그뿐일까? 회사들이 갖추고 있는 데이터베이스를 통해 각자 서비스의 구조, 고객 수와 같이 자신에게 필요한 정보를 손쉽게 찾고, 이 정보를 기반으로 본인에게 필요한 정보 체계를 구축할 수 있다. 이런 개인들이 많아진다면 유용한 데이터는 점점 많아지고 데이터에 접근하기는 더욱 쉬워지며, 우리 사회 정보의 방향은 보다 명확하고 뚜렷해질 것이다. 물론 그 전에 기업들의 '정보 분배', '개인정보 활용 보안'과 같은 문제 해결이 먼저겠지만 기업 내부의 정보를 충분히 알고 있는 것은 각자에겐 많은 도움이 된다. 그뿐 아니라, 직원이 회사에 대한 정보를 탐색하며 지식을 쌓게 되면 회사에 대한 관심도가 증가하게 된다. 회사에 대한 관심은 업무 의욕에 직결되고 이에 따라 정보

---

1 보르헤스의 단편 소설 제목이자 소설에 등장하는 도서관. 세상에 존재할 수 있는 모든 문자 조합을 이용해 정렬된 책들로 만들어진 우주.

활용의 맛을 알게 된 사람들은 더 많은 정보 노출과 활용을 위해 더 큰 노력과 시간을 기울일 것이며 기업에서는 이런 사람들을 더 늘리기 위해 노력할 것이다. 그리고 이 과정에서 데이터 관련 다양한 이슈를 지휘하고 조율을 감당하는 것이 현대 사회의 '데이터 과학자'의 역할이 아닐까 생각한다.

정보 습득의 불균형, 정보 권력, 정보의 재분배에 대해서 다시금 생각해 본다. 인터넷 시대가 되면서 정보를 습득하는 것이 놀랍도록 쉬워졌다. 첫 걸음인 '이걸 어디에 물어봐야 하지?'는 예전에 비해서 엄청나게 간단해졌다. 검색엔진에 무언가 글자를 넣으면 대부분의 경우 문서며 동영상이 잔뜩 나온다. 하지만 이렇게 정보를 찾는 방식이 쉬워졌다고 해서 정보 습득의 불균형 같은 문제가 모두 해결되었을까? '빅데이터'라는 단어가 어색하지 않고 사람들의 수많은 정보가 모이는 '정보 사회'가 되었지만, 사람들이 언제나 제대로 된 정보를 자유롭게 얻을 수 있을까? 인터넷에는 좋은 정보도 많지만 이상한 정보는 더욱 많다. 슬프게도 이상한 정보 중엔 사람들의 눈에 띄고자 하는 의도를 가지고 만들어진 것들이 많아서 그런 정보들은 사람들에게 더 쉽게 노출된다. 검색엔진에 단어를 넣으면 많은 경우 광고와 의도적으로 만들어진 유사 정보가 먼저 노출되고 물건의 경우 쇼핑몰 검색 광고가 검색 최상단을 차지한다. 그뿐만이 아니다. 자극적인 정보는 사람들이 많이 보면서 우선순위가 높아지다 보니 검색을 잘 하는 법과 정보를 거르는 법에 대해 익히지 않으면 의도를 가진 주체에 의해 휘둘리기 마련이고 본인도 모르게 주체의 의도대로 짜여진 길로 가게 된다. 사람들은 타인의 데이터를 모아서 재화로 만들려고 하지만, 그 정보에 대한 제대로 된 소유권을 알려 주지 않는다. 많은 정보를 수집하려고는 하지만 유용한 정보를 공개하지는 않는다. 정보가 많아질수록 유용한 정보의 가치는 더 높아지고, 이는 특정 사람들에게만 전해진다. 정보를 사용하려고 하던 주체는 원하는 정보는 얻지 못한 채 타인이 사용할 데이터가 되어 버린다. 데이터가 '빅'이 될 정도로 많다고 하지만, 그 데이터의 실체를 조금이라도 느낄 수 있는 힘을 가진 사람은 얼마 되지 않는다. 많은 사람들은 그 데이터에 휘둘리고 데이터의 일부로 사용될 뿐이다. 정보 권력의 힘은 존재하고 정보는 누구에게나 평등하지 않으며 정보의 재분배 같은 것은 이루어지지 않은 채 데이터의 불균형은 데이터의 몸집이 커질수록 같이 거대해지고 있다.

심지어 이런 무형의 가치는 범위를 나누기도 힘들고 어떤 시스템으로 정보의 분배를 조율하는 것이 어렵다. 정보를 복제하는 데는 거의 비용이 안 든다고 생각할 수 있지만, 정보의 희소성으로 인해 높아졌던 가치는 복제되어 퍼지면서 하락한다. 정보를 만들고 복제하는 속도는 너무나도 빠르고 그 파급력은 더욱더 추정하기 힘들다. 정보의 가치에서 우열을 가리기는 힘들고 정보 품질을 보장할 수 있는 권위는 점점 더 사라져 간다. 잘 만들어진 정보와 무작위로 남겨진 데이터와 의도를 가지고 만들어진 잘못된 정보의 노출 경계는 흐려지지만, 사용 후의 파급력은 또 다르다. '데이터'를 활용할 수 있는 시대가 왔다고 좋아하던 사람들은 이제는 본인이 '데이터'가 되어 버리는 것에 무력감을 느낀다.

혹자는 '모르는 게 약'이라는 말을 한다. 행복지수가 높은 나라들은 발전을 평가하는 지수가 다소 낮고 내부 계급도 많이 나뉘어져 있다며, 너무 많은 것에 신경 쓰지 말고 본인의 삶에 만족하는 게 최고라고 이야기한다. 물론 그런 사람도 있겠지만, 나는 아니다. 나에게 있어서 무언가를 몰라서 좋았던 적은 내가 기억하는 선에서는 없었다. 각자의 문화와 전통이 중요하다고는 하지만 발전하는 양상은 비슷하다. 정보를 틀어막고 안 빈낙도하는 것처럼 믿게 만들 때, 그렇게 정보를 틀어쥐고 있으려면 얼마나 많은 '힘'이 들까. 그 사람들이 '힘'을 잃는 순간 본인이 속고 살았다는 것을, 내가 얼마나 잘 모르는지를 깨닫게 될 것이고 이렇게 삼킨 빨간 약이 몸에 퍼지면 돌이킬 수 없다. 그리고 나는 어떠했을까. 물론 무언가를 더 알았을 때 어려운 것이 분명히 있기도 하지만, 몰랐던 시절도 나는 행복하지 않았다. 단지 '행복하다'라는 데에 동그라미를 치는 게 어떤 의미인지 몰랐을 뿐이다.

세상은 너무 빨리 변하고 있다. 과거엔 '정보를 어디서 어떻게 찾아야 할지 몰라' 지쳤던 시기였다면, 현재는 '수많은 데이터 중 내가 찾아야 하는 정보와 버려야 하는 정보를 명확히 구분할 수 없어서' 무력해진다. 사람들이 어떤 형태로든 정보에 의해 무력해지는 것은 비극이다. 모르는 게 약이던 시절로 돌아갈 수도 없지만, 가만히 있다가는 수많은 정보에 밀려 뒤처질 것 같은 막연한 불안 속에 살아간다.

그래서 나는 내가 하고 있는, 데이터를 만지고 거기서 정보를 만들어내는 일이 즐겁고 좋다. 물론 일하는 모든 순간이 항상 즐겁기만 했던 것은 아니다. 나는 돈 많은 백수를 꿈꾸며 출근하는 길에서부터 퇴근하고 싶어 하는 평범한 사람일 뿐이고, '데이터 과학자'라면 매우 있어 보이지만 이 직업을 가지고 살아가며 맞닥뜨리는 현실은 한때는 너무 지긋지긋하고 부풀려 있는 데이터 거품에 숨이 막혔다. 그럼에도 불구하고 지금까지 이 일을 놓지 않았던 이유는 미약하지만 끈질겼던 '정보'에 대한 열망 때문이었을 것이다. 아주 작은 부분에서 아주 작은 영향을 미치겠지만, 그만큼이라도 도움이 되는 것을 보여 주고 한 발짝이라도 자신 있게 발을 내디딜 수 있도록 사람들을 도와주는 것, 조금이라도 '정보'가 깔끔하게 정리된 모습을 보는 것, 한 번도 내가 자유롭게 누린 적 없던 '정보'를 향유한다는 것, 나에게는 주어지지 않았던 '정보'를 만들어 내는 것, 그리고 조금 더 나아가 더 많은 사람이 마음 놓고 정보를 사용할 수 있도록 어떤 선택지를 만들어 주는 것이 나를 끊임없이 움직이게 하는 원동력이며 보람이다.

정보의 불균형과 재분배, 어쩌면 영원한 숙제가 될 주제 앞에서 나는 계속 제자리만 뱅글뱅글 돌면서 여기저기 삽으로 팠다가 다시 묻는 과정에 에너지를 다 써 버릴지도 모른다. 하지만 삶을, 데이터를 만지는 일을 계속 전전하다 보면 중심이 조금 벗어나서 완전히 제자리는 아닐 것이라는 어렴풋한 믿음이 있고, 어쩌다 잘 엮어낸 새로운 정보의 매끈함에는 중독성이 있다. 데이터를 정보로 만들고 이를 퍼뜨리는 일에는 항상 제약 사항이 산처럼 쌓여 있고 세상에는 여전히 '빅데이터'로 인한 거품과 그로 인해 두 배로 커진 통증이 존재하지만, 그래도 나는 '정보'에 대한 열망에서 벗어나기는 글렀다. 그나마 일에서는 조금만 노력하면 좁은 범위 내에서나마 정보의 불균형을 줄일 수 있고 '빅데이터'까지는 모르겠지만 손끝에서 사각거리는 수많은 데이터들이 여전히 가득한데, 이를 다듬고 엮어 내지 않을 이유가 없다.

1부

데이터 과학자의
일하는 마음

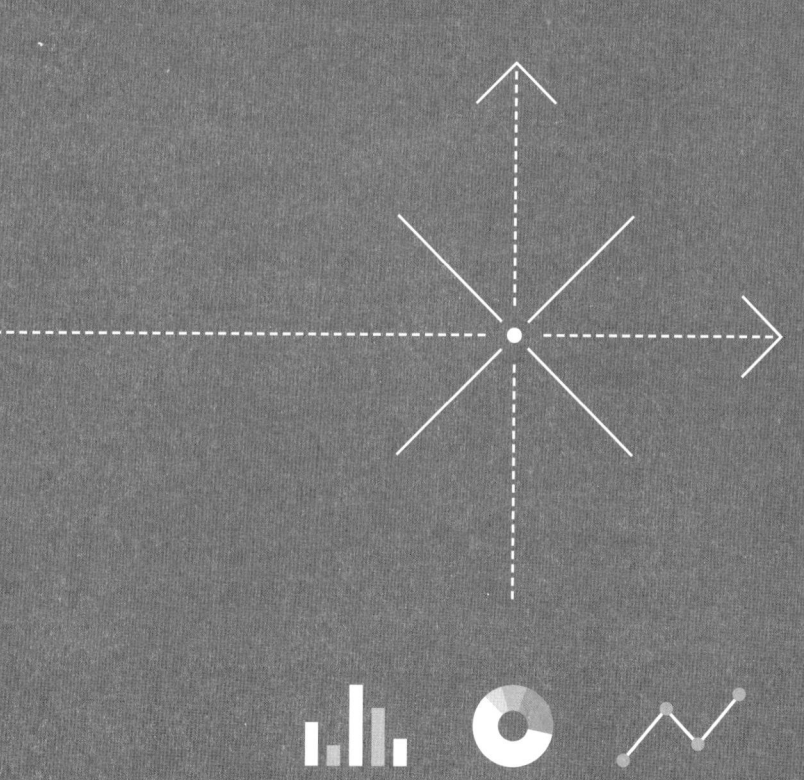

빅데이터가 없을 때도 데이터 과학자가 있었나요

몇 년 전, 한 헤드헌터와 이야기를 했다. 필자의 이력을 보고 "근데 2000년대 후반부터 계속 데이터 과학자 일을 했나요?"라고 물었다. 필자의 일은 바뀐 적이 없으므로 "네, 그렇습니다."라고 대답했다. 그러자 그가 다시 이런 질문을 했다.

"이때는 빅데이터도 없던 시기 아닌가요? 그런데 데이터 과학자가 있었나요?"

아직도 이 질문은 머리에서 떠나지를 않는다. 물론 '데이터 분석가'가 '데이터 과학자'로 불리면서 크게 관심을 받게 된지 그다지 오래되지 않았기에 데이터 분석가에 대해서 몰랐을 수 있다. 필자는 보통 데이터 분석가라는 이름을 사용해 왔고 이 이름을 더 선호한다. 하지만 뭐가 되었든, 이름이 없다고 필자의 일이 사라지는 것이 아니고 필자의 이력이 사라지는 것이 아니다. '데이터 분석가'라는 이름조차 없었던 시절에도 비슷한 일을 했던 사람들은 있었을 것이고 그 사람들은 또 다른 이름을 가지고 일했을 것이다. 그리고 필자와 같이 '이때도 그런 직업이 있었나요?' 같은 소리를 들었을지도 모른다. 데이터를 분석하는 사람들의 이름은 늘 이런 식이다.

그렇다면 데이터 과학자란 뭘까. 데이터 과학자는 '데이터 분석으로 의미 있는 결과를 찾아서 서비스의 현재와 미래를 이해하고 의사 결정을 내리는 데 도움을 주는 일을 한다'고 말할 수 있다. 이 말에 대부분의 사람은 그런 직업이 있나 보다 적당히 이해하고 넘어간다. 하지만 어떤 이들은 좀 더 질문을 하기도 하고, 한두 마디씩 상관없는 말을 얹기도 한다. 그간 이런 유형의 대화에서 공통적으로 받았던 느낌은, 바로 '이질감'이다. 아예 데이터 과학이 저 하늘의 별 같은 일이라면 동경하거나 전혀 모르겠다는 반응을 보였을 것이다. 하지만 오늘날 사람들에게 데이터나 데이터 분석은 이미 가까이에 당연하게 존재하지만 그 뒤에 이를 만드는 사람들이 있다는 것은 잘 알려지지 않았다.

생각해 보면 '데이터'는 우리에게 꽤 익숙하다. 원시 시대에 날짜를 세기 위해 해가 떠오를 때마다 막대기에 줄을 긋거나 혹은 한 동굴 안에 사는 사람이 몇 명인지 세기 위해 사람 숫자만큼 돌을 동굴 앞에 가져다 두는 것도 일종의 데이터 기록으로 볼 수 있다. 그만큼 데이터와 인류의 관계는 오래전부터 시작되었다. 오늘날 주요하게 다루는 상거래 데이터만 하더라도 최초의 기록은 기원전 3200년 즈음 메소포타미아 지역에서 사용한 것으로 추정한다. 이렇게 데이터는 항상 우리 곁에 있었고 데이터를 사용해서 무언가를 하는 사람들도 항상 존재해 왔다. 다만, 그들의 이름이 '데이터 과학자'로 불리지 않았을 뿐이다.

2000년대에 들어서면서 무선통신과 모바일 기기가 보편화되고 수집되는 데이터양이 폭증하기 시작했다. 2010년 이후 1년에 쌓이는 데이터의 양은 2010년 이전 5천 년간 수집된 데이터의 양을 넘어서기 시작했고 데이터와 서비스의 종류도 다변화되었다.[1] 1990년대 존 마쉬(John Mashey)가 데이터 폭증에 대해서 언급하며 '빅데이터'라는 단어를 처음으로 소개하였고 이 단어는 2010년대 들어 3V(규모(Volume), 다양성(Variety), 변동성(Velocity))라는 특성과 함께 본격적으로 널리 퍼지게 되었다.

데이터의 양이 폭발적으로 늘어난 데에는 데이터의 종류가 늘어난 것도 한몫한다. 우선 우리는 네트워크에 연결된 상태로 수많은 일을 한다. 네트워크에 접속해서 검색하며 메시지를 주고받고 블로그에 글을 쓴다. 타인의 SNS 포스팅에 '좋아요'를 누르거나 동영상을 보고 게임을 한다. 온라인으로 물건을 구매하고 어제 주문한 물건이 지금 어디쯤 오고 있는지를 확인하며 스트리밍으로 음악을 듣고 매달 정기결제를 한다. 우리의 이러한 행동이 모두 기록으로 남는다. 기본적으로 내가 인터넷에서 무엇을 보고 들었는지, 어떤 글을 썼는지, 누구에게 무엇을 보냈는지 흔적이 남는다. 검색할 때도 검색한 단어와 해당 검색으로 노출된 결과에 대한 기록이 남는 것이다. 이 모든 것이 기업의 입장에선 서비스 운영에 필요한 기본적인 데이터가 되기 때문에 기록으로 남긴다.

사람의 활동이 온라인에 의존하는 경우가 많아지면서 사용자 기록의 해상도도 높아졌다. 예전에는 가게에서 수집할 수 있는 데이터는 하루에 어떤 물건이 몇 개가 팔렸는지 정도였고 그나마도 손으로 기록해야 했다.

---

[1] IDC Digital Universe Study: Big Data, Bigger Digital Shadows, and Biggest Growth in the Far East, 2020, EMC

혹은 오랫동안 한 동네에 있던 가게라면 주인의 희미한 기억에 의존할 수 있었지만 '누가 무얼 사 갔다, 단골손님 누구는 무엇을 좋아한다' 정도의 정보만을 추가로 얻을 수 있었다.

하지만 요즘 온라인 슈퍼마켓에서는 어디에 사는 어떤 회원이 언제 무엇을 주문하고 무엇을 구경만 하고 지나쳤는지, 어떤 제품을 장바구니에 담았다가 마지막에 어떤 물건을 다시 돌려놓았는지, 어떤 수단을 써서 결제했으며 언제 상품을 받기를 원하는지, 그 물건이 어느 경로로 이동해서 언제 고객에게 배달되었는지, 이 사람이 기존에 이 슈퍼마켓을 얼마나 이용했는지, 심지어 그 슈퍼마켓이 다른 회원제 사이트와 통합 멤버십을 쓰고 있다면 어떤 회원이 다른 사이트에서 어떻게 활동하는지에 대한 정보까지도 원한다면 얼마든지 알아낼 수 있다.

다른 온라인 활동 역시 마찬가지다. 세세한 기록까지 하나하나 쌓여서 하루에 한 사이트에서만 생성되는 데이터가 텍스트 파일 형태로만 가늠하더라도 몇백 기가바이트, 활동이 잦으면 몇 테라바이트 수준으로 쌓인다. 심지어 요즘은 '비정형 데이터[2]'라고 부르는 대화나 웹페이지같이 무작위로 만든 텍스트나 이미지, 소리, 음악, 동영상 등도 파일로 모아 데이터로 사용한다. 이를 컴퓨터로 처리해서 정형 데이터를 뽑아낸 후 활용하는 것이다.

데이터란 결국 '무언가를 기록하는 것'이다. 데이터의 역사는 막대기로 줄을 그어 시간이나 물건의 수를 세던 것에서부터 시작됐지만 데이터의

---

[2] 데이터 모델이 있고 그에 맞춰 정리된 정형 데이터와 반대되는 개념으로, 미리 정의된 데이터 모델대로 정리되어 있지 않은 데이터이다. 주로 일반 글이나 웹페이지 같은 텍스트, 혹은 소리나 이미지 등의 형태가 많다. 전통적인 데이터 처리 시스템으로 처리하기 어렵다. (https://en.wikipedia.org/wiki/Unstructured_data)

종류와 양이 폭증한 만큼 데이터를 기록하고 저장하는 방식 역시 전과 같을 수는 없다. 그리고 여기서부터 쉽게 '데이터'라는 말을 꺼낼 때 전제하는 내용과 현실의 풍경이 달라진다.

예전처럼 수기로 기록된 거래 데이터를 분석해야 한다면 데이터 과학자에게 수많은 컴퓨터 관련 기술의 이해 및 활용이 요구되지는 않았을 것이다. 1970년 에드거 F. 커드(Edgar F. Codd)가 데이터를 데이터의 값과 다른 데이터와의 관계로 정의한 관계형 데이터 모델의 개념을 내놓으면서 현대에 가장 널리 사용되고 있는 형태인 관계형 데이터베이스(Relational DataBase, RDB)가 세상에 등장했다. 관계형 데이터베이스가 발전하면서 데이터를 구조화하여 저장할 수 있게 되었고 사람들은 질의(Query)를 통해 손쉽게 필요한 데이터를 골라서 꺼내 올 수 있게 되었다.

1990년대에 들어오면서 데이터를 추가하고 찾는 작업 외에 데이터 통계와 분석을 시작하였고, 이를 위해 기존에는 쌓아만 두던 데이터를 쉽게 찾고 계산 가능한 형태로 적재하는 데이터 웨어하우스(Data Warehouse, DW)[3]를 개발하게 되었다. 데이터 웨어하우스의 도입으로 데이터를 다양한 형태로 분석하고 통계를 내기가 쉬워지고 데이터를 분석하고 통계 내는 일이 연구나 학술 영역을 벗어나 실생활에서도 활용되기 시작했다. 그 결과 데이터 분석에 관한 관심이 높아지며 1990년대 후반 현재의 '데이터 과학'과 유사한 개념인 '데이터 엔지니어링' 개념[4]이 등장한다.

---

3   https://en.wikipedia.org/wiki/Data_warehouse
4   Wray Buntine, "What is Data Engineering?", January 27, 1997, https://ptolemy.berkeley.edu/projects/embedded/Alumni/wray/dataeng/dataeng.html

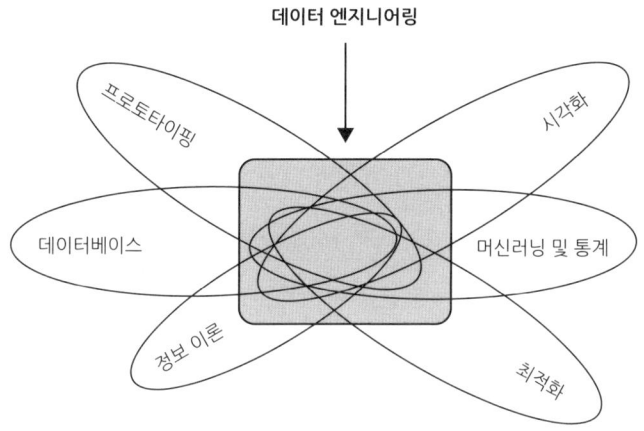

그림 1-1 1997년에 버클리 대학 전산학과 교수 레이 번타인(Wray Buntine)이 제시한 '데이터 엔지니어링'의 주요 요소 다이어그램

이때부터 데이터를 분석하는 사람들에게 통계나 최적화, 시각화 외에 데이터베이스에 대한 이해가 기본 소양으로 자리 잡았다. 이 시기에 적재되는 데이터양이 전보다 기하급수적으로 증가했고 기록 가능한 데이터양이 기록해서 관리하는 데이터를 급격히 추월하기 시작했다. 또한 기록 데이터를 100% 활용하지 못하는 상태에 이르렀다.

그러다 2010년 전후로 기존의 관계형 데이터베이스보다 유연하게 데이터를 저장할 수 있는 다양한 NoSQL 유형이 등장했다. 기존 RDB에서는 데이터를 관계형 표 형식으로 기록했다면, NoSQL 유형에서는 데이터를 객체 형태로 기록한다. 하둡(Hadoop)[5] 등의 분산 처리 시스템이나 스파크(Spark)[6] 같은 분산 분석 프레임워크 등 더욱 많은 데이터를 더 빠르게 처리하고 분석할 수 있는 데이터 관리 및 분석 프레임워크도 다양하게 개

---

5 https://hadoop.apache.org/
6 https://spark.apache.org/

발되기 시작했다. 그 무렵 생산 가능한 데이터와 저장 및 처리할 수 있는 데이터양의 차이가 줄어들면서 본격적으로 빅데이터라는 개념을 사용하기 시작했고 데이터의 양과 종류의 증가 속도만큼 데이터 프레임워크 기술도 더욱 빠르게 발전하고 있다.

최근 구글의 빅쿼리(BigQuery)[7], 아마존의 레드시프트(RedShift)[8], 스노우플레이크(Snowflake)[9] 등 클라우드 플랫폼에서도 서버리스 분산 처리 데이터 시스템을 제공하면서 데이터가 분산 처리에 편한 여러 형태로 저장되는 등 데이터의 기록부터 분산까지 다양한 기술이 등장했다.

데이터 과학자가 기업별로 다양하게 저장된 무수한 데이터를 분석하려면 여러 플랫폼에 맞는 데이터 병합, 정리 기술을 기본적으로 갖춰야 한다. 물론 대부분의 분석은 어느 정도 정형화된 기록이 필요하므로 여러 형태로 기록된 데이터를 다시 구조화된 형식으로 변경해서 사용하는 경우가 많고 이러한 작업을 지원하는 프레임워크도 있다. 하지만 그렇다고 해서 데이터가 최초에 어떤 형식으로 저장되었는지, 데이터를 분석에 활용하려면 어떤 형태로 풀어서 처리해야 하는지 이해하지 못하면 수월하게 업무를 진행하기 어렵다.

또한 다양한 데이터 플랫폼 위에서 데이터를 분석하기 위한 통계 프로그래밍 기술 역시 필수적이다. 일부 회사에서는 데이터를 추출하는 사람과 통계학자를 따로 고용해 데이터를 뽑아내어 통계학자에게 전달한 후 분석을 맡기기도 했지만, 이제는 이와 같은 방식으로 데이터 분석 업무를

---

7 https://cloud.google.com/bigquery/docs/introduction?hl=ko

8 https://aws.amazon.com/ko/redshift/?whats-new-cards.sort-by=item.additionalFields.postDateTime&whats-new-cards.sort-order=desc

9 https://www.snowflake.com/

진행하지 않는다. 일단 필요한 데이터의 종류가 워낙 많고 조건도 다변화되었으며 방법론 역시 다양해졌기 때문이다. 1990년대에 학계와 기업, 정부 기관의 주도하에 KDD 프로세스[10], SEMMA[11], CRISP-DM[12] 같은 데이터 분석 방법론이 제시되었는데, 이 중 현업에서 오랫동안 쓰인 것은 도메인이나 사용 플랫폼에 대해 유연한 형태였던 CRISP-DM이었다. 이마저도 요즘에는 적극적으로 사용되지 않는 추세다.

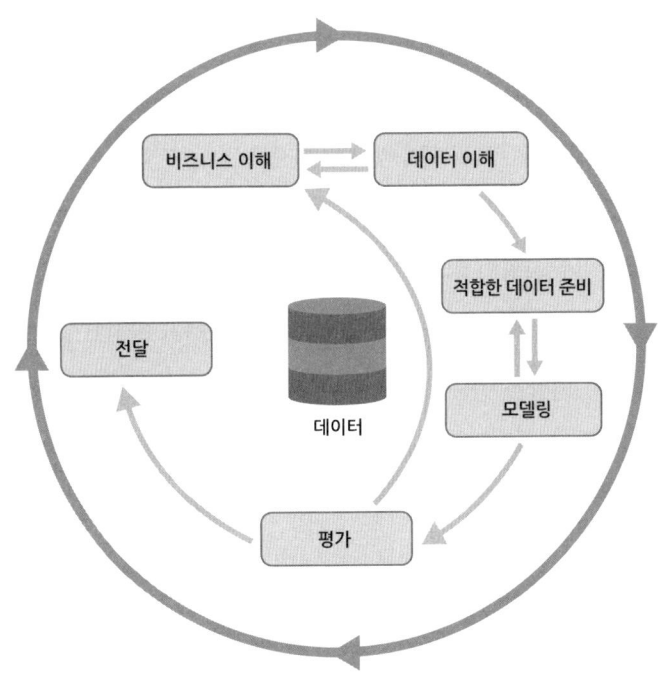

그림 1-2 CRISP-DM 데이터 분석 프로세스

10　Fayyad, U. M. et al. 1996. From data mining to knowledge discovery: an overview. In Fayyad, U. M.et al (Eds.), Advances in knowledge discovery and data mining. AAAI Press / The MIT Press.
11　https://en.wikipedia.org/wiki/SEMMA
12　https://en.wikipedia.org/wiki/Cross-industry_standard_process_for_data_mining#History

요즘에는 데이터를 분석해서 해결해야 하는 문제도 이전에 비해 다양하다. 전에는 사업 방향이나 디자인도 간단하게 감으로 정했으나 이제는 사람들이 어떤 물건을 많이 사는지, 사용자가 서비스 중 어느 단계에서 빠져나가는지 데이터로 확인한 후 진행 방향을 결정한다. 많은 쇼핑몰에서 쉽게 볼 수 있는 개인화 추천 메뉴도 데이터를 활용한다. 이렇듯 데이터를 통계적으로 설명해야 하는 문제부터 예측 모델을 만드는 머신러닝 접근법이 필요한 문제까지 데이터 분석이 필요한 영역이 가지각색이라 이를 하나의 프로세스에서 소화하는 데에 한계가 있다. 물론 기존에도 다양한 통계 기술적 문제 해결 방법에 관해서 많은 연구와 정보 교류가 있어 왔지만, 그 범위 역시 지속해서 넓어지고 있다. 게다가 데이터를 이해하고 준비하는 과정이 여러가지 형태로 자주 반복되며 데이터의 활용 형태도 다양하게 확장되어 이를 하나의 프로세스 또는 방법론으로 만드는 것도 무의미하다. 그만큼 데이터 분석 과정을 정해진 단계로 나누어서 각 단계에 맞는 역할을 정하고 사람을 배치하기도 쉽지 않다. 따라서 데이터 과학자는 본인이 사용하는 데이터에 대한 책임이 있다. 재료가 상한 줄도 모르고 음식을 만들었는데 누군가 이를 먹고 배탈이 났다면 요리사에게 책임이 있듯이, 데이터를 제대로 파악하지 못한 채 잘못된 분석을 했다면 오롯이 데이터 과학자에게 책임이 있다.

　빅데이터 환경이 도래하면서 남길 수 있는 데이터와 실제 남아 있는 데이터 사이의 틈이 아주 조금 줄어들었으나, 여전히 많은 기업에서는 그 차이가 명확히 존재한다. 심지어는 남아 있기는 하지만 잘못 남아 있는 경우도 다수다. 데이터 과학자는 데이터의 가장 큰 사용자로서 이에 대한 원인과 결과를 이해하고 수정 및 기록 요청도 할 수 있어야 한다. 데이터에 대해서 가장 잘 이해하고 있어야 하는 사람이 데이터 과학자다. 데이터 과학자는 데이터 분석의 모든 프로세스를 책임지고 진행해야 한다. 사업 방향을 정하거나 디자인하는 문제는 해당 분야의 전문가가 풀 수 있을지도 모르지만, 이런 문제에 데이터를 적용해서 판단할 수 있도록 틀을 만들고 결과를 구하는 것은 데이터 과학자의 고유한 역할이다. 이외에도 데이터를 기록할 형태를 만들고 개인정보 문제에도 신경 쓰며 사내에서 직원들이 데이터에 더 쉽게 접근할 수 있도록 하는 등 데이터 과학자가 해야 하는 일은 다양하다. 하지만 확실한 것은 데이터 과학자는 비즈니스에서 발생하는 문제를 규정하고 이를 해결하는 데 필요한 데이터를 찾아서 준비하고 데이터 분석에 어떤 통계 기법이나 알고리즘이 적합한지 파악해서 결정하고, 분석 결과를 수치적으로 해석하고, 이를 다시 비즈니스에 적용할 수 있도록 실행 계획을 세우거나 커뮤니케이션하는 과정을 소화한다는 것이다. 이러한 일을 하기 위해서는 도메인 지식과 데이터에 대한 이해, 통계 지식, 알고리즘 이해 같은 다양한 자질이 필요하다.

그동안 데이터 과학과 관련된 훌륭한 프로그램들이 등장했고 데이터 프레임워크도 눈부시게 발전해 왔다. 그래서 사람들은 빅데이터와 딥러닝 기술을 사용하면 어떻게든 문제를 해결할 수 있지 않냐고 이야기하기도 한다. 하지만 이러한 상황일수록 기본적인 과정을 제대로 거치지 않는다면 데이터 과학이 망가지기 쉽다. 사람들은 컴퓨터가 내놓는 결과를 맹신하거나 무시한다. 같은 결과를 보고 여전히 반응은 극단적으로 갈리는 경향을 보인다. 요즘에는 '빅데이터와 인공지능'의 환상이 뿜어내는 빛 때문에 데이터 분석 결과를 무조건 믿는 이들이 늘고 있다.

이런 반응 속에서도 '데이터로 문제를 해결해야 하는' 데이터 과학자는 올바른 선택을 해야 한다. 문제를 잘못 정의하고 부적절한 데이터를 알맞지 않은 알고리즘에 적용하면 제대로 된 답을 내기 어렵기 때문이다. 어찌어찌 답을 구한다고 해도 답을 이해하지도 못한 채 맹목적으로 따라갈 수도 있다. 그래서 데이터 과학자는 문제를 정확하게 이해하고 제대로 된 답을 찾기 위해 데이터가 어떻게 남았는지 데이터의 형태를 보며 그 상황을 역으로 추정하고 해결 과정을 깔끔하게 정리하고 분석 결과를 적합한 방식으로 잘 전달하는 방법을 연구하며 실력을 쌓아 나간다.

앞에서 데이터 과학자는 '데이터를 분석해서 의미 있는 결과를 찾아 서비스의 현재와 미래를 이해하고 의사 결정을 내리는 데 도움을 주는 일'을 하는 사람이라고 했다. 전보다 데이터의 양이 많아지고 문제가 복잡해졌을 뿐, 이런 일을 하는 사람은 과거부터 계속 존재해 왔다. 성경에서도 "지혜가 제일이니 지혜를 얻으라 네가 얻은 모든 것을 가지고 명철을 얻을지니라(잠언 4:7)."라고 하지 않았던가. 이미 그때부터 데이터로 의미 있는 지식을 만드는 사람들이 있었다.

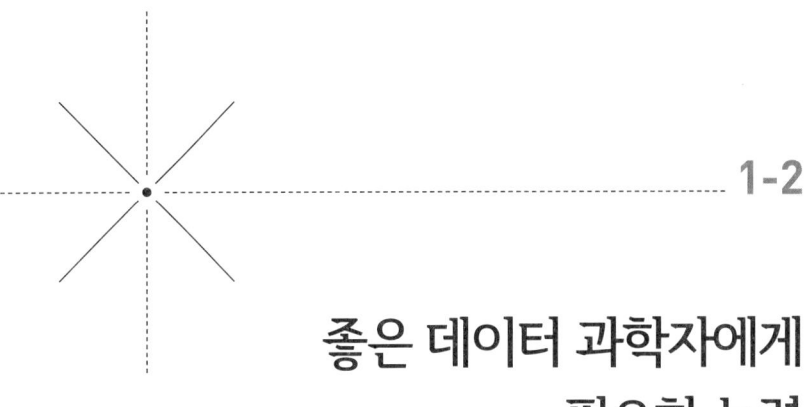

1-2

좋은 데이터 과학자에게 필요한 능력

데이터 과학자를 꿈꾸는 사람이나 데이터 과학자로 경력을 쌓은 지 오래되지 않은 사람들이 메일이나 강연의 질의 응답 시간 등을 통해 자주 물어보는 질문들이 있다. 특히 대부분의 사람이 취업, 이직뿐만 아니라 직업 자체에 대해 다양한 질문을 하고 있는데, '본인에게 부족한 것은 무엇인지', '이 정도만 해도 괜찮은 것인지', '데이터 과학자로서 중요한 능력은 무엇인지', '데이터 과학자로서 재능이 있는지'와 같은 질문을 많이 한다. 그 질문들에 대한 나의 대답은 거의 비슷하다.

모든 사람이 본인의 길을 가는 데 불안함을 느낀다. 한 발이라도 먼저 시작한 사람들이 나쁘지 않게 가고 있는 모습이 보이면 불안한 마음이 다소 줄어들고 당연히 앞선 이들이 밟아서 조금이라도 다져진 길로 가고 싶다. 다만, 아쉽게도 데이터 과학자에게는 그런 길이 잘 보이지 않는다. 다져진 길이 보이지 않아 내내 불안했고 집필을 하고 있는 지금도 '이대로 괜찮을까' 하는 생각이 수시로 떠오른다.

여기저기서 '21세기 세상에서 제일 잘 나가는 직업'이라고 데이터 과학자를 소개하는 이야기가 들려오고 어디서는 데이터 과학자 벤 다이어그램(18쪽)을 그려 가며 이것저것 다 잘해야 데이터 '과학자'가 될 수 있다고 말한다. 어렸을 때부터 우린 '과학자'라는 이름에 남다른 무게를 담아 왔기 때문에 데이터 '과학자'에게도 굉장한 무게와 환상을 지니고 있다. 물론 지금은 그 무게를 적당히 받아들이게 되었지만, 처음에 '데이터 과학자'란 이름이 어색했던 이유도 그 무게와 이상이 주는 중압감 때문이라 생각한다.

이름뿐만이 아니다. 유명한 기업의 인재 채용 공고를 무비판적으로 가져온 듯한 국내외 유수 기업의 공고에서는 데이터 과학자에게 높은 학력과 화려한 스펙을 요구한다. 그리고 '데이터 과학자'를 인터넷에 검색해 보면 여기저기 각자의 근사한 성과를 뽐내는 이야기들과 경력을 어필하는 미디어가 가득하다. 데이터 과학자를 양성하는 교육 프로그램의 커리큘럼에는 낯선 용어가 난무하고 왠지 그런 것들을 다 알아야만 하는 것처럼 말한다. 그래서 그런 것들을 어설프게 배우면 안 될 것 같고 데이터 분석에 대한 자격을 제대로 인정받고 그럴듯한 이력으로 포장해야 간신히 데이터 과학자로서 커리어를 밟아 나갈 수 있을 것 같은 기분이 든다.

물론 사회 초년생이나 졸업생들은 진로에 대해서 큰 두려움을 가지고 있을 수밖에 없다. 그 와중에 데이터 과학자라는 직업은 생긴 지 오래되지도 않았고 여러 사람이 땅을 밟고 다지며 지나간, '이것이 정도(正道)다!'라고 외칠 수 있는 길도 없고 수상해 보이는 수많은 샛길만 여기저기에 보인다.

이런 상황 속에서 헤매고 있을 예비 데이터 과학자를 위해 그 안에서 내가 지금껏 어떻게 버텨 왔는지를 나누고 주변 동료들과 이제 막 데이터 과학자의 길에 발을 내딛는 사람들을 보면서 어떤 생각을 했는지 이야기해 보겠다. 좋은 데이터 과학자의 역량에 대해서 계속해서 많은 생각을 했으나 요즘에서야 어느 정도 간결하게 정리되었다. 나 자신에게 '늘 이대로 괜찮을까'라고 불안정한 마음으로 되물어 왔으나, 이에 대해서도 이제는 '괜찮지 않을 이유는 또 무엇인가' 하고 대답할 수 있게 된 지금, 이전의 나와 같이 '이대로 괜찮을까?' 하는 고민을 가지고 있다면 함께 이야기해 보자.

데이터 과학자의 학위

가장 많이 듣는 질문은 역시 학위에 관한 이야기다. 많은 사람이 궁금해하는 만큼 이 질문에는 불안감이 더 짙게 배어 있다. 그만큼 구체적이기까지 하다.

"학사 졸업 후 바로 취업해도 될까요? 석사 졸업한 다음에 취업할까요? 데이터 과학자는 박사 학위가 있어야 하지 않나요? 회사에 다니고 있지만, 지금이라도 학위를 딸까요? 야간 대학원을 다니는 것은 어떨까요? 직업 교육 기관의 강좌를 들으면 어떨까요? 인터넷 강좌도 일하는 데 도움이 되나요? 교육 기관 이수가 이력으로 인정되나요?"

조금 피곤하기는 하겠지만 업계 상황을 파악하기 위해서는 주변에서 아무리 이야기를 해 줘도 본인이 직접 겪어 보고 판단하는 것만큼 확실한 것은 없다. 그러기 위해서는 일단 부딪치는 것이 최고다. 선택의 고민은 나중에 해도 늦지 않다. 다행히 부딪칠 기회가 생기면, 그곳에서 어떤 것을 필요로 하는지 명확히 알 수 있다. 그러면 본인이 어떤 경험이나 학업을 더 쌓아야 하는지 감이 오기도 한다.

필자는 같이 일할 사람을 채용하는 공고를 쓸 때 학위는 최소한으로 요구하는 편이다. 물론 데이터 분석은 기본적으로 상당한 통계 지식과 컴퓨터 지식이 필요하기 때문에 최소한의 학부 과정(통계 및 컴퓨터 관련 전공 혹은 관련 과목을 다수 이수한 경우)을 이수한 사람을 주로 선호한다. 여러 회사 채용 공고를 살펴보면 이런 경향이 더욱 명확히 보일 것이다. 하지만 그 이상의 학력은 꼭 필요하다고 생각하진 않는다.

대학원 과정이 데이터 과학자에게 도움이 되지 않는 것이냐고 묻는다면 그렇지는 않다. 오히려 다른 분야들보다 데이터 과학은 공부가 많이 필요한 분야고 그러다 보면 간단한 논문 등의 연구 자료를 찾아서 읽어야 하는 경우도 잦다. 이것저것 새로운 주제가 수시로 등장하는 분야이다 보니 본인에게 필요한 신기술이나 이론을 찾아서 공부해야 할 때도 많다.

어떤 주제에 대해서 큰 어려움 없이 주체적으로 학습을 할 수 있는 역량이 요구되는데, 이는 대학원 이상의 과정에서 주로 훈련할 수 있어서 다른 업에 비해 대학원 과정이 더 많은 영향을 미칠지도 모른다. 이런 이유로 일부 회사에서 대학원 과정까지 이수한 사람을 선호하기도 한다. 하지만 대학원 과정이 주는 장단점을 생각해 봤을 때, 시간과 돈을 들여 학위를 얻는 것이 '과연 기업에서 데이터 과학자로 일하는 것'에 그 정도로 도움이 될지는 의문이다.

학교와 회사는 분명 다르며 대학원 과정은 연구를 위한 과정이다. 그리고 기업의 데이터 과학자는 연구자가 아니다. 물론 업무의 속성이 다른 업무보다는 연구 쪽에 가깝기는 하지만, 생각보다 훨씬 더 비즈니스나 특정 분야의 의사 결정과 연결된 일이고 다른 연구 관련업과는 다소 거리가 있다. 그러다 보니 '연구를 위한 과정에 시간과 노력을 몇 년씩 소모하는 것이 좋을까'라고 물으면 나는 아니라고 대답하고 싶다. 차라리 그 기간에 회사에서 본인의 이력을 쌓으면서 그 과정의 열매를 직접 길러 먹으며 이런저런 다양한 맛을 느끼는 것이 본인에게 훨씬 더 도움이 될 것이라고 생각한다.

나아가 박사 과정을 고려한다면 더 많은 고민을 해봐야 할 것이다. 물론 본인이 일하다가 이 분야에 대해서 제대로 연구하고 싶은 경우라면 당연히 박사 과정을 추천할 것이다. 업의 방향을 살짝 틀어서 연구 관련 일을 하고 싶다면 박사 과정이 필요할 수 있다. 이 일을 하면서 새로운 개념을 잔뜩 만나게 되고 어떤 기술이나 기존 연구에 강렬한 자극을 받아 연구 관련 업무에 매력을 느낄 수도 있다. 혹은 평생의 목표와 같은 회사에서 박사 과정을 필수로 요구할 수도 있다. 그렇다면 박사 과정을 선택해야 한다. 그리고 이미 박사 과정을 시작했다면 그 자리에서 열심히 공부를 하면 된다. 많은 공부의 이력은 이 업계에서 실보단 득이 되는 순간이 훨씬 많기 때문이다

하지만 굳이 좋은 '이력'만을 위해 박사 과정이 필요하다고 생각하진 않는다. 박사란 특정한 분야를 깊게 연구하는 사람들이고 학위는 이에 대한 증명이다. 좁고 길고 깊은 연구는 많은 경우 데이터 과학자에게 요구되는 덕목은 아니다. 그렇기 때문에 정말로 본인이 하고 싶은 연구 또는

공부가 생겼거나 명확하게 하고자 하는 세부 분야에서 박사 학위가 필요하다거나 일보다는 이쪽에 대한 지식을 얻는 게 중요하다는 생각이 강렬하게 들어 박사 과정을 선택하는 명확한 이유가 있는 경우가 아니라면, 다시 고려해 보기를 권한다.

그렇다면 전공 학위를 추가 이수하는 경우는 어떨까? 많은 사람이 본인이 비전공자라는 이유로 관련 학위를 추가 이수해야 하지 않느냐고 물어본다. 물론 관련 학위가 있으면 다소 유리한 위치에 설 수 있다. '데이터 과학자'에 관심이 있는 사람이라면 아래의 '데이터 과학자 벤 다이어그램'[13]을 본 적이 있을 것이다.

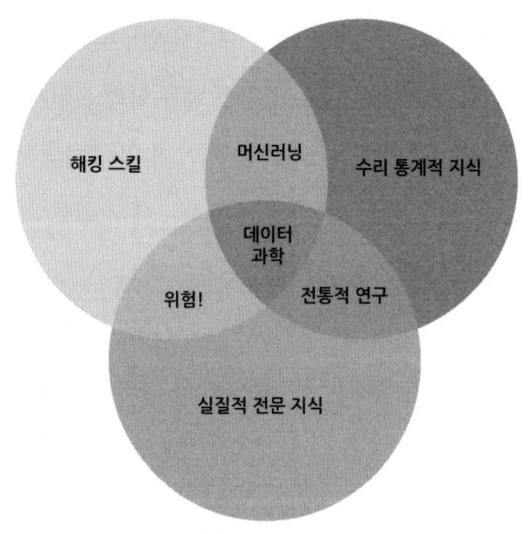

그림 1-3 데이터 과학자 벤 다이어그램

---

13 데이터 과학자이자 알류비움(Alluvium)의 CEO인 드류 콘웨이(Drew Conway)가 2010년 발표한 그림으로, 이를 패러디하거나 변형한 벤 다이어그램이 많이 나왔으나 지금까지도 데이터 과학자에게 필요한 지식을 이야기할 때 대표적으로 사용된다(http://drewconway.com/zia/2013/3/26/the-data-science-venn-diagram).

이 벤 다이어그램에서도 볼 수 있듯이 데이터 과학자에게는 다양한 능력이 필요하다. 큰 원에 표시된 세 가지 항목 중에 일단 눈에 들어오는 것은 위쪽 두 항목인 해킹 스킬(Hacking Skills)[14]과 수리 통계적 지식(Math & Statistics Knowledge)이다. 그렇다면 비전공자들이 이 중에서 어떤 지식을 배워야 할까? 둘 중 하나를 먼저 배우면, 나머지 하나는 대충 해도 괜찮을까? 지금 나를 비롯하여 어느 정도 연차가 있는 데이터 과학자는 다들 학위가 두 개 이상일까? 다들 컴퓨터와 수리 통계를 전공했을까? 그리고 그렇게 전공을 익히고 나면 일을 더 잘할 수 있을까?

물론 아는 것은 힘이고 '내가 왜 굳이 이런 걸 배웠을까?' 싶었던 것을 나중에 유용하게 써먹게 되는 일도 비일비재하다. 특히 데이터 분석 일에는 벤 다이어그램의 주요 항목 이외의 능력도 의외로 소소하게 필요하다. 앞에서 언급하지는 않았지만 엄연히 하나의 큰 원으로 존재하는 '**실질적 전문 지식**(substantive expertise)'이 바로 그것이다. 이를 '도메인 지식'으로 단순하게 갈음해 버리기도 하지만, 실무에서 '실질적 전문 지식'의 범위는 도메인 지식부터 흔히 말하는 소프트 스킬까지 넓은 범위를 아우르고 그 중요도 또한 생각보다 높다. 특히 데이터 분석 업무란 여러 부서와 다양한 커뮤니케이션을 하는 일이다 보니 더욱 그렇다. 그리고 이런 실질적 전문 지식은 회사에서 직접 부딪치면서 익히게 되는 것들이 다수다. '데이터 사이언스' 학부 과정이 생겼다고 하여 교과 과정을 살펴보기도 했지만, 과연 일하면서 체득하게 되는 지식과 기술을 교과 과정에서 제대로 배울 수 있을지는 다소 회의적이다.

---

14 기본적인 컴퓨터 기술의 의미라고 드류 콘웨이가 설명했다.

심지어 요즘에는 데이터 분석에 필요한 컴퓨터 및 통계 기술은 굳이 학교가 아니더라도 온·오프라인 교육 과정을 통해 쉽게 접할 수 있다. 그런 과정들의 품질이 다 좋다고는 할 수 없고 많은 경우 활용 기술에 기댄 수업들이 많아서 부족하다는 생각이 들 수도 있다. 하지만 그 이상을 배우는 방법은 다양하다. 데이터 분석이 좀 더 사람들에게 친숙해지면서 좋은 책도 많이 나왔고 교과서도 쉽게 접할 수 있으며 심지어 대학 수업을 온라인으로 옮겨 놓은 과정도 상당수에 달한다. 논문을 읽거나 신기술을 공부하는 스터디 그룹에 참여하는 등 여러 가지 활동을 해 보면서 정말로 더 깊은 공부가 필요한지 고민해 보는 것도 좋은 방법이다. 어차피 일을 중단하고 공부를 하겠다는 생각을 세울 정도로 공부에 대한 의지가 확고하다면, 일단 이런 방식의 공부를 일과 병행해 보는 것도 분명 도움이 될 것이다. 물론 아무래도 진학했을 때 주어지는 환경에 비하면 많이 부족하고 어려운 점도 많겠지만, 학업에서 얻지 못하는 것 또한 대단히 많기 때문에 다양한 방법으로 실질적인 데이터 지식을 접하면서 심도 있는 공부에 대한 가능성이나 흥미를 재고해 보는 것도 좋다.

회사라는 커뮤니티에서의 각자 맡은 일을 하다 보면, 특정 능력을 깊이 있게 아는 것도 중요하지만 어느 정도는 다양한 지식과 기술을 익히는 것이 필요하다는 것을 알게 된다. 데이터 과학자의 업무는 알아야 하는 지식의 범위도 넓고 기술이 바뀌는 속도도 빨라서 회사 업무 외적으로도 계속해서 시간을 들여서 노력할 일이 많다. 그 노력에서 '회사'를 떼어 두고 '학업'에만 100% 매진하기에는 노력 대비 업무의 유효성이 다소 떨어질 수밖에 없다. 이 느린 듯하면서도 변화무쌍한 데이터 과학 분야가, 학업을 끝내고 돌아왔을 때 본인이 그전에 알던 모습과 또 다른 모습일지도 모르고, 본인이 공부한 내용이 더는 매력적이지 않을 수도 있다.

대학원 과정은 좁은 주제를 공부하는 것이기 때문에 그 차이가 더욱 크다. 물론 도움은 되겠지만, 공부 자체도 본인이 생각하던 방향과는 또 다를 수 있다. 지금도 몇 년 전보다 대학원 과정을 우대하는 회사가 다소 줄어들었고 체감하는 추세로 볼 때, 회사들이 대학원 과정에 좀 더 무게를 두지 않는 방향으로 갈 수도 있다. 그렇다면 이런 경우에도 후회가 없을지 정말 진지하게 생각을 해 봐야 할 터다.

'과학자'라고 불리는 많은 사람들은 박사 과정을 이수했다. 하지만 박사 과정 없이도 노벨상을 타기도 하는 '과학자'도 있다. 심지어 데이터 '과학자'는 연구직이라기보다는 실무직에 훨씬 가깝다. 그러다 보니 반드시 긴 가방끈이 필수는 아닌 것이다. 학위를 요구하는 쪽도, 학위를 고민하는 쪽도, 나에게, 우리에게 필요한 '이력'이란 과연 어떤 것인지를 숨을 고르며 생각해 보았으면 하는 마음이다.

데이터를 다루는 능력

많은 회사가 데이터 과학자를 채용할 때 기술 시험을 실시한다. 면접장에서 바로 분석 코드를 작성하라고 하거나 코딜리티(Codility)[15] 같은 온라인 코딩 테스트 사이트를 통해 시험을 치르게 한다. 나는 이런 기술 시험을 그다지 선호하지 않는 편인데, 그 이유는 이를 통해 데이터 과학자의

---

15 https://www.codility.com/

역량을 제대로 확인하기 어렵다고 생각하기 때문이다. 애초에 데이터 과학자에게 깊이 있는 기술적 역량이 필요하다고 생각하지도 않고 실제로 필요한 능력을 단편적인 테스트로 파악하는 데는 한계가 있기 때문에 그렇다. 게다가 회사마다 다루는 기술 스택이 매우 다르지만 데이터 과학자에게 이에 대한 전문가적 지식까지는 요구하지 않는 경우가 다수이다. 그래서 내 경우에는 기존의 쌓인 지식보다는 학습을 지속하는 자세나 역량을 주로 보는 편이다.

다만, 데이터 과학자에게 반드시 필요한 기술적 역량으로 면접에서 꼭 물어보는 것이 있는데, 바로 기본 SQL(Structured Query Language) 개념이다. 이것은 아무리 강조해도 부족함이 없다. 어디든, 어떤 데이터 시스템을 쓰든, 파이썬이건 R이건 어떤 언어를 쓰든 꼭 필요한 최소한의 개념이기 때문이다. 요리 재료를 사러 가서 계산하는 방법을 알아야 하는 것과 같다. 데이터 과학자가 자신에게 필요한 데이터를 가져오는 것은 기본 능력이며, 이를 위해서 꼭 필요한 언어가 SQL이다. 그런데 의외로 이를 모르는 사람이 너무 많다. 심지어 연차가 높은 사람 중에서도 SQL을 잘 모르는 사람이 생각보다 많아서 놀라기도 한다. 물론 생각보다 많은 곳에서 주어지는 데이터에 대해서만 분석을 수행하기도 할 것이다. 하지만 데이터 규모가 커지고 다양해지면 주어지는 데이터만 분석할 수는 없기 때문에 자신에게 필요한 데이터를 직접 고를 능력이 없는 사람이 할 수 있는 분석의 범위는 시간이 갈수록 기하급수적으로 적어질 것이다.

SQL은 데이터를 가지고 오는 데 사용되는 대표적인 언어이며 쉽고 직관적이다. 데이터 처리 플랫폼은 다양하게 발전하지만 SQL 인터페이스는 공통으로 적용하고 있다. 혹자는 데이터베이스의 접근 권한만 얻은 후

테이블을 모두 읽어 들여 파이썬이나 R로 처리한다고도 하는데, 이는 이론 면에서나 속도와 효율 면에서도 모두 부적절하며 간단한 작업의 경우 소 잡는 칼로 닭 잡는 모양이 될 수 있다. 100만 명의 회원 정보 중에서 1번 회원만 보면 될 때, SQL로는 간단히 처리할 수 있는데, 100만 명의 데이터를 파이썬으로 모두 읽어 들인 후 1번 회원을 찾는 것은 너무 소모적이지 않은가. 이게 우스꽝스럽게 보일 사람도 있겠지만, 실제로 이런 경우를 여럿 봐 왔다. 그러고는 "파이썬이나 R에서 다 할 수 있는데 그것까지 굳이 배워야 하나요?"라고 말한다.

많은 사설 강의에서 파이썬이나 R을 가르치고 데이터 분석에서 이것만 알면 충분한 것처럼 말하지만 실제는 그렇지 않다. 데이터 분석에서의 파이썬이나 R은 데이터를 모아서 가져온 이후에 데이터를 다듬고 통계 모델링을 하는 데 사용하는 언어다. 그래서 그 이전에 적합한 데이터를 정제해서 가져오는 데에 도움을 주지는 못한다. 하지만 많은 기업 환경의 경우, 많고 다양한 데이터를 다룰수록 '다양한 데이터에서 데이터의 정합성을 확인하고 원하는 대로 골라서 가져오는' 능력이 데이터 분석 전반에서 차지하는 비중이 높아진다. 요리를 불판에서 조리하는 게 전부라고 생각할지 모르지만, 사실 요리는 재료를 잘 골라서 다듬는 데서 시작하고 이 부분은 시간이 오래 걸리고 귀찮지만 제대로 된 재료 선택과 다듬기가 요리의 질을 좌우한다. 데이터를 다루는 일도 마찬가지다. 데이터를 충분히 이해하고 문제에 맞는 데이터를 제대로 골라 가져오지 못한다면, 분석을 아무리 잘한다고 해도 그 과정이나 결과가 우아하기란 쉽지 않다. 분석의 재료를 잘 고르고 재료를 제대로 이해하기 위해서는 데이터를 많이, 꼼꼼히 들여다보아야 하고 그러기 위해서는 데이터베이스에 대한 지식과

SQL 지식은 필수이며 데이터를 이해하기 위한 기본 도메인 지식도 필요하다. 데이터 과학자는 필요한 데이터, 사용 가능한 데이터를 충분히 이해하고 있어야 한다.

데이터 과학자의 마인드셋

나는 일에 대한 욕심이 있다. 내 직업이 '데이터 과학자'라면 '좋은 데이터 과학자'로 불리고 싶다. 그래서 이것저것 다 잘하고 싶었다. 하지만 지금까지도 그 '좋은'이라는 수식어를 위해서 어떤 것을 익혀야 하는지는 자신 있게 말하지 못한다. 각 회사의 다양한 환경에서 요구하는 사항들은 너무 달랐다. 그 안에서 그때그때 '언 발에 오줌 누기' 식으로 기술을 쌓아 왔고 그렇게 여기저기 역량을 맞추어 지나오다 보니 여기까지 오게 됐다.

그렇지만 그 다양한 데이터 과학 과정에 공통으로 필요한 자질이 없을 리 없다. 데이터 분석에 기본적으로 필요한 능력이라면 **문제를 정확하게 정의하는 능력, 논리적으로 적절한 도구를 사용해 문제를 해결하는 논리적 사고 능력, 데이터에 대한 이해와 객관성, 지속적인 학습에 열려 있는 자세, 커뮤니케이션 스킬**이다.

결국 우리의 일은 무언가를 '데이터 기반(증거 기반)'으로 '추론'하는 일이다. 어떤 상황을 주면, 이를 문제로 만들고 그 문제에 대한 증거를 수집하고 이를 구멍 없이 차곡차곡 여러 방법으로 쌓아 올려 결과를 만든다. 추론 결과를 명확하게 만들려면, 일단 백지 상태에서 상황이 하나 던져졌을 때 이를 문제로 명확하게 정의하고 문제를 논리적으로 여러 단계로 재

구성하며 각 단계에 필요한 데이터와 방법론을 모아서 쌓아 올릴 수 있어야 한다.

시니어 데이터 과학자에게서도 가장 주요하게 살펴보는 내용이지만, 논리적 사고와 문제 정의 능력은 짧은 공부로 얻을 수 있는 지식이 아니라 어느 정도 훈련된 사고방식에 가까워서 연차에 상관없이 이런 능력이 훈련되어 있다면 훨씬 이 업에 잘 맞을 것이다. 논리적 문제 해결 능력과 데이터에 대한 명확한 이해라니, 사실 이것도 엄청난 능력 아닌가. 데이터 과학자를 가리켜 '이 사람 분석 일 잘한다'라고 이야기할 때 보통 이런 능력에 관해서 이야기했던 것 같다.

세부 분야에 뛰어난 능력을 가진 사람은 돋보이기는 하지만, 그것만으로 '데이터 분석'이 이루어지는 것은 아니니까. 그리고 이런 능력을 타고나는 사람도 있겠지만 그렇지 않더라도 다행히 분석 일을 오래 하다 보면 점점 쌓이는 것 같기도 하다. 회사에서 연차가 높은 사람을 선호한다면 이런 이유 때문일 것이다. 물론 연차와 별개로 개인이 능력을 쌓는 속도는 각양각색이고 회사에서 사용하는 도구에 따라 개인이 지닌 능력이 빛을 발하기도, 발하지 못하기도 한다. 하지만 문제 해결 능력과 추론 능력은 갖춰 두면 어느 환경에서건 데이터 분석 능력의 토대가 되어 줄 것이다. 한 번에 쌓이지도 않고 뚜렷하게 가르쳐 줄 곳도 없지만, 앞으로 맞닥뜨릴 문제를 어떻게든 데이터를 사용해서 논리적으로 해결하려고 노력하다 보면 자신도 모르게 능력이 쌓일 것이다.

또한 새로운 것을 잘 흡수해서 학습해 나아가려는 마음가짐도 중요하다. 한때는 데이터 과학자는 객관적인 숫자만 보면 되고, 어떤 비즈니스든 상관없이 데이터를 잘 다루기만 하면 된다고 생각하기도 했다. 하지만 지나고 보니 좁은 식견으로 현실을 너무 단순하게 바라본 것이었다. 데이터는 상대적이다. 데이터가 생겨나는 데에도 배경이 있고 이를 사용하는 데에도 배경이 있다. 어느 분야에서는 어떤 방식이 유용하지만 다른 분야에서는 그 방식을 쓸 수 없다. 그렇기 때문에 분석 기술을 익힐 뿐만 아니라 배경지식을 제대로 이해하고 비즈니스에 맞게 문제를 풀어나가야 한다. 물론 누구나 모든 비즈니스와 배경지식을 바로 이해하기는 어렵고, 사람마다 적응 속도도 다르다. 하지만 열린 태도로 이를 받아들이는 사람과, 지식과 주관이 없어서 비즈니스를 이해하고 적용할 것 같지 않은 사람은 다를 수밖에 없고 점점 격차가 벌어질 것이다. 또한 계속해서 기술도 업계도 변하고 있어서 그에 맞춰 가려면 기존에 자기가 알고 있던 것만을 고집하고 새로운 것을 얕잡아 보거나, 변화를 불편해한다면 데이터 분석 영역은 몸에 맞지 않는 일일 것이다.

이런 마음가짐은 협업과도 관련이 있다. 협업에 필요한 커뮤니케이션 스킬은 능력으로 볼 수도 있지만 어떤 마음가짐으로 볼 수도 있다. 데이터 분석이 표면상으로 보여지는 것을 넘어 기업에서 지속적으로 활용되도록 하기 위한 위한 모든 과정을 혼자서 다 할 수는 없다. 심지어 의사 결정을 위한 데이터 분석이라면 1인 회사가 아닌 이상 다른 팀과의 협업이 불가피하다. 데이터에서 유용한 인사이트를 얻기 위해서도 다른 부서와의 커뮤니케이션이 필요하며 데이터 분석 결과를 실제 실행하게 할 때나 현재 기록되지 않는 데이터를 새로 추가할 필요가 있을 때도 다른 부서 및 다른 직군 사람들과 이야기해야 한다. 규모가 어느 정도 큰 팀에서는 커뮤니케이션을 힘들어하는 사람을 배려해 주기도 하지만, 그렇다고 늘 단독으로 업무를 할 수는 없을 것이다.

데이터 과학자의 재능

간혹 잊을 만하면 SNS를 타고 나오는 이야기가 '재능'에 대한 이야기다. 타고난 재능, 애매한 재능, 혹은 재능이 없는 것. 그리고 그에 대해 아쉬움과 부러움이 네트워크를 타고 넘실댄다.

어떤 분야든 재능은 굉장히 중요하다. 필자 역시 '재능'을 부러워하던 때가 있었다. 데이터 과학자를 위한 재능이란 것을 타고났으면 좋았을지도 모른다. 필자에게 재능이 있었다면, 지금껏 느껴 왔던 '불안감'도 없었을 것이며, '과연 노력한다고 될까?'와 같은 부정적인 생각도 덜했을 것이다. 하지만 지금은 예전만큼의 부러움은 사라졌다. 주변에 발에 채이도록 많은 머리 좋은 사람들에 대한 부러움, 그리고 거기에 다다를 수 없다는 데서 오는 원망 같은 것이 넘실거리던 때도 있었지만, 이제는 어느 정도 타인과 나를 다르게 생각하게 되었고 이제는 실체가 불명확한 단어에 크게 매달리지 않는다.

아마 그냥 나를 인정하고 내 일에 충실하기로 했기 때문일 것이다. 그리고 데이터 과학이란 일은 어떤 특정한 재능이 눈부시게 드러나는 분야는 아니다. 의외로 많은 일이 그렇듯, 타고난 능력보다 꾸준하게 키워 낸 능력이 더 중요하다. 그래서 지금껏 이 일을 좋아해 왔는지도 모른다.

이것저것 다 잘해야 한다고 말하는 그 벤 다이어그램이 보일 때마다 '그만 좀 해!'라고 말하고 싶지만, 그 화려한 집합 그림을 부인하기란 쉽지 않다. 어쩌면 그렇게 여러 분야에 대한 균형 감각이 필요한 업무라서 한 분야만 잘하는 사람이 '정말 잘한다.'라는 말을 듣기 어려운 일이 데이터 과학이고 그렇기에 어떤 특정한 재능이 빛나지 않는 일 역시 데이터 과학이다.

데이터 과학에서도 특정 영역이 강조되는 경우가 분명 있다. 그러나 강조되는 영역도 때와 장소에 따라 달라서 어떨 때는 통계 지식이 빛을 발하다 다른 때는 컴퓨팅 능력이 뛰어난 경우에 유리하고 상황에 따라 경제학적 사고가 중요할 때도 있다. 도메인 지식만 갖고도 대부분 해결되는 문제 상황도 있다. 그래서 한때 잘했던 사람이 다른 때는 두각을 못 드러내기도 하고 한 회사에서 능력자였다고 다른 회사에서 꼭 잘하라는 법도 없다.

데이터 과학, 이 화려하고 다양한 지적 능력을 요구한다는 곳에서 재능 때문에 한숨 쉬던 나도 계속 이 일을 하면서 살아가고 있다. 이제는 '재능이 무언지 모르겠지만, 없어도 그럭저럭 살 수 있는 것 같아.' 하고 생각한다. 다른 사람을 평가하고 '너는 몇 년 차인데 이 정도는 되어야 하지 않겠어?', '이런 건 일단 배워야지.' 하고 판단하기는 더욱 어렵다. 내가 타인의 능력에 대해 할 수 있는 일은 데이터 분석에서 특정 상황에 따라 필요한 능력 중 다소 부족한 능력치가 무엇인지 판단하고 대략 어떤 역할을 어느 정도의 기간 동안 수행했다면 어떤 능력치는 갖추었겠구나 예상하고 기존 업무에서 무엇을 배웠는지 묻고 대답하며 상대방의 역량과 고충을 이해해 나가는 일뿐이다.

어떤 능력이 부족하다고 해서 다른 사람에 비해서 부족한 것이냐고 묻는다면, 그렇지는 않을 것이다. 누구는 같은 연차의 사람에 비해서도 통계를 좀 더 잘할 것이고 누구는 파이썬을 좀 더 잘할 것이다. 혹은 누구는 고루고루 조금씩 할 줄 알 것이다. 그것에 대해서 현재 상황에 잘 들어맞지 않을 뿐이지, 그 사람들을 어떻게 일렬로 줄을 세우고 비교한단 말인가.

일단 이 분야의 절대적인 기준이 없는 것은 확실하고, 나 역시도 다른 사람에 비해 턱없이 부족한 사람은 아닐 거라는 생각에 안심이 된다. 여러 능력에 발을 대놓고 걸치는 분야라는 게 이럴 때는 참으로 좋다. 그러다 보니 함께 일할 사람을 찾을 때도 그냥 팀에서 부족한 구성 요소를 중심으로 사람을 구할 뿐이다. 절대적으로 잘하는 사람을 판단할 수 없을뿐더러 그런 사람이 있다면 전설 속에서나 등장하는 유니콘과 같은 존재일 것이다.

데이터 과학에 필요한 기본적인 능력과 마음가짐을 갖춘 상태에서 본인이 원하는 능력을 쌓으면 되는 것 아닐까. 이 일은 다행히도 꾸준히만 한다면, 그리고 자신이 이렇게 수많은 도구 중 어떤 것을 갖출지 고민하고 그 도구를 천천히 갈고닦아 간다면, 크게 학위나 재능에 연연하지 않고 할 수 있는 일이다. 뭐든 재능이란 게 있어서 나쁜 것은 없지만 그게 절대적인 곳은 아니니 그런 재능이 부족하다고 원망하지 말고 시작했으면 좋겠다. 불안에 떨며 가만히 서 있기보다 나와 함께 걸어 나가기를 바랄 뿐이다.

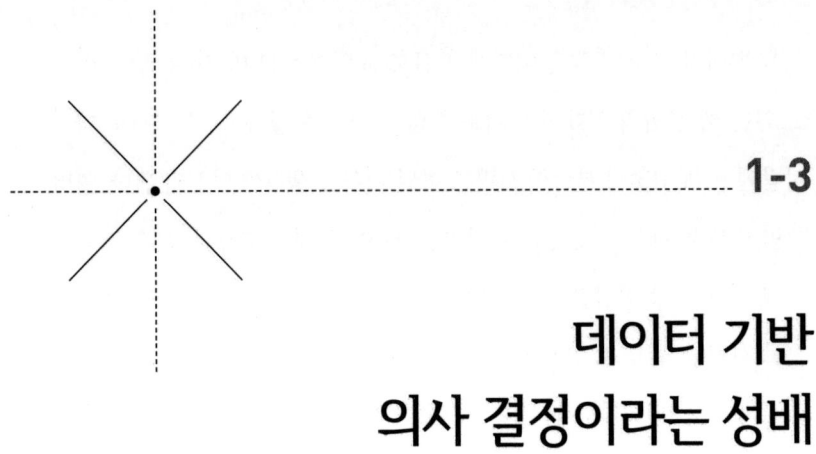

데이터 기반 의사 결정이라는 성배

일터에서 원시 데이터를 직접 다루지 않더라도 우리는 무수한 데이터의 결과에 둘러싸여 살아간다. 많은 신문에서 매일같이 어떤 것이 건강에 도움이 된다는 식의 연구 결과를 기사에 싣는다. 최근 올라온 기사 중 하나를 임의로 가져왔다.[16]

> **"수면시간, 혈관·심장 건강에 영향"**
>
> 하루 잠을 몇 시간 자느냐가 혈관과 심장 건강에 상당한 영향을 미친다는 연구 결과가 나왔다.

---

16 한성간, "수면시간, 혈관·심장 건강에 영향" 연합뉴스, 2020.03.19., https://v.daum.net/v/20200319093229972

> 미국 예일대학 의대 심장병 전문의 에반헬로스 오이코노모우 교수 연구팀은 하루 수면 시간이 6시간 이하이거나 8시간 이상이면 뇌에 혈액을 공급하는 혈관인 경동맥이 경화반(plaque) 형성으로 두꺼워질 위험이 상당히 높다는 연구 결과를 발표했다고 메디컬 익스프레스(MedicalXpress)가 18일 보도했다.
>
> 그리스 코린티아 지역 주민 1천752명을 대상으로 수면 시간을 조사하고 경동맥 초음파 검사를 통해 내중막(cartoid intima media) 두께를 측정한 결과 이 같은 사실이 확인됐다고 연구팀은 밝혔다.
>
> 연구팀은 이들을 수면 시간에 따라 ▲정상(7~8시간) ▲부족(6~7시간) ▲매우 부족(6시간 이하) ▲과다(8시간 이상)의 4그룹으로 나누었다.
>
> 이들은 40~98세로 평균 연령이 64세였으며 건강한 사람과 함께 심혈관 질환 위험 요인 또는 심장병이 있는 사람들도 있었다.
>
> 하루 수면시간이 6시간 이하이거나 8시간 이상인 그룹은 7~8시간인 그룹에 비해 경동맥에 경화반이 형성될 위험이 각각 54%와 39% 높은 것으로 나타났다.
>
> (후략)

이런 류의 기사 중 일부는 맞는 내용도 있다. 하지만 나머지는 데이터에 문제가 있거나 실험이 잘못되었거나 해석에 문제가 있다. 심지어 어떤 것은 광고 글이다. 일부 기사의 잘못된 내용은 언론의 실수이자 연구자들의 실수이다. 어떤 기사에서는 데이터의 출처를 싣지 않기도 하고 어떤 기사에서는 의미 없는 통계를 가져다 붙여놓고 특정 사실을 사람들이 받아들이도록 강요한다. 연구자들은 자신의 연구에 대해 분명 누구보다 잘 알고 있겠지만, 어떤 연구자들은 알면서도 데이터를 왜곡해서 사용하기도 한다. 생각보다 많은 연구자들이 충분한 배경지식을 갖췄음에도 불구하고 좋은 데이터와 쓸모없는 데이터를 구별하지 못하기도 하고 적절하게 분석하고 해석하지 못하여 과학적으로 잘못된 결론을 내리기도 한다.

하물며 연구자나 언론도 이런데, 회사처럼 이익을 추구하는 집단은 어떨까. 많은 회사에서 이제는 빅데이터라고 이야기할 만큼 많은 양의 데이터를 쌓고 있다. 대부분의 기업 데이터는 제한된 인원으로 무수한 환경, 시간적 제약 속에서 겨우 뽑아낸 연구용 데이터보다 훨씬 거대한 규모를 자랑한다. 거기에 무수한 컴퓨팅 자원과 수학, 전산학적 머신러닝 같은 화려한 분석 기법을 더해서 대규모 데이터에서 이끌어 낸 정보를 가지고 수많은 의사 결정을 해 나갈 것이라고 사람들은 생각한다.

그러나 현대의 많은 회사들은 근거 기반(evidence-based)으로 추론하고 데이터 주도적(data-driven)으로 결정한다고 표방하면서도 실상은 데이터가 자신이 세운 가설에 맞게 나오기를 원하고 잘 다듬어져 그럴듯한 근거가 되어 주기를 바라는 경우가 많다.

그중 대부분은 머릿속에서 그럴듯하게 만들어 낸 가설대로 결과가 나올 것이라고 믿는다. '이 많은 데이터 중 내 가설을 지지해 줄 데이터가 어디엔가는 있겠지.'라는 생각을 무의식중에 하기도 한다. 자기 나름대로 많은 경험과 지식을 쌓아 왔고 그것에 대해 어느 정도 확신도 있다. 하지만 확신을 뒷받침해 줄 근거가 모호할 때, 데이터가 이 근거의 구멍을 메워 줄 것이라고 기대하고 어떻게든 자신의 가설을 단단하게 해 줄 데이터를 찾는다.

영국의 경제학자 로널드 코스(Ronald Coase)는 자신의 저서 《Essays on Economics and Economists》(University of Chicago Press, 1995)에서 이런 행태를 비꼬아서 "데이터를 충분히 오랫동안 고문하면 결국은 자백할 것이다."라고 말했다. 물론 그렇게 나온 정보의 신뢰도는 고문으로 이끌어 낸 자백의 신뢰도와 다르지 않을 것이다. 안타깝게도 요즘처럼 빠르게 변화하는 세상에서 신속하게 의사 결정을 내려야 하는 사람들은 데이터의 자백이 이루어지는 과정을 크게 신경 쓰지 않는다. 그리고 데이터 과학자는 자신도 모르는 사이에 고문 기술자가 되어 간다.

이 일을 하면서 수없이 맞닥뜨리는 가슴 아픈 사실은 많은 사람이, 수많은 데이터가, 수많은 고객 행동이, 시간대별로 일어나는 일들이 얼마나 각양각색인지, 즉 사람들이 얼마나 다양하게 사는지 고려하기 어렵다는 것이다. 사람들은 다른 사람들도 자신과 비슷한 시기에 비슷한 물건을 사고 자신이 보는 콘텐츠와 비슷한 콘텐츠를 비슷한 정도로 보며 비슷한 음식을 먹는다고 생각한다. 자신들이 설계한 '페르소나'처럼 사람들의 행동도 '사용자 행동 여정'대로 따라 줄 것이라고 생각한다.

모두들 "사람들 다양한 것 다 알지."라고 말하지만, 다양함의 범주는 사실 매우 좁다. 사람들의 행동에 큰 차이가 없을 거라고 믿고 기초 통계량 정도만 살펴보고는 데이터를 충분히 보았다고 생각한다. 물론 어느 정도 통계와 분포에 익숙한 사람들이라면 기초 통계량만 보고도 분포를 예상할 여지가 있을 것이다. 하지만 그런 사람들하고만 일한다면 고문해야 하는 상황이 생길 리 있겠는가. 기초 통계량까지도 가지 않는 게 태반이다. 보통 '평균'에서 끝나 버리기 마련이다. 물론 평균은 좋은 숫자다. 평균이 모든 집단을 대표하지는 않는다. 당장 우리는 어느 회사의 평균 연봉이 5,000만원이라는 기사를 보면서 그 회사의 대다수 사람들이 5,000만 원을 받을 것이라고 생각하지 않는다. 저 회사의 임원 한 명이 10억을 받을 수도 있고 1년에 2,000만 원이 안 되는 연봉의 직원이 여러 명 있을 수도 있다는 것을 이미 많은 경험으로 알고 있다. 연봉의 분포나 많은 실재하는 분포는 데이터가 중앙으로 모여 있지 않아, 이런 경우는 평균과 중간값이 다르고 평균만으로 해당 데이터를 이해하기에는 무리가 있다. 하지만 많은 사람은 이를 고려하지 않는다. '데이터를 제대로 이해해서 주어진 문제를 해결해야겠다'라는 말은 장식에 불과하다. 분포가 어쨌든 상관없이 이해하기 쉬운 평균끼리 비교하면 되고 평균이 생각만큼 나오면 되는 일이다. 차이를 보여 주기 위해 분포나 통계값을 나름대로 보기 쉽게 그래프로 그려서 제시하면 복잡하다고 하고 설명도 듣지 않는다.

한편, 대부분 데이터는 각자의 이유로 다양한 형태로 지저분하고, 각각의 데이터에는 회사와 고객의 이야기가 그대로 녹아 있다. 장애로 인해 기록되지 않은 데이터라든가 갑작스러운 패치로 인해 변경된 내용, 갑자기 TV에서 화제가 되어서 판매가 급속도로 늘어난 제품 기록, 모두에게 공유되지 않은 이벤트로 인한 판매 증가 등 제품의 잊혀졌던 예외 사항이 한가득 있고, 유사한 서비스라고 하더라도 서비스에서 정의해 놓은 형태나 항목이 다를 수 있으므로 우리가 비슷하다고 생각할 수 있는 상황에서도 기록되는 데이터의 형태는 매번 다를 수 있다.

이렇듯 정신이 없는 환경이다 보니 데이터 분석에서는 데이터 전처리가 80% 이상이다. 이런 사실은 아무리 강조해도 지나치지 않다. 단순한 스케일링과 포맷 맞추기뿐만 아니라 각각의 비즈니스에 대해서 이해하고 현재의 데이터 형태가 왜 이런 모양인지, 중간에 어떤 이상 상황이 있었는지, 어떤 식의 결과가 필요한지 파악해야 하므로 실제로 사용하는 타 부서와의 끝없는 커뮤니케이션이 필요하다. 아마도 이런 상황을 데이터 과학에 입문한 지 얼마 안 되는 많은 사람들은 예상하지 못했을 것이다.

우리 회사의 데이터는 왜 이렇고, 요구 사항은 왜 이런가. 하지만 이것이 현실이며 이것이 실제 데이터이기 때문에, 이 데이터를 가지고 최선을 다해야 한다. 마치 연습용 데이터처럼 깔끔한 숫자가 가득 차 있고 간단한 사칙 연산으로 완벽한 답이 나올 거라고 생각하고 쉽게 말을 얹고 정해진 답에 결과를 맞혀 오기를 바라는 것은 데이터를 실제로 만지지 않는 사람들의 환상일 뿐이다.

물론 데이터를 요구하는 사람 중 상당수는 이미 해당 도메인에 익숙한 사람들이다. 대개 해당 데이터를 처리해야 하는 데이터 과학자보다 도메인에 훨씬 더 익숙하고 사용자도 많이 상대했을 것이다. 그렇다고 하더라도 그 누구도 각각의 사용자들이 서비스에서 어떻게 움직이고 있는지를 완전히 파악할 수는 없다. 한 달에 1,000명 정도가 사용하는 그리 크지 않은 서비스라도 1,000명의 사용자가 한 달 동안 해당 서비스 내에서 어떻게 움직이는지 데이터를 하나하나 다 보지 않고는 완전히 이해하기 힘들다. 하지만 우리가 그 데이터를 하나하나 다 보고 있을 수는 없는 일이다. 그래서 데이터 분석을 통해 데이터를 올바르게 요약하고 중요한 인사이트만을 골라낸다. 원래 데이터를 보는 이유란 그런 것이다. 하지만 그렇게 실제를 이해하고 데이터에서 인사이트를 찾아내는 대신 가설과 결론까지 정해 놓고 본인이 하기 귀찮은 혹은 손을 더럽힐 일을 대신해 줄 사람을 찾는다. 바로 데이터 과학자 말이다.

이런 관행을 바꾸기 위해 접근 방식을 수정해 달라고 제안하기도 하지만, 곧 요청자들이 원하는 범인을 찾아서 다종다양한 방식으로 자술서를 만들게 되곤 한다. 일단 숫자를 제대로 비교하지 않고 결과를 만든다. 요즘 많은 서비스에서 A/B 테스트[17]를 한다. 그런데 A/B 테스트 결과가 의미 없는 경우, 즉 우연적인 차이로 볼 수 있는 경우가 왕왕 있다. 물론 A/B 테스트 설계 시 이런 것을 막기 위한 장치나 제약을 넣을 수 있지만, 아무래도 실제 상황에서는 빠른 시간 내에 테스트해야 하기에 이런 장치를 넣기 어렵기도 하고 제약 효과가 없기도 하다.

그래서 테스트 결과가 신빙성이 없으니 실험을 연장하거나 변형해 보길 권하든 직관을 통해 의사 결정하도록 결론을 내면, "실험을 더 진행할 수도 없고 어떻게든 데이터 기반으로 판단해야 하니 답을 내와라." 하고 반응하는 경우가 비일비재하다. 그러면 데이터를 더 상세하게 가져가서 설명한다. "A는 몇 명에게 노출되어서 몇 명이 클릭했고 B는……." 그러면 "어쨌든 A가 0.5% 높으니까 A로 하면 되겠네." 같은 답이 돌아온다. 데이터 과학자는 다시 설명한다. "그런데 그게 신뢰구간 얼마에서는 유의하지 않은 차이라서요. 우연적으로도 발생할 수 있는 정도입니다." 또는 "둘의 샘플 수가 너무 차이 나서 비교할 수 없습니다." 등 그 데이터를 사용할 수 없는 통계 혹은 데이터상의 이유를 밝힌다. 하지만 이미 의사 결정자는 어쨌든 차이가 난다는 것을 알았다. 이제 다른 이유는 눈에 들어오지 않는다. 이는 정해진 가설의 근거가 되어 버리고 '데이터에 기반을 둔 의사 결정'이 이루어졌음을 뒷받침하게 된다.

---

17 디지털 마케팅에서 두 가지 이상의 시안 중 최적안을 선정하기 위해 시험하는 방법. 일반적으로 웹페이지나 앱 개선 시 사용자 인터페이스(UI/UX)를 최적화하기 위해, 실사용자들을 두 집단으로 나누어 기존의 웹페이지 디자인 A안과 새로 개선된 B안을 각각 랜덤으로 보여준 후, A와 B 중 선호도가 높게 나온 쪽으로 결정한다. A/B 테스팅은 단순히 선호도 조사이기 때문에 쉽고 직관적이지만, 사용자가 어떤 부분을 왜 선호하는지와 같은 심층 조사를 할 수 없다("A/B 테스트", 《IT 용어사전》, 한국정보통신기술협회).

데이터를 좀 더 정밀하게 악용하는 방법으로 최근 몇 년간 데이터 과학자들 사이에서 문제 제기되고 있는 p-해킹이 있다. p-해킹이란 여러 방법을 통해 통계적 유의성을 판단하는 대표적인 기준값인 p-값[18]을 미묘하게 조절하여 유의하지 않은 결과를 유의한 결과로 탈바꿈하는 것이다. 딱히 데이터를 고칠 필요도 없이 신뢰 수준을 현재 데이터가 만족하는 정도로 옮긴다든가 통계치를 다르게 구하는 방식을 사용하면 전혀 다른 결과를 구할 수 있다. 요즘에는 실험 데이터를 대량으로 얻기가 용이해졌기 때문에 일부 데이터만 빼거나 이상치로 제거하는 데이터의 범위를 조절하는 식으로 실험 결과의 기준을 임의로 조절해 버리면, 데이터는 그대로인데 기준이 바뀌어 0.07이었던 p-값이 0.04로 바뀌어 유의 수준[19]인 0.05보다 작아져서 유의하지 않은 결과를 유의한 결과로 만들 수 있다.

p-값과 비교하여 유의성을 결정하는 유의 수준을 0.05로 설정하는 경우가 많지만, 이 값도 절대적인 기준은 아니다. 현대 통계학의 아버지라고 불리는 로널드 피셔(Ronald Fisher)도 무엇을 기준으로 하라고 명시한 고정된 규칙이 있다고 믿지 않았고 각각의 경우에 따라 증거와 개념을 확인하고 결과를 정하라고 말했다. 하지만 그 '각각의 경우'를 판단하기 위해서도 어쨌든 어딘가에 선을 그어야 한다. 그런데 많은 실험과 논문에서 p-값을 사용하고 있다 보니 다들 그 기준을 따르며, 간혹 연구자들이 p-해킹을 시도하기도 한다.

---

18 연구에서 검증하고자 하는 가설(null hypothesis)이 맞다는 전제하에, 표본에서 실제로 관측된 통계치와 '같거나 더 극단적인' 통계치가 관측될 확률이다(https://ko.wikipedia.org/wiki/유의_확률).
19 통계적 가설 검정에서 사용되는 기준 신뢰도 수준. 유의 수준이 0.05인 경우 95%의 신뢰도를 기준으로 한다(https://ko.wikipedia.org/wiki/유의_수준).

물론 데이터를 다루는 많은 사람들이 나쁜 의도로 p-해킹을 하지는 않을 것이다. 많은 연구자는 본인의 연구에 심취해 있고 그러다 보면 자신의 가설을 진심으로 믿어 버리고 실험 결과도 당연히 자신의 가설대로 나와야 된다고 생각하다 보니 이상치 등의 범위를 변경해서 설정하고 결과가 통계적으로 유의미하지 않게 나오면 제약 조건을 잘못 걸었다거나 기준을 잘못 설정했다고 생각하게 되어 버리기 때문일 것이다.

현실의 기업에서는 기준이나 제약조건을 정의하는 것이 더욱 모호하다. 심지어 데이터를 보는 사람이 아니라 다른 사람이 기준을 정한다는 데서 비극이 발생한다. 차라리 p-해킹 이야기를 꺼낼 수 있기만 해도 그나마 나은 셈이다. 데이터로 하는 것은 결국 추측이고 하지 않는 것보다 못한 추측도 허다하다. '답정너(답은 정해져 있고 너는 대답만 하면 돼)'라는 유행어 마냥 사람들은 문제와 판단 기준, 그리고 어느 정도 추측까지 이미 다 해놓고 데이터 과학자들에게 그 사이의 연결 고리를 만들어 내라고 한다. 데이터를 보는 사람은 데이터로 좋은 끝을 찾을 수 있을 것이라고 생각했지만, 기대와 달리 처음과 끝에 손을 댈 수 없다면, 결국 중간에서 데이터를 고문해서 연결 고리를 만들어 내는 것 말고는 답이 없다. 그리고 그렇게 넘어간 결과에는 '데이터 전문가가 만들어 준 내용이에요.'라는 꼬리표가 달려 사건 종결 도장이 찍힐 것이다.

많은 자기 계발서 및 경영서에서는 훌륭한 사람이나 기업을 분석한 후에 몇 가지 공통적인 특성을 찾아내어 '** 법칙' 같은 이름을 붙이곤 한다. 그런 법칙의 도움을 받고 실제로 성공하는 사람들도 있으며 성공한 사람들의 이야기는 매혹적이다. 하지만 이런 이야기는 '생존자 편향'이란 문제를 가지고 있다. 현재 시점에서 과거를 연구한 다음 그 중에서 성공한 경우만 가지고 오는 것이다. 이는 일반적인 실험의 시간 기준을 역행하는 것이다. 이 과정에서 살아남은 결과만이 성공이라고 포장되고 강조되며 스러져 간 수많은 사례는 사람들의 기억 속에서 지워진다.

보통 실험에서는 어떤 모집단을 정한다. 모집단은 특정 기준에 의해 분류된 사람 혹은 기업을 말하는데 모집단은 이미 일어난 사건의 결과가 아니라 그 결과 이전의 특성에 의해 정해져야 한다. 그리고 일정 기간이 지난 후 어떤 차이 때문에 결과가 달라졌는지 확인해야 한다. 사람 또는 회사가 이미 성공한 다음에 그 과정의 데이터로 성공한 이유를 역산하는 것은 단순히 과거의 해석에 불과하다.

성공한 사람이나 회사가 가진 특성은 저마다 다르고 어떤 특성이 성공이라는 결과를 가져왔는지 파악하는 데도 복잡한 인과 관계가 성립하기 때문이다. 참인 명제의 역은 참이라고 보장할 수 없고 '어떤 이유로 이런 성공 결과가 있다.'라는 인과의 역은 더욱 그렇다.

이런 오류를 '파인만의 함정'이라고도 한다. 물리학자 리처드 파인만(Richard Feynman)은 강의 중 학생들에게 지금 강의실 밖 주차장 첫 번째 자리에 주차되어 있는 자동차의 번호판이 '8NSR261'일 확률을 계산해 보라고 했다. 학생들은 번호판 숫자와 글자가 모두 독립적으로 선택된다는 가정하에 확률을 계산한 결과 1억 7600만분의 1이라고 했다. 하지만 파인만은 이미 강의실에 들어오면서 해당 차량의 번호판이 8NSR261임을 보고 왔기 때문에 정확한 답은 1이라고 했다. 독립적으로 발생한 사건으로 보이는 것도 문제로 주어진 상황의 시공간 범위가 달라지면 독립 사건이 아닐 수 있다.

파인만의 함정은 현실에서 쉽게 발견할 수 있다. 이미 일어난 결과에 이유를 만들어 내는 것은 간단하며 그다지 재밌지도 않다. 예를 들어, 우산 장수가 최근 우산을 여러 종류를 구비해 두었는데 그 후로 평소보다 장사가 잘 되었다며 다양한 우산을 구비해 두기 시작했다고 하자. 하지만 사실은 장마가 길어지면서 평소보다 우산을 많이 챙겨 두면서 종류 역시 많아진 것이고 당연히 손님도 많았을 것이며 장사 시간도 평소보다 길어지는 등 여러 가지 변화가 있었을 것이다. 그런데 다른 요인을 고려하지 않은 채 결과만 가지고 '우산 종류가 늘면 장사가 잘될 것'이라고 결론을 내버리고 우산 종류를 늘려도 될까?

어떤 결과를 보고 특정 이유를 선택한 후 그들 간에 인과 관계가 성립함을 보여달라는 요청이 허다하다. 각각의 이익 집단에서 증명하기를 원하는 가설의 근거로 쓰인다. 마케팅에서는 특정 프로모션 이후 판매량이 증가했음을, 기획에서는 특정 기능 추가 후 사용성이 늘었음을 보여 달라고 한다. 데이터 분석에서 상관관계[20]보다 인과 관계[21]를 증명하는 것이 훨씬 어렵기도 하거니와 역 인과 관계를 수치적으로 추정하는 것은 정말 어렵고 좋은 결과가 나올 가능성도 매우 낮다. 굳이 증명해 보인다고 해도 다른 변수가 고려되지 않은 결과를 이후에 함부로 사용하면 곤란하다. 그저 '내가 잘해서 결과가 이렇게 잘 나왔어'라고 자랑하는 용도, 이미 어떤 가설을 정해 놓고 '그 가설이 맞을 것이다'라고 미리 마음에 담아 두고 있었던 것을 당당하게 꺼내기 위한 용도 이외에는 전혀 도움이 되지 않는다. 만들어 낸 결과가 잘못 해석되지 않도록 여러 가지 전제 조건을 달아 두어도 무시되기 일쑤다.

---

20 두 변수의 상호 의존 정도
21 하나의 변수의 변화로 인해 다른 변수의 수치가 변하는 식의 원인과 결과 관계

이런 상황에서 데이터를 만지는 사람이 할 수 있는 것은 결국 '말'이다. 하지만 그 말이 실효성을 가지려면, 그 말에 힘이 있어야 한다. 결국 말로써 의사 결정자를 설득해야 한다는 뜻이다. 데이터 과학자들의 말은 곧 데이터가 하는 중립적인 말이고 그 말을 듣는다면 '데이터 기반, 근거 기반'의 의사 결정을 할 수 있을 것이다. 이렇게 데이터 과학자가 데이터를 기반으로 중립적인 말을 하고 의사 결정자가 이런 말을 이해하고 반영하는 상황은 그나마 이상적이다. 하지만 앞서 말한 것처럼 의사 결정자들 마음속에 가설과 원하는 결과가 이미 설정되어 있다면, 데이터 과학자의 말은 힘을 잃고 무시될 것이다. 또는 무시당하지 않을 말을 만들기 위해 데이터를 고문해야 할 것이다. 하지만 이는 데이터 과학자가 원하던 결과가 아니고 데이터 과학이라는 업에 부끄러운 일이다.

예전부터 나를 비롯한 많은 데이터 과학자는 이런 상황을 지속적으로 접해 왔고 이를 어떻게 해결해야 할지 고민해 왔지만, 이런 상황은 여전히 풀어야 할 숙제로 남아 있다. 데이터 과학자가 잘 설득해야 한다고 하지만, 답은 정해져 있고 데이터는 대답만 하면 되는 상황에서 과연 어떻게 해야 할까?

그래서 애초에 설득 과정 자체가 필요 없도록 의사 결정 구조를 고치는 것이 가장 명확하다. 데이터를 볼 때 가설을 설정하고 문제의 답을 찾는 과정은 데이터 과학자가 맡는 것이 좋다. 의사 결정하는 사람이 미리 가설(보통 본인이 생각하는 '가정'에 가깝다)과 이에 대한 예상 결과까지 무의식중에 만들고 데이터를 거기에 사용하려고 하는 데서 수많은 비극이 탄생해 왔다.

데이터는 혼란스럽고, 이를 사용한 추론은 어렵다. 데이터 분석 결과로 데이터 과학자들이 하는 말은 의사 결정권자가 하는 말과 미묘하게 다르다. 통계가 거짓말의 수단이라고 생각하기도 하듯, 데이터를 가지고 생각보다 다양한 값을 만들어 낼 수 있다. 신호와 잡음을 구분하는 것은 생각보다 고난도에, 손이 많이 가는 작업이고, 사람들이 좋아하는 패턴은 생각보다 잘 나타나지 않는다. 데이터는 의외로 복잡하고 구멍이 많으며, 사람들의 행동은 생각보다 더 일관적이지 않다.

데이터는 거짓말을 하지 않는다고, 진실만을 말한다고 하지만 유명한 통계학자인 예르지 네이만(Jerzy Neyman)과 이건 피어슨(Egon Pearson)도 '통계는 진실한 것을 알려주는 게 아니라 무엇을 할지 알려주는 것이다.'라고 했다.[22] A/B 테스트의 결과는 어느 한쪽이 맞는 거라고 알려주지 않으며, 그저 어느 한쪽을 선택하는 게 좀 더 성공 확률이 높다고 조언할 뿐이다. 피셔는 '과학적 사실은 적절하게 설계된 실험에서 이런 수준의 유의성을 내는 데 거의 실패하지 않았을 경우에만 실험적으로 확립되었다고 보아야 한다'라고 말했다. 그 유의성마저도 '시기와 상황을 불문하고 늘 고정된 유의성 수준으로 가설을 기각하는 과학자란 존재하지 않는다. 과학자는 자신의 증거와 개념에 비추어 개별 사례마다 마음을 정한다'고 했다. 굳이 베이즈 추론[23]까지 가지 않아도 각 실험의 상황과 외부 요인을 고려하여 다양한 데이터를 최대한 객관적으로 분석하는 것이 데이터 과학자의 역할이다. 데이터에서 만들어진 결과는 생각보다 간단하게 떨어지지 않기에 데이터 과학자에게는 분석 결과를 최대한 쉽게 설명하고 전달해

---

22 Neyman, J.; Pearson, E. S. (1933-02-16). "IX. On the problem of the most efficient tests of statistical hypotheses". Phil. Trans. R. Soc. Lond. A. 231 (694-706): 289-337
23 추론 대상의 사전 확률과 추가적인 정보를 통해 해당 대상의 사후 확률을 추론하는 방법

야 하는 의무가 있다. 물론 이를 잘 이해하고 받아들이는 것은 의사 결정권자의 몫이다.

따라서, 데이터 과학자에게 중립성이 보장되어야 하고 외부 요인으로 인해 이런 중립성이 깨지지 않도록 문제 해결 과정에서 어느 정도 높은 권한이 주어져야 한다. 또한 의사 결정권자에게는 데이터를 충분히 이해하고 적재적소에 데이터를 활용하는 데이터 문해력이 필요하다. IT 컨설팅 기업 가트너(Gartner)는 데이터 문해력을 데이터의 출처와 구조, 분석 방법을 이해하는 것은 물론, 이를 어떻게 활용하고 적용할지 설명하는 능력이라고 정의한다. 또한 데이터 문해력을 디지털 트랜스포메이션의 핵심 요소로 지목하면서, 2022년에는 90%에 달하는 기업에서 직원들의 데이터 문해력을 높이기 위한 명시적 활동을 할 것으로 전망했다.[24]

의사 결정권자가 좀 더 높은 데이터 문해력을 갖추면, 데이터 분석 결과에 대해 중립적이면서도 명확한 시선을 가질 수 있고, 간혹 데이터 과학자의 방향을 수정해 줄 수도 있을 것이다. 데이터 과학자는 더 이상 데이터를 고문하느라 괴로워하지 않아도 될 것이다. 데이터를 둘러싼 수많은 이야기에도 냉소적이지 않고 차분하고 중립적인 시선을 유지하며, 넘치는 데이터를 좀 더 편하게 받아들일 수 있다. 물론 많은 사람의 사고방식과 체질을 바꾸는 것은 지난한 일이겠지만, 빠르게 변화하는 세상에 나름대로 잘 적응해 가는 사람들을 보고 있자면 불가능한 일만은 아닐 것이라고 본다.

---

24 Alan D. Duncan, "Summary Translation: Roadmap for Data Literacy and Data-Driven Business Transformation: A Gartner Trend Insight Report" Gartner, December 23, 2020, https://www.gartner.com/en/documents/3994841

통계학자, 머신러닝 연구자 그리고 데이터 과학자

데이터 업계의 전반적인 트렌드를 파악하기 위해 국내외 다른 회사의 채용 공고를 꾸준히 살펴본다. 신규 인력을 채용할 때 주로 참고하지만, 이와 별개로 이 분야의 채용 공고는 시대의 흐름을 읽기에 좋은 자료다. 간혹 흥미로운 내용이 눈에 띈다.

미국이나 유럽 큰 회사의 채용 공고는 데이터 분석 관련 직업을 다음과 같이 세분화하여 표기한다.

Data Scientist(데이터 과학자), Data Analyst(데이터 분석가)가 있고, 그 외에 Research Engineer(연구 엔지니어), Research Scientist(연구 과학자), Economist(경제학자), Machine Learning Scientist(머신러닝 과학자), Machine Learning Engineer(머신러닝 엔지니어), Statistician(통계학자) 등이 있고 간혹 여기에 도메인별로 세부적인 내용이 추가되기도 한다. 최근에 스타트업에서는 'Growth'라는 말을 붙여서 'Growth Hacker(그로스 해커)',

'Growth Scientist(그로스 과학자)' 등의 직군을 채용하는데, 이 직군 역시 상당수가 데이터 분석을 기반으로 한다. 그 외에도 다양한 이름의 데이터 분석 관련 직업이 있다. 하지만 같은 이름이더라도 하는 일은 회사마다 다르고 다른 이름이더라도 유사한 일을 하기도 한다.

우리 나라의 채용 공고는 이런 경향이 더 심한 듯하다. 데이터를 다루는 사람을 대부분 데이터 과학자라고 하지만, 하는 일은 너무나 다양해서 하나의 이름으로 묶이기 어려운지도 모른다.

많은 회사가 데이터의 중요성을 강조하며 '데이터-드리븐' 경영을 표방한다. 하지만 대부분 사람을 뽑을 수 있는 규모는 정해져 있기 때문에, 모집 정원이 제한적일 때 데이터 분야의 직군을 우선으로 채용할 확률은 적다. 만약 규모가 작고 생긴 지 얼마 안 된 회사에 데이터 과학자로 채용됐다면, '데이터'라는 이름이 들어가는 다양한 일을 하게 될 것이다. 이렇게 뚜렷한 기준 없이 여러 가지 일이 하나로 묶여 '데이터 과학'이라는 근사한 이름으로 포장되었다. 그리고 이제는 그 이름마저도 다소 부족하여 다양한 멋진 이름으로 업을 포장하기도 한다.

'빅데이터'라는 거품을 더해 한껏 부풀려져 오늘날 이 자리까지 온 데이터 과학은 그 거대한 거품에 은빛 반짝이를 더해 눈부신 모습으로 양상을 조금 바꾸었다. 사람들은 그간 쌓아 온 빅데이터로 인공지능, 머신러닝을 이야기하기 시작했다. 물론 데이터 과학 분야에서 이 주제가 전혀 새로운 것은 아니다. 데이터 과학을 깊이 있게 해 온 사람이라면 컴퓨터 기술과 통계, 경제학 지식과 머신러닝 기술을 통해 데이터 분석을 하는 데 그럭저럭 익숙할 테니 이 은빛 거품에 다시 올라타는 것이 큰 문제는 아닐 것이다.

일단 시대 흐름을 타는 것이 중요하고 어떤 일은 내부에서도 할 수 있을 것 같아 회사에서는 이미 있는 데이터 과학자들에게 개발을 종용하기도 한다. 하지만 이런 것을 모두 전문가 수준으로 할 줄 아는 데이터 과학자는 유니콘처럼 전설 속에만 존재한다. 대부분 실존하는 데이터 과학자들은 전문 분야와 기술 습득 정도에 편차가 있다. 주어진 시간과 자원을 어느 쪽에 중점을 두어 배분할 것인가. 여기서 선택의 기로가 나타난다.

고민 끝에 회사에서는 다양한 머신러닝 기술과 고학력, 개발 스펙이 필요한 데이터 과학자 채용 공고를 낸다. 하지만 그 원하는 분야에 대한 기록은 너무나도 길고 다양하여, 이를 읽고 있노라면 대체 이걸 한 사람이 다 소화하는 것이 가능한가 하는 생각만이 든다. 그리고 정작 그 자리에 채용된 데이터 과학자가 입사 초기에 갖는, 대체 이곳에서는 어떤 일을 할 것인가에 대한 호기심은 현장의 수많은 일들을 대하면서 씁쓸함으로 변화하곤 한다.

데이터 과학자는 데이터로 '문제'를 해결하는 일이라면 그 방식이 무엇이 되었든 대부분을 떠맡게 된다. 지표 설계부터 알고리즘을 만드는 일까지 대부분의 영역에 이르는 '데이터 업무'가 데이터 과학자에게 주어진다. 보통 데이터 과학자의 역할이라고 주어지는 일은 사실 다른 분야 전문가의 몫인 경우도 많으며 흔히 말하는 '의사 결정' 지원이나 새로 생겨나는 기술 분야까지 포괄하기도 한다.

데이터 과학자의 일이라고 생각되는 것 중 시뮬레이션은 이전에도 경제학자, 통계학자가 전담으로 해오던 일이고 머신러닝 연구자는 머신러닝이 들어간 기능을 만들고 해당 알고리즘을 연구하는 전문가라 할 수 있다. 그리고 기존의 이론들을 적재적소에 빠르게 적용해서 문제를 푸는 데이터 과학자가 있다.

세 분야는 비슷해 보이지만, 사실은 지향하는 정도나 개념도 다르고 구체적으로 하는 일의 성격도 다르다. 굳이 비교를 하자면 개발자 중에서도 웹이나 앱 등 사람이 직접 사용하는 부분을 만드는 프런트엔드 엔지니어와 서비스 내부 서버 로직을 만드는 백엔드 엔지니어가 다른 직종의 시선에는 비슷하게 보이는 것과 마찬가지다. 세 분야 모두 데이터를 사용하고 확률을 다루며 계산을 많이 하고 어느 정도 분석 프로그래밍 언어를 사용하지만, 이 일의 유사성은 이것이 끝이다.

하지만 데이터 과학자는 이 모든 일을 두서없이 요구받는다. 비유하자면 데이터 과학자에게 요구되는 일이란, 종종 한 사람에게 완벽한 부모이자 완벽한 배우자이자 완벽한 직장인이 되기를 바라는 것과 같아 보인다.

각 분야를 구분하여 살펴보더라도 의사 결정을 위한 데이터 분석 업무와 같은 데이터 과학자의 일은 경제학자, 통계학자나 머신러닝 전문가의 일에 비해 간단하다거나 중요도가 낮다는 인식이 많다. 데이터 과학자는 통계학자, 경제학자나 머신러닝 전문가처럼 오랜 시간을 들이지 않고 단순한 데이터 추출만 하면서 다른 분야를 보조하는 역할을 한다고 생각하기도 한다.

각 전문가가 보기에도 데이터 과학자의 역할은 조금 애매하고 어설퍼 보일 수 있다. 통계학자는 문제를 보고 그 문제의 배경에 대해 일단 분포 형태를 가정하고 문제 해결을 시작하지만, 데이터 과학자는 특정한 가정 없이 일단 실제 데이터 형태를 살펴보고 원본 데이터셋에서 도출한 패턴을 통해 현상을 유추한다. 즉, 통계학자는 데이터 외부에서 이론적으로 데이터를 살펴본다면, 데이터 과학자는 데이터 내에서 답을 맞추어 간다. 양쪽 모두 수학을 심도 있게 다루며 동일한 방정식을 처리하지만, 그들의 방식은 다소 다르다.

　마찬가지로 데이터 과학자는 데이터를 나누고 그룹을 정의하고 이상 탐지를 할 때 머신러닝 알고리즘을 사용하기도 한다. 하지만 이들의 코드는 머신러닝 전문가의 방식과 다르고 간혹 어설퍼 보이기도 한다. 머신러닝 알고리즘을 사용해도 머신러닝 전문가는 이를 사용해서 긴 시간을 들여 보다 고도화된 알고리즘 연구를 하지만, 데이터 과학자는 고객 분석을 한다거나 예측 분석 업무를 수행하고 이 경우 알고리즘 연구에 비해 정돈된 코드나 장기적 성능보다 빠르고 정확한 수치 결과가 나오는 것이 더 중요하다. 하지만 많은 사람들은 이 차이를 이해하지 못하고 '해당 분야 전문가'의 기준으로 데이터 과학자를 비교하여 절대적 실력이 떨어진다고 판단해 버린다. 그리고 이 애매한 역할과 혼란스러운 시선 속에서 데이터 과학자는 스트레스를 받고 한 분야의 전문가가 되어야 한다는 압박에 업무를 중단하고 진학을 하기도 하고 그 피로감을 간혹 이기지 못하고 다른 자리를 찾아보기도 한다.

　하지만 회사의 구성원이 경험 차이가 있을 수는 있어도 역할의 우열이 없는 것은 데이터 과학도 마찬가지다. 사내 전반의 데이터 기반 의사 결정을 위한 지원에도 다양한 노하우와 기술, 커뮤니케이션 등이 필요하고 이 역할은 통계, 경제학이나 머신러닝에 비해 저차원의 일이 아니다. 이 일이 다른 전문 분야의 곁가지로 취급받는다면, 이 역할을 맡은 데이터 과학자는 자신의 존재 가치에 대해 끊임없이 의심하게 되고 결국 의심받지 않는 곳으로 사라지고 말 것이다.

나도 한때 데이터 분석에 통계나 경제학, 머신러닝 지식이 어느 정도 다 필요하고 머신러닝 기술에도 데이터가 필수니 머신러닝 전문가나 데이터 과학자나 굳이 다를 것이 뭐가 있을까 하고 생각하기도 했다. 하지만 그렇게 생각할 수 있었던 것은 머신러닝을 기업에서 사용할 수 있는 범위가 한정적인 때의 이야기였다. 지금은 더 이상 그렇게 생각하지 않는다.

기업에서도 사용할 수 있는 머신러닝 분야가 빠른 속도로 늘어나고 무수한 라이브러리와 방법론이 생겨났다. 학계와 기업에서 머신러닝을 활용할 수 있는 정도가 비슷한 혹은 기업이 더 앞서 나가는 정도가 되었다. 기존에는 머신러닝을 기업에서 사용하는 정도가 데이터 과학자가 의사 결정을 위해 일회성 혹은 일정 주기로 데이터를 모델에 적용하는 정도였다면, 이제는 실시간에 준해서 서비스 기능에 반영되는 정도가 되었고 그 복잡도도 훨씬 커지고 사용 범위 역시 늘어났으며 좀 더 연구나 프로그래밍의 성향이 커졌다.

통계학이나 경제학도 마찬가지다. 물론 데이터 과학자에게는 꽤 높은 통계 지식이 필요하고 일부 경제학 지식이 요구된다. 하지만 해당 분야의 전문가가 필요한 영역이 분명히 있다. 데이터 과학자가 어느 정도 속도를 내서 문제를 해결할 때에는 정밀한 검사를 모두 확인하지 못하므로 물류나 공정 시뮬레이션 같은 경우에는 보다 전문적인 지식과 많은 시간을 빌려야 한다. 불확실성 속에서 정밀한 결과를 내는 데 통계학이나 경제학의 엄밀성과 전문성이 요구되는 부분이 분명 있다.

많은 분야의 전문가들은 좁고 깊은 지식을 가지고 있다. 그 지식은 필요한 분야에서는 충분히 활용될 것이다. 하지만 이런 '전문가' 역할의 공통적인 한계는 특정 문제에 대해서는 정밀한 해결책을 제공하지만, 이를 실제로 적용하는 데는 부가적인 처리가 불가피하다는 것이다. 간단한 문제를 푸는 데 각 분야의 전문가가 뛰어든다면 이는 낭비가 될 것이고 데이터 그룹을 크게 만들어 놨는데도 이상하게 효용성이 낮으면, 그곳엔 분석 전문 데이터 과학자가 없을지도 모른다.

좋은 데이터 과학자는 데이터 분석 '전문가'다. 이들은 분석을 기업에 빠르게 적용하여 문제를 해결하는 능력을 가지고 있다. 도메인 지식을 적당한 정도로 빠르게 파악하고 많은 데이터셋을 빠르게 훑고 가능한 통찰들을 빠르게 발견한 후 빠르게 문제에 적용한다. 보기 좋고 효과적인 그래프는 데이터에서 정보를 빠르게 끄집어낼 수 있도록 도와주고 직관과 사실을 조화롭게 융합하여 새로운 문제 해결 단계로 나아갈 수 있도록 도와준다.

속도는 기업에서, 특히 요즘처럼 빠르게 변화하는 기업에서는 더욱 유용한 능력이고 데이터 과학자는 여기에 명확한 근거를 제시한다. 머신러닝 전문가가 보기에는 코드가 다소 허술하고 아름답지 않고 통계학자가 보기에는 결과 검증에 구멍이 있다. 하지만 이는 문제의 답이 어느 정도 엄밀하지 않아도 되고 실제 데이터에 정밀한 통계 이론을 적용하기 힘들다는 것을 이미 데이터 과학자가 파악하고 유지 보수의 중요도가 낮은 코드라는 것을 빠르게 판단한 후 진행하는 방식이다.

여기서 필요한 문제 해결 능력이란 매우 포괄적이라 데이터 과학자는 문제를 해석하고 해결 과정을 설정하고 필요한 데이터를 수집하고 필요한 능력을 정리하고 본인이 해결할 수 없는 부분은 해당 전문가에게 문제를 넘기거나 도움을 요청하여 결과를 내고 이야기를 만든다.

데이터 과학자의 전문성은 빠르고 제대로 된 문제 해결에 관한 모든 것이다. 그래서 데이터 과학자에게 중요한 능력 중 하나는 자신이 속한 집단의 문제 해석과 접근 방식을 이해하기 위한 도메인 지식이다. 도메인 지식은 문제의 배경 이해를 돕고 데이터에서 흥미로운 패턴을 더 빨리 파악하게 해 주므로 데이터 과학자는 다른 전문가보다 더 도메인에 익숙해야 한다. 아무리 전문 지식이 있어도 도메인에 익숙하지 않으면 문제 해결이 어려워진다. 도메인 감각이 생기면, 데이터 분석 결과에서 수많은 잡음 사이 숨어 있는 의미를 찾고 반짝이지만 문제 해결에 도움은 안 되는 결과와 실제로 비즈니스에 필요한 결과를 구분할 수 있다. 그리고 이를 잘 걸러내서 결과를 설명하는 이야기를 만든다.

데이터 과학자가 이야기를 만들 때 주의해야 할 것은 '데이터를 넘어서는 결과를 말하지 않는 것'이다. 데이터 과학자는 근거를 기반으로 결과를 전달하기 위해 문제부터 결과까지 물 흐르듯 하나의 이야기로 만들어야 하는 경우가 많다. 여기서 가끔 비극이 발생한다. 많은 사람이 돋보이기 위해 데이터에서 이야기하는 것 이상으로 색칠을 하고 결과를 억지로 어림잡게 만든다. 이런 사람을 속칭 '약장사'라고 부른다. 불행히도 전문가는 상대적으로 적고 데이터 과학자를 자처하는 데이터 약장사들이 넘쳐난다.

데이터 약장사는 눈에 띄지 않게 중간중간에 거품을 불어넣어 데이터를 뛰어넘는 아름다운 결과를 만들어 내는데, 이 과정에서 데이터 과학자가 분명히 명시해야 하는 '불확실성'을 지워 버리곤 한다. 하지만 그 누구도 미래를 알 수 없고 모두가 원하는 대로 불확실한 것을 확실하게 만들어 주는 마법 따위도 있을 리 없다. "결과가 A일 가능성이 몇 %입니다."

라는 말보다 "A로 하면 잘 팔릴 것입니다."라는 이야기를 듣고 싶겠지만, 데이터 과학자는 그렇게 말할 수 없다. 하지만 이런 말의 달콤함에 정신이 팔린다면 아마도 당신은 가짜 약장사를 데려다가 사업 마케팅에 흑마법을 부리도록 자리를 줄 것이다. 이는 영원한 비극으로 가는 지름길이다.

불확실성을 어떻게 적절하게 전달하는가. 이것이 데이터 과학자의 전문성을 판가름할 수 있는 하나의 큰 척도다.

어느 정도 통계학, 경제학, 머신러닝에 대한 이해를 갖추면 간단한 문제는 직접 해결할 수 있으며 해당 분야의 전문가와 협업하는 것도 수월하다. 현재 해결 중인 문제에 전문가를 적재적소에 배치하고 각각의 결과를 비즈니스에 맞게 다듬고 너무 연구가 깊어지면서 방향이 틀어지는 것을 바로잡을 수 있다.

만약 데이터 과학자가 도메인 지식을 갖췄다면, 진행과 결과에 관해 의사 결정권자와 의견을 조율하는 역할도 할 수 있다. 전문가가 도출한 결과를 실제 서비스에 반영하기 전에 실질적으로 효과가 있을지 분석하는 것 역시 데이터 과학자가 할 수 있는 일이다. 특히 머신러닝 분야는 입력될 데이터나 실제 적용할 결과 모두 데이터 과학자가 잘 이해하고 있다 보니 이 분야에서 데이터 과학자와 같이 일하면 충분한 효과를 기대할 수도 있다. 이처럼 문제 해결이나 사용자가 보는 결과에서 각 전문 분야가 빛을 발하기 위해서는 데이터 과학자의 역할이 중요하다. 이때 데이터 과학자의 역할은 마치 불을 켜기 위한 스위치와도 같아 전구가 설치되고 전기가 연결된 후에도 결국 스위치가 연결되고 닫혀야 빛이다.

요즘 데이터 과학자와 전문가 열풍을 마주하다 보면 걱정이 앞설 때가 있다. 머신러닝과 통계학, 경제학 전문가에 눈이 멀어 실제 필요한 분석 전문가를 놓칠 수 있다. 그렇게 되면 어떤 문제를 풀어야 할지 고민할 때 도와줄 사람이 아무도 없게 될 것이다. 문제에 제대로 접근하지 못한 채 공중에 붕 뜬 데이터와 아무런 성과 없이 흘러가는 시간과 재정으로 씨름하는 것만이 남아 있을 뿐이다.

기본 데이터를 사용해서 무언가를 하려는 회사에는 특정 분야 전문가보다는 분석 전문가가 유용하다. 의사 결정을 위한 '분석 전문가'인 데이터 과학자를 찾고 이들의 역량을 존중하자. 특정 전문 분야가 눈부시기는 하겠지만, 데이터 과학자에게도 데이터 '분석'이라는 전문 분야가 있다는 것을 인정하자. 추가로 필요한 자원은 여력이 생겼을 때 구하자. 데이터 과학자가 현재 가지고 있는 역량을 더 높일 수 있도록 응원하자.

데이터를 사용해서 무언가 하려고 한다면 일단 1순위로 중요한 것은 의사 결정일 테니 이를 명확하게 할 수 있는 데 자원을 집중하는 것이 어떨까. 분석 전문가인 데이터 과학자와 함께 데이터를 들여다보면 그간 흐리기만 하던 시야가 밝아지면서 눈앞에 아름다운 정보가 펼쳐지는 것을 알게 될 것이다.

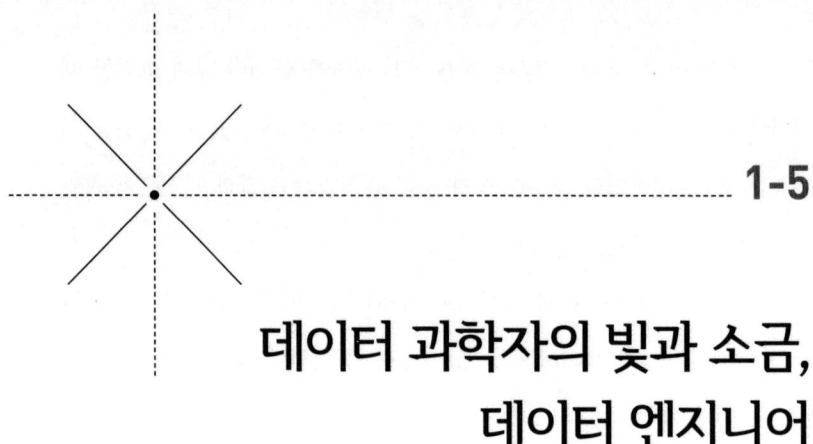

데이터 과학자의 빛과 소금, 데이터 엔지니어

오늘날 점점 수많은 데이터가 모이고 있다. SNS상의 클릭이나 채팅 하나하나까지 '빅데이터'로 수집되어 각종 서비스에 이용되고 있다. 개인의 프라이버시 침해를 우려할 정도로 수집되는 데이터가 세밀해졌다.

하지만 이런 데이터가 어떻게 수집되고 관리되는지는 전혀 생각하지 않는다. 회사에 데이터 과학자가 있으면 데이터를 다루는 일들이 자동으로 이루어질 것이라고 생각하는 사람도 여럿 보았다. 그러나 데이터로 무언가 한다는 것은 생각만큼 간단한 일이 아니다.

같은 서비스를 만드는 프로그래머 팀이라고 해도 서버 프로그래머, 프런트엔드 프로그래머, 앱 프로그래머 등으로 나눌 수 있는 것처럼 한 서비스의 데이터를 다루는 사람이라고 해도 그 안에는 다양한 직군이 존재한다. 흔히 사람들은 데이터는 하늘에서 뚝 떨어지고 이를 만지는 사람은 한두 명만 있으면 된다고 생각하는 오류를 범한다. 하지만 이런 오해들 뒤에 숨겨져 있는 직업이 데이터 엔지니어다.

데이터 엔지니어는 데이터 과학자의 가장 큰 협력자이자 동료다. 데이터 과학에서 없어서는 안 될 중요한 존재다. 지금껏 데이터 과학자로 일하면서 다양한 사람들과 협업을 해 왔는데, 그중 가장 자주 함께 일한 사람은 데이터 엔지니어였다. 그리고 일하면서 손발이 잘 맞았을 때 가장 기뻤던 사람 역시 데이터 엔지니어였다.

데이터 엔지니어는 그 중요성에 비해 잘 알려져 있지 않다. 많은 이들이 데이터 분석과 머신러닝 결과의 아름다움을 찬양하지만, 이에 사용되는 데이터가 어디에서 어떻게 나오는지는 관심이 없다. 그냥 사람이 서비스를 이용하면 자동으로 기록이 남는 줄 아는 것이 대부분이다. 그 기록물에 대해서 조금이나마 신경 쓰는 사람도 의미 없는 기록에 데이터 과학자가 신기한 마법이라도 부려서 적재적소 필요한 분석에 잘 가져다 써서 "짜잔-" 하고 아름다운 결과를 내는 줄 안다. 심지어는 데이터 과학자를 지망하는 사람들마저도 데이터 엔지니어의 중요성 혹은 존재조차 잘 알지 못하기도 한다.

요리도 요리사가 직접 가축을 잡고 풀을 뜯어 와서 요리하는 것이 아닌 것처럼 기업에서 데이터가 자동으로 뚝딱 떨어지지 않는다. 게다가 데이터 분석에 사용되는 데이터의 양은 엄청나다. '빅데이터'라는 말은 어느 정도 버즈워드이기는 하지만, 데이터가 이전에 비해서 훨씬 많아지고(Volume) 종류도 다양해지고(Variety) 그 증가 속도도 훨씬 빨라진 것(Velocity)은 확실하므로 흔히 말하는 3V가 틀린 말은 절대 아니다.

십여 년 전만 하더라도 DBA(Database Administrator, 데이터베이스 관리자)[25]가 분석용 데이터 웨어하우스도 같이 관리하기도 했었고 데이터 아키텍트라는 분야가 하나의 업으로 생겨날 것이라고 보는 시각도 꽤 있었다. 물론 DBA와 데이터 아키텍트는 지금도 매우 중요한 분야지만, 이제는 분석용 데이터보다는 실제 서비스 데이터 중심으로 역할이 다소 달라졌다. 하지만 분석용 데이터도 서비스 DBA에게 맡기기에는 서비스 데이터의 중요도와 업무가 많아졌고 더 이상 그 양과 종류도 감당하기 어렵다.

그렇다고 서비스 DB에서 데이터 분석을 바로 수행할 수 없다. 일반적으로 서비스 데이터와 분석용 데이터는 다소 다르다. 흔히 DB에서 OLTP(On-line transaction processing, 온라인 트랜잭션 처리)[26]와 OLAP(On-line analytical processing, 온라인 분석 처리)[27]로 구분하는데, 서비스에 사용하는 OLTP는 사용자의 행동 흐름에서 각 행동을 연결하기 위해 데이터를 입력, 출력의 용도로 사용하는 경우고 데이터 분석에 사용하는 OLAP는 사용자의 이력을 모아 이 데이터를 효율적으로 분석하려는 용도를 의미한다.

OLTP 형태의 데이터를 다루는 일반 서비스에서는 간결하게 현재 상태의 데이터를 사용하기 때문에 데이터가 계속 갱신되므로 컴퓨터에서 빠르게 읽고 쓸 수 있어야 한다. 예를 들어, 내가 A 서비스에 가입해서 처음에는 일반 등급이었다가 한 달 후 프리미엄 등급이 되었다고 하자. 그러면 A 서비스 운영에 필요한 것은 나의 현재 등급 상태일 뿐이므로 등급이

---

25 기업의 데이터를 적재하는 데이터베이스를 설계하고 관리하는 역할
26 서비스 사용 시에 발생하는 행동을 데이터로 빠르게 저장하거나 검색해서 불러오는 데에 적합한 형태의 데이터베이스 구성
27 분석에 사용하기 용이한 형태로 원시 데이터를 다차원으로 집계한 형태의 데이터베이스 구성

바뀌는 순간 기존의 등급 내역은 필요가 없어진다. 서비스 운영 측면에서는 최대한 효율적으로 데이터를 가지고 있어야 하므로 굳이 현재 고객의 자격과 관련 없는 데이터를 가지고 있을 필요가 없다. 그래서 운영에 필요 없는 데이터는 지우고 데이터를 최대한 현재 필요한 기록으로 갱신한다.

하지만 고객 분석을 위해서는 회원 등급이 언제 어떻게 변경되었는지에 대한 기록이 모두 쌓여 있어야 한다. 이 고객의 구매 주기는 어떻게 되는지, 이 고객이 프리미엄 등급을 얼마나 오래 유지하고 있었는지 등을 파악해야 서비스 개선이 가능하다. 그래서 이런 분석 용도에 맞게 OLTP 방식으로 사용되어 빠르게 갱신되었던 데이터를 적절하게 OLAP 방식의 분석용 데이터로 누적해서 쌓아 두는 로직을 만들고 웹, 앱, 서버 등에서 발생하는 다양한 데이터를 적재적소에서 수집하는 일이 중요해졌다. 데이터와 분석을 이해하면서 이를 기술적으로 잘 관리하는 업무가 필요한 이유이다.

데이터 과학자가 실제 데이터 분석에 사용하는 데이터의 양은 매우 많다. 특히 요즘은 로그 데이터 등을 사용해 간단한 분석 하나만 해도 몇 십 기가의 데이터를 필요로 하는 경우도 많다. 또한 EDA(Exploratory Data Analysis, 탐색적 데이터 분석)를 위해 온갖 데이터를 여기저기 뒤져 보기도 하고 필요한 데이터만 가지고 오기 위해 여러 차례 데이터 변경 작업을 거친다. 오늘날 데이터 플랫폼 기술의 발전으로 데이터가 많은 대기업에서는 데이터 레이크(Data Lake, 조직에서 수집한 정형 및 비정형 데이터를 원시 형태(raw data)로 저장하는 단일한 데이터 저장소) 구조를 도입하기도 한다. 하지만 여전히 데이터가 아주 많지 않은 다수 기업의 경우 데이터 레이크까지는 사용하지 않고 있으며, 이를 사용한다고 하더라도 기본적으로 서비스 DB와 분석용 DB(데이터 레이크)는 따로 운영될 수밖에 없고, 이 경우 역시 서비스 데이터를 적절하게 수집하고 레이크 플랫폼을 효율적으로 관리하는 일은 데이터 분석에서 중요한 일이지만 데이터 과학자에게는 기술적으로 어려운 일일 수 있다. 심지어 이런 데이터 작업은 실제 서비스 운영에도 영향을 미치기도 한다. 그래서 분석이나 서비스 바깥에서 데이터를 살펴보는 용도로 데이터 웨어하우스를 잘 만들어 관리해야 하고 그 밖에도 기술적인 업무량이 급증하면서 자연스럽게 생겨난 직업이 데이터 엔지니어다.

보통 우리가 생활에서 접하는 것은 모든 과정을 거치고 완성된 데이터 분석 결과다. 하지만 그런 결과가 만들어지려면 서비스에서 직접 사용할 수 있도록 분석하거나 바로 사용할 데이터만 추출하고(Extract) 분석에 적절한 형태로 변경하여(Transform) 적합한 시스템에 적재하는(Load) 과정인 ETL[28]이 기본적으로 이루어져야 한다. 또한 ETL 파이프라인을 만들었더라도 이를 주기적으로 꾸준하게 관리해야 한다. 특히 지속적으로 변하는 서비스에 맞춰 ETL 역시 변하기 때문에 지속적인 관리가 필요하다.

그뿐만이 아니다. 수집되지 않았던 데이터를 새로 기록하거나 외부 데이터를 크롤링하거나 가져와서 내부 데이터와 결합할 수 있는 형태로 변경한다든가 혹은 대시보드를 만들거나 모델링할 때 주기적으로 수행해야 하는 코드를 관리한다든가 하는 다양한 데이터 관련 기술 업무가 데이터를 사용하는 전반에 걸쳐 필요하다. 이는 시중의 여러 데이터 과학 교육 커리큘럼에 포함되어 있는 내용은 아니지만 그 전에 수반되어야 하는 기본적이면서도 너무나도 중요한 업무다. 이런 업무를 담당하는 사람이 바

---

28 Extract, Transform, Load의 약자로 분석용으로 데이터를 따로 적재하는 전 과정을 아우르는 의미로 사용된다.

로 데이터 엔지니어다. 데이터 과학자에게 이것까지 모두 하라고 하면, 이 일만으로도 벅차서 분석 업무는 전혀 손도 못 댄 채 나가 떨어지고 말 것이다.

데이터 엔지니어는 데이터 과학자에게 빛이요, 소금이다. 특히 좋은 데이터 엔지니어와 함께 일하는 환경만큼 데이터 과학자에게 축복인 곳은 없다고 단언할 수 있다. 회사 최고의 복지는 좋은 동료라는 말을 데이터 과학자 입장에서 한다면, 최고의 복지는 좋은 데이터 엔지니어다.

흔히 '데이터 분석의 70%는 데이터 전처리에 필요하다'라는 말이 데이터 과학자들에게 기본 명제처럼 통용되고 있고 빅데이터 시대에 들어선 지금 이 수치는 90% 정도까지 이야기가 되고는 한다. 하지만 데이터 과학에 사용되는 데이터를 잘 이해하는 좋은 데이터 엔지니어와 함께 일하면 데이터 전처리에 들어가는 시간이 90%에서 70% 정도까지는 줄어드는 마법을 경험할 수 있다. 잘 정돈된 데이터를 만지는 희열은 데이터 분석에서 느낄 수 있는 기쁨 중 다섯 손가락 안에 꼽을 수 있을 것이다.

똑같은 데이터를 사용해도 데이터 엔지니어 유무에 따른 차이는 엄청나다. 우선 같은 서비스 기능에서 쌓인 데이터라도 '똑같은' 데이터는 아니다. 많은 서비스에서 발생하는 데이터는 서비스 프로그램 밖에서 어떻게 사용될지 모르는 날것의 데이터다. 또한 이를 적재하는 방식에 따라 데이터 분석에 사용하는 데이터 웨어하우스의 형태가 완전히 달라진다. 그리고 분석할 때는 한 가지의 데이터만 사용하는 것이 아니라 여러 데이터 소스에서 데이터를 가져와 연결해서 사용한다.

그렇기 때문에 간단한 쇼핑몰이라 하더라도 사용자의 행동 데이터, 구매 데이터, 배송 데이터, 결제 데이터 등 데이터의 종류가 다양하며 이 데이터들을 분석할 때는 여러 유형을 동시에 사용하게 된다. 해당 데이터들은 결국 한 사람의 이어지는 행동이니 데이터도 물 흐르듯 자연스럽게 연결되어 있다고 생각하기 쉽지만, 각각 기록하는 시스템의 위치도 다르고 형태도 다르며 시스템에 따라 기록하는 기준이나 주기, 시간이 다르다. 때문에 이를 효과적으로 관리하면서도 최대한 자연스럽고 누락 없이 적재할 수 있도록 해 주는 것이 모두 데이터 엔지니어의 역할이다.

데이터 엔지니어는 데이터 과학자와 이야기하여 어떤 식의 분석이 주로 일어나고 어떤 식의 데이터 쿼리가 주로 진행될지 협의하고 이에 맞춰서 데이터를 설계하고 적재하며 관리한다. 이렇게 생겨난 데이터는 현재 서비스에서 생성할 수 있는 최적의 분석용 데이터가 된다. 물론 전처리는 거쳐야 하지만 제대로 정리되지 않은 데이터를 만질 때보다 훨씬 상쾌한 기분을 느낄 수 있다.

또한 데이터의 양이 기하급수적으로 늘어남에 따라 데이터 시스템의 구조나 종류도 계속 바뀐다. 어떤 데이터는 적절하게 아카이빙해야 하며 어떤 데이터는 주기적으로 쉽고 빠르게 검색해야 한다. 데이터에 접근하는 사람이 늘어나면서 권한 관리와 용도에 따른 데이터 설계도 필요하다. 이런 과정이 생략되면, 부하는 고스란히 데이터 과학자에게 돌아온다.

캐글[29]에서처럼 잘 정돈되어 주어진 데이터를 가지고 분석만 하는 것이 데이터 과학의 시작과 끝이라고 생각하는 사람은 이런 고민과 과정을 모른다. 데이터 엔지니어와 오손도손 이야기하고 데이터 엔지니어가 뚝딱뚝딱 데이터를 쌓아가는 것을 보고 "아니, 그것 말고 이게 필요해." 그

---

29 대표적인 데이터 경연 플랫폼으로, 회사나 기업이 데이터와 문제를 제공하고 상금을 걸면, 전 세계의 데이터 과학자들이 참여해서 데이터 분석 문제를 풀고 순위를 다툰다(https://www.kaggle.com/).

단계는 "다음번에 고려하자."라고 제안하고 "아니, 이렇게 하면 다음 업데이트 때 이런 문제가 있을 거야."라는 데이터 엔지니어의 말에 수긍해 가며 함께 데이터를 검수하고 다 만들어진 데이터를 감동하면서 만져 볼 때 그 촉감이란. 데이터의 기록부터 분석까지 같이 진행하며 문제를 해결하고 같이 환호성을 지르게 될 때의 기쁨은 또 어떤가.

있지도 않은 데이터를 요구하는 사람을 보면서 실컷 험담을 하다가 같이 서비스 개발자를 찾아가서 데이터를 어떻게 남길지 상의하고 제약 사항을 가지고 함께 고민하고 답답함에 한숨을 같이 쉴 수 있는 존재. 그러다 겨우 남기기 시작한 데이터가 차곡차곡 쌓이는 것을 보면서 갑자기 만사가 너그러워지고 이 데이터를 또 어떻게 사용할지 같이 고민해서 용도에 따라 적재하고 새로 문제도 만들어 보고 관리 문제 때문에 안 된다고 거절도 당해 보고 그러면서 또 다음 날 쌓여 있는 데이터를 볼 때 따뜻해지는 마음을 함께 느끼는 존재. 기나긴 여정을 같이한 사람 간에만 공유할 수 있는 어떤 것들, 그 안의 기쁨과 슬픔과 회한과 즐거움을 고스란히 기억하고 있다. 그 기억은 분명 데이터 과학 일을 계속 할 수 있게 해 주는 큰 원동력이다.

손발이 맞는 데이터 엔지니어는 데이터 과학자에겐 큰 선물이다. 데이터 과학이란 절대 데이터 과학자 혼자 해낼 수 있는 일이 아닌데, 대부분의 사람은 데이터 엔지니어의 역할과 중요성을 알지 못한다. 아무리 데이터 엔지니어가 필요하다고 말해도 본인들이 데이터에 치여 보기 전까지는 이해하지 못하고 데이터 과학이니까 데이터 과학자가 전부 다 할 거라고 쉽게 생각한다.

애초에 '데이터 과학'이라는 이름 자체도 적절하지 않다고 생각했지만, 데이터 과학을 단순히 분석이라고만 생각하고 데이터 분석을 처음에 배울 때 사용하는 아이리스 데이터[30] 같은 데이터로 분석한다고 협소하게 생각하는 사람이 수두룩하다. 혹여나 데이터 엔지니어가 회사에 있더라도 이 사람이 뭘 하는지 이해하지 못하고 이해하려고 하지도 않는다. 아무리 데이터 엔지니어의 역할이 중요하다고 나 혼자 떠들어도 그 소리가 닿는 데는 한계가 있어 늘 아쉬운 마음이다.

사실 데이터 엔지니어만큼이나 데이터 과학자라는 직업도 회사에 확고하게 자리잡은 경우가 드물기 때문에 나의 이력은 늘 힘든 일의 연속이었다. 그럼에도 불구하고 서로의 존재와 역할을 인정하고 존중해 준 동료들의 태도 덕분에 필자가 데이터 과학자로 지금껏 일할 수 있었다. 이제는 더 많은 사람이 데이터 과학자만큼 데이터 엔지니어의 필요성과 멋짐을 알고 그들의 역할을 명확히 인지하여 적재적소의 상황에서 그들이 역량을 잘 나타낼 수 있도록 환경이 갖춰지길 바란다.

---

[30] 통계학자이자 농학자인 로널드 피셔가 1939년에 발표한 논문에서 사용한 데이터셋. 세 가지 붓꽃에 대해 꽃받침, 꽃잎의 길이와 폭이 기록된 150개의 데이터로 이루어져 있으며, 데이터의 크기가 작고 직관적이라서 많은 데이터 분석 강의에서 사용되고 있다(https://en.wikipedia.org/wiki/Iris_flower_data_set).

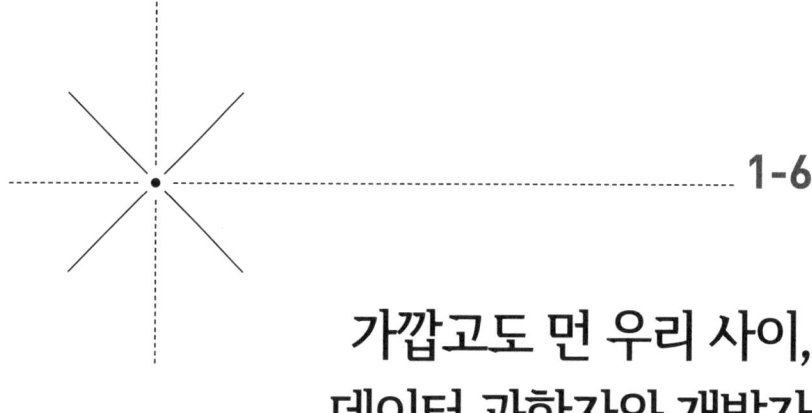

가깝고도 먼 우리 사이, 데이터 과학자와 개발자

데이터 과학자의 일은 다른 부서와의 협업으로 이루어진다. 그렇기 때문에 다양한 부서의 여러 사람과 적절한 관계를 맺는 일은 매우 중요하다. 그래서 자신의 위치만큼 타인의 위치를 고려하고 그 사이에서 업무를 어떻게 엮어야 하는지 늘 고민해야 한다. 물론 사회 초년생 때부터 이런 고민을 할 필요는 없겠지만, 더 이상 다른 사람이 나의 관계를 만들어 주지 않는 시기가 오면 그 고민은 오롯이 본인의 몫이 된다.

개인적으로 필자는 회사에 속해 있는 데이터 업무를 담당하는 사람들과 데이터 중심 조직에 속해 있는 것을 그리고 그 데이터 조직은 여러 부서 중 개발 조직 내에 속해 있는 것을 지향한다. 물론 내가 공학 계열을 전공해서 개발 조직 쪽에 마음이 쏠리는 개인 성향 탓도 있다.

다른 부서에게 데이터 과학자는 거칠게 말해 문제 해결에 도움을 주는 컨설팅 역할을 한다면, 개발자[31]와는 원천 데이터를 주고받고 데이터 기반 기능을 개발할 때는 협업도 하기 때문에 둘의 관계는 다른 부서들보다 좀 더 긴밀한 편이다.

IT 기반 서비스 기업에서 개발자는 사용자와 바로 접점이 되는 서비스를 만들고 사용자들이 만들어 내는 데이터를 저장한다. 물론 서비스 운영에 사용되는 데이터는 분석 용도로 활용하는 데이터와 형태가 다르지만, 이 데이터를 원천 데이터로 하여 적재, 변형해서 사용하므로 '태초에 개발자가 데이터가 있으라' 하여 데이터가 생겨났을 것이다. 즉, 어떻게 보면 개발자가 데이터의 산파라고 볼 수도 있다.

사실 많은 개발자에게 있어서 실행에 필요 없는 것을 따로 '기록해 두는 일'이란 익숙하지 않다. 보통 프로그램이 돌아갈 때 데이터를 '기록'해 두는 것이 반드시 필요한 행동은 아니기도 하고 이는 프로그래밍 입장에서는 간결함에서 벗어나는 일이라고 생각할 수도 있기 때문이다. 간혹 디버깅이나 장애 처리를 위해서 자동으로 기록되는 이벤트 로그를 확인하는 경우도 있지만, 그 이상 무언가 기록을 남기는 일은 번거롭다. 최근에는 많은 곳에서 구글 애널리틱스 등의 분석 도구나 자체 로그 기록 도구를 사용하다 보니, 이런 경우에는 필요한 태그를 코드 중간중간 삽입해야 한다. 그렇기 때문에 이런 일을 해야 한다는 것은 알고 있지만, 귀찮기도 하고 개발자 본인의 기술 능력 개발이나 실력 향상에 큰 도움이 되지 않기 때문에 우선순위에서 밀리게 된다.

---

31 '개발자'는 서비스나 프로그램 개발에 참여하는 모든 사람을 포괄하지만, 여기서는 부득이하게 프로그래머로 한정된 좁은 의미로 사용하였다.

개발자가 직접 데이터를 활용하는 일은 많지 않다. 게다가 활용하더라도 본인들의 성과로 부각되지 않는다. 데이터를 기록하고 활용하는 것이 전사적으로 중요해지면서 많은 개발자가 데이터를 잘 남기는 일이 중요하다는 것은 인식하고 있겠지만, 와닿지 않을 수는 있다. 데이터를 새로 남겨야 한다며 한숨을 쉬던 데이터 과학자가 이벤트 로그가 남아 있다는 개발자의 말에 "그거라도 파싱[32]해서 쓰면 좋겠네요." 하며 눈을 갑자기 반짝이는 것을 보면, 급한 일인가 싶으면서도 저게 뭐 그렇게 좋은가 하면서 고개를 갸웃거릴지도 모른다.

데이터 분석도 수학과 논리를 기반으로 하는 학문이고 프로그래밍이나 컴퓨터 지식을 어느 정도 요구하다 보니 개발자와의 커뮤니케이션은 타 부서 대비 쉬울 것이라고 생각하지만, 오히려 아예 접점이 없는 사람보다도 어려울 때가 있다. 모든 일이 그렇지만 원래 기대가 클수록 실망도 큰 법이며 완전히 모르는 것보다 어설프게 알고 있을 때 소통의 어려움이 더 크다. 더 비극인 것은 이러한 불통의 시간이 쌓이다 보면, 서로가 서로를 왜 이해 못 하는지 점점 더 알 수 없게 되는 것이다.

이 둘은 같은 데이터를 이야기하고 있어도 생각하는 지점이 다른 경우가 많다. 양쪽 모두 자신의 일에 충실한 나머지 자신의 일에서 사용하는 사고방식으로 상대방을 해석하기 쉬워 벌어지는 일이다.

---

32 Parsing, 특정 텍스트에서 내가 원하는 형태의 문자열을 특정 패턴이나 순서로 추출해 가공하는 것

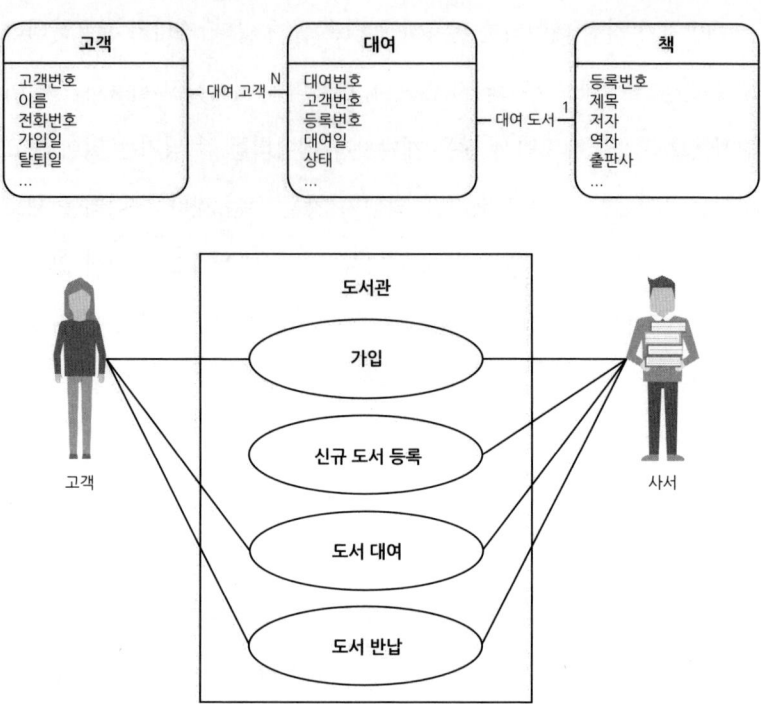

그림 1-4 ER 다이어그램과 유스 케이스 다이어그램 예제

데이터를 대할 때도 마찬가지다. ETL과 분석에 사용하는 데이터는 이미 쌓여 있는 형태로, 일종의 집합 개념에 가깝다. 이런 데이터 구성을 그림으로 나타내면 ER 다이어그램(ER Diagram, ERD), 즉 개체(Entity)-관계(Relation)를 도식화한 형태에 가깝다(그림 1-4). 구조화된 데이터 외에도 요즘은 비정형 데이터[33]도 많지 않느냐 이야기하지만, 비정형 데이터를 분석하는 경우에도 먼저 데이터 특성을 나타내는 숫자나 문자값을 기록해서 정형 데이터로 만든다. 한 종류의 값만 가지고 분석하기보다 다양한 데

---

[33] 이미지, 음성, 채팅 기록 등의 형식이 없이 무작위로 수집된 데이터

이터 조합을 사용해 분석하는 경우가 많아 데이터를 구조화해서 이해하는 것이 자연스럽다.

일반적인 데이터 분석은 데이터를 한 줄 한 줄 사용해 의미를 도출하기보다 많은 데이터를 한 번에 가지고 와서 대푯값을 구하고 분류를 하고 모델을 만드는 형태로 이루어진다. 즉, 순차적 개념보다는 집합적 개념으로 데이터 모델을 만든다.

하지만 대다수 프로그램의 경우 데이터는 그 프로그램이 실행되는 어떤 흐름에서 중간 결과, 즉 잠깐의 상태를 기록한 것이다. 함수에서 다른 함수로 입력값과 출력값이 넘나드는 과정의 모음이거나 중간 상황을 기록한 값일 뿐이다. 데이터 분석에서도 시간 단위가 중요하지만 이 시간값도 하나의 속성에 불과한 반면, 개발에서는 시간에 따른 선후 관계가 더욱 중요하고 데이터를 시간에 따른 상태 변화를 기록하는 것으로 인식한다. 비슷한 것 같지만 큰 차이다.

좀 더 쉽게 이해하기 위해 그림으로 살펴보자(그림 1-4). 예를 들어, A라는 사람이 온라인 쇼핑몰에 로그인하여 프로모션 페이지를 클릭하고 거기에서 할인된 물품의 구매 버튼을 누른 후, 카드 정보를 입력하다가 중간에 나가는 행동을 했다고 하자. 개발자는 이를 행동 흐름으로 인식한다. 이를 굳이 도식화된 형태로 표현한다면 관련된 사람과 행동을 도식화하는 UML의 유스 케이스 다이어그램 정도로 나타낼 수 있다. 하지만 데이터 과학자가 생각하는 이미지는 ER 다이어그램 형태다. 데이터 분석에서 데이터를 볼 때는 로그인 시점에는 어떤 데이터를 남겨야 하고 클릭 이벤트는 어떻게 생겼으며 구매 로그는 어떻게 남으며 카드 정보를 입력하다 중간에 이탈한 경우에는 어떻게 확인할 수 있는지 등을 고려한다.

하나의 행동을 제대로 수행하는 데 집중하는 입장이 있고 각 행동 단계와 단계의 연결에 집중하는 입장이 있다. 분명 동일한 서비스에 대한 생각이고 개발자와 데이터 과학자 모두 양쪽의 그림을 인지하고 있지만 중점적으로 고려하는 형태가 다르다 보니 서로 이해하지 못하는 형태가 왕왕 발생한다.

그나마 개발 경험이 있는 데이터 과학자라면 개발자와 커뮤니케이션이 더 수월할 수 있다. 물론 데이터를 만져 본 개발자라면 훨씬 좋을 것이다. 하지만 아직까지는 아무래도 개발 경험이 없는 데이터 과학자가 데이터 경험이 있는 개발자보다 많을 것이다. 물론 데이터 조직의 이야기를 개발자가 모두 이해하지는 못할 수 있지만, 개발 경험을 살려 커뮤니케이션하면 양쪽의 상황을 조율하기가 좀 더 용이해진다.

상대방이 자신을 이해한다는 것을 아는 것만으로도 소통 과정이 원활해지기 마련이다. 데이터 과학자에게 도메인 지식이 다른 부서와 대화에서 윤활유 역할을 하는 것과 마찬가지이다. 양질의 데이터가 필요하다면 개발자와의 원활한 소통은 필수다. 개발자와 긴밀하게 일하는 데이터 과학자와 엔지니어는 분명 데이터 입수와 추가, 분석 업무에 유리하다. 아니, 아무리 유능한 데이터 과학자여도 원본 데이터가 남지 않으면 제대로 된 분석을 할 수 없고, 훌륭한 슈퍼 데이터 엔지니어를 데려와도 원본 데이터가 활용을 전혀 고려하지 않은 형태로 남아 있다. 서비스 변동 사항이나 이력을 제대로 공유받지 못한다면 원시 데이터 분석을 용이하게 할 수 있도록 데이터 구조를 변경하는 데이터 마트 구성에 오랜 시간이 걸리며 유지 보수에 과한 노력이 필요하다.

모든 일이 그렇지만, 한쪽이 다른 한쪽에 의존하거나 기생하지 않고 상생할 수 있다면 그 관계는 더욱 긴밀하게 오래 갈 것이다. 다른 조직에게 도움을 요청하려면 우리 조직 역시 그 조직에 도움이 되는 것이 좋다. 다들 한 가지 일만 하지 않기 때문에 일에는 결국 우선순위가 생긴다. 급한 정도가 동일하다면, 본인들에게 유리한 업무를 더 우선으로 처리하는 것은 당연하다. 그래서 좋은 데이터를 위해 개발 조직과 긴밀한 관계를 유지하려면 상생의 방법을 고민해 보아야 할 것이다.

물론 업무의 우선순위는 서비스 기획자나 PO(Product Owner/Project Owner)와의 협의를 통해 조율할 수도 있다. 하지만 데이터 조직 업무에 직접적인 영향을 미치는 것은 개발자와의 협업이다. 데이터의 실질적인 형태를 정의하고 남기는 세밀한 작업은 결국 실무자의 역할이다. 그러므로 데이터 조직의 퍼포먼스가 개발 조직의 영향을 받는다면, 데이터 조직에서도 개발 조직 실무자의 퍼포먼스를 도울 방법을 생각해 보자.

개발 관련 지표 분석을 돕거나 자원 최적화 업무를 하는 등의 방법도 있고 서비스 지표를 통해 장애 모니터링도 같이 할 수 있을 것이다. 추천이나 타기팅처럼 서비스에 직접 들어가는 기능 중 데이터와 알고리즘이 필요한 기능을 함께 고민하고 최대한 긴밀하게 협업하는 방안을 고려해 보면 어떨까. 이런 기능을 통해 개발자가 만든 코드에서 발생한 데이터가 실제로 서비스에 바로바로 사용되는 모습을 직접 보여 줄 수 있다.

자신이 시간을 들여 만든 코드로 실행되는 서비스를 사람들이 이용하고 더 많은 사람이 더 많은 돈을 소비하면서 서비스가 성장해 가는 것을 수치로 마주한다면, 자신의 일에 더 애착이 생길 것이다. 성장하지 않더라도 서비스의 이용 현황을 숫자로 직접 확인하면, 개선 방안을 다양하게 고민할 수 있다. 이는 업무 만족도 향상과 성과 증진으로 이어진다. 이때 자신들이 보고 있는 지표가 자신이 남기고 있는 문자열, 파일 형태의 데이터라는 것을 잊지 않게 해 주고, 개발자가 데이터에 미치는 역할을 다른 직종의 사람들에게도 충분히 알리자. 아마도 훨씬 협업하기 편해질 것이다.

오래전부터 데이터 과학자와 개발자의 사이는 그다지 좋지 않았다. 분명 이웃이지만 너무나도 멀어 보이고 사고방식이 비슷한 듯 다르며, 협업하기 쉬울 것 같으면서도 소통이 더 안 된다고 느껴왔다. '너는 나를 이해할 줄 알았는데 왜 이해하지 못하는가' 하는 마음이 더 커져 갔던 것은 아닐까.

여전히 이 둘은 '가까이하기에는 너무 먼 당신'의 관계처럼 보인다. 물론 여러 가지 구조적인 문제도 있겠지만, 아마도 서로를 잘 이해한다고 섣부르게 판단하고 기대를 했기 때문이 아닐까?

좋은 서비스와 데이터를 함께 만들어 나가려면, 서로를 잘 안다는 확신은 내려놓아야 한다. 각자의 사고방식이 다를 수 있음을 받아들이고 최대한 상생하려는 마음으로 다가가야 한다. 가까운 사람일수록 나와 분리해서 바라봐야 한다는 것을 쉽게 잊어버리지만, 이를 받아들이고 함께 나아갈 때 가까운 사람이기에 함께하는 그 길이 더욱 밝아질 수 있다.

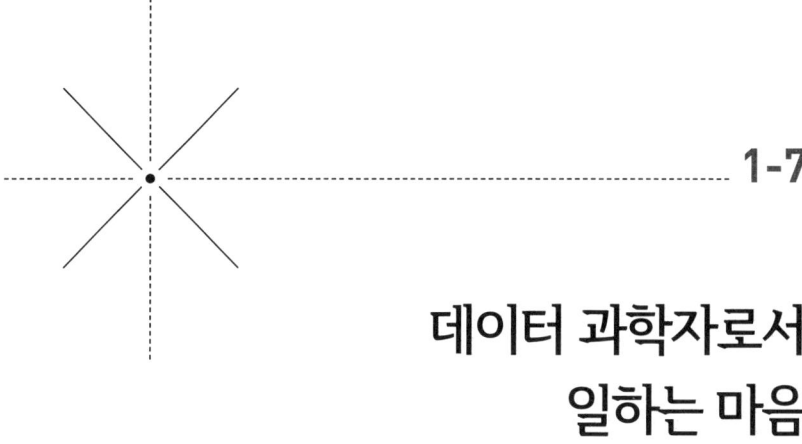

1-7
데이터 과학자로서 일하는 마음

> A: 어제 정민님 강연 들었다면서? 정민님이 뭐 공부하라고 그래?
> B: 응? 아니, 데이터 과학자 왜 하고 싶은지 물어보더라. 하지 말라고 하던데?

필자가 데이터 분석 교육 모임에서 강연을 했을 때의 일이다. 어떤 사람이 자기 친구가 그 강연을 들었는데 저 말이 인상적이었다며 진짜로 그랬는지 필자에게 물어 왔다. 필자는 웃으면서 아마 그랬을 거라고 대답했다.

지금까지 데이터를 분석해서 모두가 잘 사용할 수 있도록 하는 일련의 일을 해 왔고 돌아보면 모든 순간이 멋지지는 않았지만 이 일을 분명 여전히 좋아하고 있다. 그리고 다른 사람도 이 일을 하면서 나보다 더 잘 지낼 수 있었으면 좋겠다고 생각한다. 그렇다 보니 다른 사람들에게 꼭 전하고 싶은 이야기가 있다. 바로 '데이터 과학자를 둘러싼 말에 휘둘리지 말라'는 이야기다. 내 경험에 따르면 데이터 과학자를 둘러싼 말들로 인해 일을 하면서 가장 크게 마음고생을 했었다. 그리고 그런 말들이 더 이상 나를 흔들 수 없는 시기가 된 후에야 마음 속의 많은 갈등에서 벗어날 수 있었기 때문이다.

데이터 과학자란 직업은 예전보다 조금 식기는 했지만 여전히 뜨거운 감자다. 여전히 데이터 과학과 빅데이터에 대한 이야기가 사방에 넘실댄다. 구글에 '빅데이터'를 검색하면 한국어 뉴스 기사만 7,110,000개가 0.32초 만에 검색되고 유튜브에는 807,000개의 빅데이터 관련 비디오 클립이 있다.[34] 많은 책에서 빅데이터 이야기를 하고, 많은 신문기사에서 빅데이터가 미래라고 이야기한다. 인터넷의 여러 글에서 멋들어진 데이터와 관련한 성공 사례가 나열되고 데이터 과학자가 되기 위한 조건 같은 글이 무수하게 공유된다. 여기저기서 '21세기 가장 섹시한 직업, 데이터 과학자' 혹은 '데이터 과학자로 직업을 바꾼 후 수직 상승한 연봉'과 같은 글들을 쉽게 찾아볼 수 있고, 숫자가 적힌 csv 파일을 넣고 코드를 조금 입력한 후 실행하면 예쁜 그래프와 있어 보이는 결과가 나오는 강좌들은 자주 눈에 띈다. 많은 사람이 이런 콘텐츠를 잔뜩 접하면서 데이터 과학자에 대한 환상을 키워 왔을 것이다. 나를 비롯한 많은 데이터 과학자가 그런 글에서 이것저것 배우기도 하고, 자극을 받기도 했을 것이다. 그런 면에서 이런 콘텐츠는 긍정적인 역할을 해 온 건 사실이다.

하지만 데이터 과학자의 비극 역시 여기에서 시작된다. 사실 이런 데이터 과학자는 이 빅데이터 거품의 최고의 수혜자이자 피해자다. 사실 그 이

---

34 2022년 6월 기준

름부터가 그 거품의 총아다. 이 거품은 2010년 초반에 한참 부풀어 올랐고 한 번 쭉 거품이 빠졌어야 했지만 거품이 빠지기 전에 인공지능 거품이 새롭게 부풀어 오르는 통에 가라앉지 못하고 어중간하게 떠다니는 형태가 되어 버렸다. 그리고 그렇게 끝없이 이어지고 있다.

데이터만큼 근거 기반이며 현실적이고 정확하고 구체적인 것을 추구하는 분야가 드묾에도 불구하고 '데이터 과학'에 대한 이야기는 정작 자신이 실제로 추구하는 '데이터'와는 매우 성격이 다른 마케팅과 영업용 용어로 점철되어 있다. 멋진 이야기에는 근거가 없고 실제 데이터 과학자의 겉모습은 엄청 대단해 보이지만, 정작 데이터 과학자들 사이에서는 반쯤 자조적으로 '이를 다 갖추면 유니콘이다[35]'라는 말이 농담처럼 나돈다. 많은 사람들의 머릿속에는 '데이터'에 대한 명확하지 않은 근거와 기반 없는 기대만 가득 차 있으며 이렇게 구축된 생각과 현실 사이의 괴리감은 매우 크다. 처음에는 신기하고 새롭고 자극적이지만, 그것도 적당할 때의 이야기다. 입력은 많아지고 역치만 높아진다.

데이터 과학자가 실제로 경험하는 세계는 기대와는 달리 그다지 흥미롭지 않다. 데이터 분석 결과 중 대략 70%는 기존에 이미 알고 있던 내용을 재확인하는 것이고 20%는 쓸모없는 답이고 10% 정도만이 새로운 지식이나 쓸 만한 결과로 만들어진다. 글로만 보던 빅데이터는 어딘가에는 있겠지만 내가 보는 데이터는 아닐 것이고 내 손에 주어진 데이터는 그다지 크지도 않고 지저분한 데다가 뻔하기만 하다. 이런 데이터를 만지면서 보내는 나날은 잡일로만 점철되어 있는데, 어딜 봐서 이것을 미래라고 하

---

[35] 상상의 존재에게나 가능한 일이다.

는 건지 모르겠으며 여기저기서 떠드는 성공 사례는 아무리 노력한다고 해도 나한테는 먼 얘기 같고 여기저기서 요구하는 데이터 과학자의 조건은 저게 유니콘이지 인간인가 싶고 대체 다른 사람들은 어떻게 저런 것을 다 충족하고 사는 걸까 버겁기만 하다. 저렇게 해야 21세기 가장 섹시한 직업 같은 것을 할 수 있을까? 현재 내가 있는 곳에선 불가능해 보인다. 이렇게 꿈은 커지고 그 꿈과 현실의 간극에 따른 불안과 불만만 점점 커진다.

많은 직업에는 당연히 이상과 현실, 밖에서 보는 모습과 직접 맞닥뜨리는 모습 사이에 간극이 있다. 하지만 데이터 과학자는 이상과 현실의 괴리가 정말 큰 편이다. 무엇을 말하든 그 이상일 것이다. 데이터 과학자가 가장 섹시한 직업이라는 설문 조사[36] 같은 글도 있지만, 현실은 그저 정신없고 잡일들로 가득하며 주변에는 손대기 힘든 문제투성이일 뿐이다. 여기저기서 많이 인용되는 비유인 '우아해 보이지만 수면 아래서 미친 듯이 물장구를 치는 백조', 어쩌면 데이터 과학자는 그런 모습에 가깝다.

그렇다. 데이터 과학 일을 하고 있다면 앞서 말한 불안과 불만이 가득한 데이터 과학자에 공감하는 사람이 많을 것이다. 읽으면서 고개를 끄덕이며 본인 이야기라고 생각한 사람이 있다면, 이런 생각을 하는 것이 혼자만이 아님을 알아 두자. 나도 그렇고 내가 알고 있는 혹은 한두 다리 건너 아는 사람 모두 같은 생각을 하고 있다. 엄청난 꿈을 가지고 급한 일에 엄청나게 치이지도 않으면서 버거워하고 불안해하고 있다. 구글에서

---

[36] Thomas H. Davenport and DJ Patil, "Data Scientist: The Sexiest Job of the 21st Century" Harvard Business Review, October 2012, https://hbr.org/2012/10/data-scientist-the-sexiest-job-of-the-21st-century

'Data scientist meme[37]'을 검색한 결과 페이지에 남들이 보는 데이터 과학자의 모습과 실제 모습의 간극을 유머로 승화한 이미지가 가득 차 있는 것을 보면, 국내뿐만 아니라 세계의 데이터 과학자들이 이런 불안과 불만으로 고통받고 있다는 것을 추측할 수 있다.

물론 알려진 멋진 이미지와 모습이 모두 쓸모없다는 뜻은 아니다. 실제와 전혀 관계없다고도 할 수 없다. 하지만 그런 멋진 일과 근사한 모습은 어쩌다 찾아올 수도 있고 안 올 수도 있는 그런 것이 아닐까. 세상 사람들이 익히 알고 있는 멋진 모습은 여러 데이터 과학자가 수 시간을 들여서 만들어 낸 결과물의 최종 단면일 뿐이고 내용을 자세히 보면 과장되었거나 아직 실제로 적용할 수 없는 이야기도 많다. 데이터 과학 분야를 멋지게 포장해 준 사회 트렌드 덕분에 데이터 과학자 개인도 당연히 멋질 것이라는 생각이 굳게 받아들여진 듯하다.

원래 모든 일에서 데이터를 사용해 왔지만 이제서야 데이터 과학이라는 영역이 새로운 영역으로 분리되었는데, 이는 '다들 필요하지만 각자 처리하기에 전문성이 필요해졌고 해야 할 일도 많아졌기' 때문이다. 그렇기에 데이터 과학 일이 기업에 자리 잡은 지도 그다지 오래되지 않았고 의사 결정 '지원'에서 파생된 일이다 보니 다른 일을 '지원'하는 업무가 어쩔 수 없이 많다. 데이터 과학 부서의 일이더라도 다른 분야와 협업 없이 단독으로 하기는 어렵다. 회사별 주요 사업에 따라 데이터의 성격도 다르기 마련이라 데이터 과학에는 도메인 지식이 필수 요소가 되었고 데이터 과

---

37 Meme. 원래는 리처드 도킨스가 [이기적 유전자]라는 책에서 제시한 개념으로 한 사람이나 집단에게서 다른 지성으로 생각 혹은 믿음이 전달되는 모방 가능한 사회적 단위를 뜻했으나, 인터넷에서는 인터넷 밈(Internet meme)의 약자로 주로 사용되며 인터넷에서 유행하는 요소를 의미한다.

학자가 하는 일도 분야나 단계가 가지각색이 되었다.

그렇다 보니 같은 데이터 과학자임에도 불구하고 다른 데이터 과학자들과 나의 업무는 너무 달라 보이고 다른 사람들은 멋진 일을 하는데 나만 혼자 땅을 파는 것 같은 허무한 기분이 많이 들 것이다. 하지만 자세히 보면 남의 떡이 더 커 보이는 것일 뿐 각자 하는 일이 도메인이나 회사에 따라 다를 뿐이라는 것을 깨닫게 된다.

데이터 분야의 기본 배경지식을 머리에 넣어 두고 주변 정보를 다시 살펴보자. 데이터 과학자라면 데이터 과학자답게 이런 정보의 이면을 간파할 것이고 의도가 다분한 제목이나 머리말에 휘둘리지 않을 것이다.

너무 많은 이야기에 흔들리지 말자. 본인이 해석하고 감당하지 못할 이야기들은 뒤로 던져 두자. 자극적인 제목도 내용을 이해하기 전에는 무시하자. 제목만 본 것은 그 실상을 전혀 모르는 것과 다름없다. 내용을 이해하고 설명이 부족한 부분은 출처나 근거 자료를 찾아보자. 그런 다음 내용을 다시 자세히 보면 어느 정도 본질을 가려내는 눈을 기를 수 있다. 나와 상관없는 내용은 마음 편히 던져 버릴 수 있다.

쏟아져 나오는 수많은 이야기의 표면만 보고 모양도 그렇게 거대할 것이라 확대해서 상상해 버리면, 이것도 해야 하고 저것도 해야 할 것 같은데 왜 손은 두 개고 머리는 하나며 하루가 24시간뿐인지 원망스러울 것이다. 혹은 데이터 과학자가 되어 여기저기 나오는 멋진 일을 몽땅 하고 싶다고 상상의 나래를 펼칠지도 모른다. 하지만 일단 숨을 크게 들이쉬고 그런 것은 여러 사람이 여러 필요에 의해서 만들어 낸 것의 정수 아니면 거품이라는 것을 인지하고 받아들인 후, 내가 할 수 있고 해야 할 것들만 골라내는 기술이 필요하다. 언젠가 먼 훗날에 할 수 있는 것과 지금 할 수 있는 것을 구분하자. 그리고 먼 훗날의 일은 잠시 잊자. 어차피 세상은 빨리 변하기에 몇 년 후의 나의 모습은 좀 더 지나서 생각해도 괜찮다. 그때는 데이터 과학자가 해야 할 일이 또 달라져 있을 것이기 때문이다. 생긴 지 오래되지 않았고 아직 제대로 정착하지 못한 일의 형태는 다른 일보다 더 빠르게 변하기 마련이다. 좀 더 자리를 잡아 형태를 갖추고 거품은 빠지고 좀 더 본질에 가까워진다면 데이터 과학자의 미래는 지금과는 같으면서 다를 것이다. 데이터 과학 세계에서 오래 제정신으로 살아가기 위해서는 평정심이 필요하다.

나는 종종 데이터 과학자를 하고 싶다는 사람에게 그걸 왜 하려고 하는지를 물어본다. 반쯤 농담으로 당신이 아는 것과 다르니까 하지 말라고 한다. 이런 샴페인 거품에 취해서 무지갯빛 미래만 보고 뛰어들면 버티기 힘들 가능성이 높기 때문이다. 실제로 데이터 과학자의 업무가 정말 근사하고 멋진 직업이라고 하기는 어려운 데다, 여기저기 방황하다가 끝내는 직업을 바꾸는 데이터 과학자들을 많이 봐 왔다.

멋있는 것, 아름다운 것을 찾는 것도 좋다. 하지만 너무 많은 기대만으로 멋진 모습을 보고 일을 고르기보다는 데이터를 보고 탐색하고 결과를 찾는 그런 과정을 좋아하는 사람이 이 일을 했으면 좋겠다. 그러면 그나마 이 일의 간극에 대해 실망이 덜 할 것이다. 거품이 꺼지고 나면 결국 남는 것은 꾸준히 자신이 해 온 일뿐이다. 그 일을 묵묵히 쌓아 갈 수 있는 사람이 어떤 급변하는 상황이 와도 결국 보람을 느낄 수 있지 않을까.

어쩌면 별 생각 없이 그냥 데이터 분석 일을 해 보는 것도 괜찮을 수 있다. 물론 신중하게 선택해야 하고 일을 하면서도 진지해야겠지만, 일단 하고 싶은 일에 도전하는 것이다. 어떤 선택을 하든 어떤 모양으로든 삶은 지속되고 목적이 없다 해도 어디론가 움직인다면 그만큼의 경험치는 쌓을 수 있을 것이다.

인생에서 애정이나 흥미 요소를 찾는 건 매우 크고 중요한 일이다. 심지어 애정이나 흥미를 일에서 찾을 수 있다면 정말 행운이다. 한때 필자도 직업 선택의 이유가 '재미'라고 이야기하던 적이 있었다. 하지만 무언가 오래 지속하다 보면 애정이나 재미가 항상 붙어 있기 어렵다. 일은 언제나 내 마음대로 되지는 않으며, 안팎으로 방해 요소가 끝없이 생겨난다. 심지어 데이터 분석은 항상 노력하는 만큼의 결과도 보장받을 수 없다. 마지막으로 다른 사람들이 내 일을 잘 이해해 주지도 않는다.

그러다 보면 자존감은 끝없이 떨어지고 자신을 향해 끝없이 질문을 던지게 된다. '이것이 정말 재미있나?', '내가 이 일을 정말 좋아하나?'처럼 본인이 정말 사랑하고 재밌게 여겼던 것에 대해서도 의문이 드는 순간은 생각보다 자주 그리고 빠르게 찾아온다.

이런 생각은 '정말로, 내가 이 일을 해도 괜찮은가?', '나는 이 일에 안 맞는 사람이 아닐까?', '이 일을 계속 하면 안 되는 것이 아닐까?'와 같은 더 깊은 고민에 빠뜨린다. 그리고 어쩌면 어떤 사람들은 더 이상 재미가 없으니까, 더 이상 내가 이 일을 사랑하지 않는 것 같으니까 그냥 놓아버릴지도 모른다. 다른 곳에서 재미를 찾을지도 모르고 더 사랑하는 일을 만날지도 모른다. 혹 어떤 사람들은 다른 일을 겪고 나서 그제서야 모든 일이 항상 재미있고 항상 결과가 좋은 것은 아니라는 것을 알게 될지도 모른다.

재미나 의미 같은 근원적인 성찰은 개인마다 지향하는 바가 다르기 때문에 그것에 대해서 뭐라고 할 수는 없다. 하지만 그런 것으로 인해 나의 자존감을 깎아 내리는 행위는 일단 멈추자. 그냥 하나하나 어떻게든 무언가를 해 나가는 그리고 그 '무언가'가 본인이 다른 것보다 조금 더 좋아하는 일이라는 사실에 주목하자. 밖에서 보는 멋진 모습에 매료된 것이 아니라 데이터 과학 일 자체가 본인에게 맞는 것 같아서 시작했다면, 기대와 조급함, 실망과 불만은 일단 조금 덜고 편안한 마음을 가져 보자. 주어진 일을 조금씩 천천히 해 나가다 보면, 결국 데이터 과학 일도 사람이 하는 일이라 다른 일과 본질적으로 크게 차이가 없다는 것을 알게 되고 그냥 일 자체를 적당히 즐길 수 있을 것이다. 다들 그런 편하고 적당히 여유로운 마음으로 이 일과 함께 살아가기를 바란다.

2부

데이터 과학자가
일하는 법

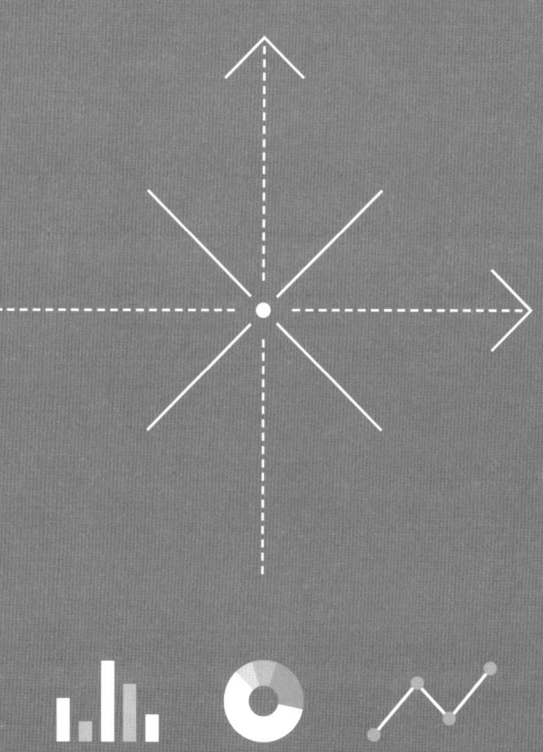

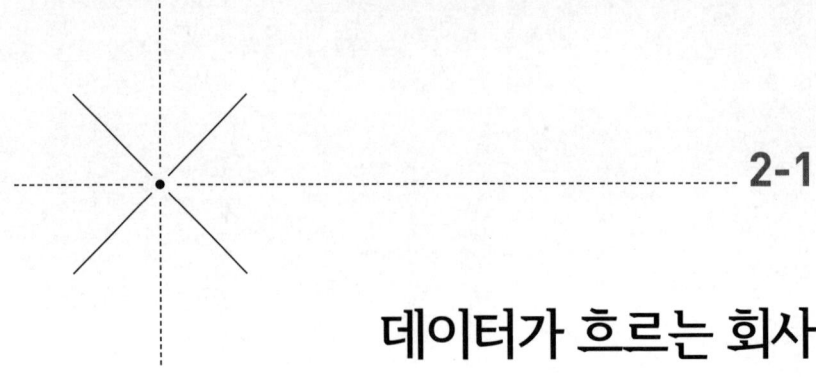

데이터가 흐르는 회사

직장 동료들과 종종 데이터를 사용하는 법에 대해서 이야기를 한다. 이야기가 계속되다 보면 보통 이야기의 끝은 한탄으로 이어진다.

"왜 우리 회사에서는 데이터를 제대로 못 쓸까?"

그러면 나는 되묻는다.

"그러면 회사에서 데이터를 잘 쓴다는 것은 뭘까요?"

사람들은 각자가 생각하는 대로 대답을 하지만, 그들의 대답은 늘 같으면서도 다르다. 그것은 아마도 모두가 품고 있는 이상은 비슷한 것에 반해, 현재 모습은 다들 다르기 때문일 것이다. 톨스토이가《안나 카레리나》에서 "행복한 가정은 서로 닮았지만 불행한 가정은 모두 저마다의 이유로 불행하다."라고 했는데, 이 문장을 데이터에 대입한다면 '데이터를 잘 쓰는 회사는 서로 닮았지만 잘 못 쓰는 회사는 모두 저마다의 이유로 잘 못 쓰고 있다.'라고 이야기할 수 있겠다.

회사에서 데이터를 잘 활용한다고 하면, 대부분의 부서가 데이터를 기반으로 의사 결정을 하고 자신이 원하는 데이터를 쉽게 찾을 수 있고 데이터를 활용하여 많은 실험을 하며 다양하고 고도한 분석을 위해 데이터를 응용하는 모습을 떠올린다. 논리와 데이터로 의사 결정을 한다고 할 때는 보통 멋진 데이터 알고리즘을 사용해 좋은 기능을 추가하고 데이터를 분석해서 결과를 합리적으로 사용하고 목표를 가늠하는 모습을 떠올리곤 한다. 그 밖에도 회사에서 데이터를 다루는 일에 대해 상상하는 다양한 모습은 여기서 크게 벗어나지 않는다. 데이터를 잘 쓴다는 것은 이렇게 몇 가지 이상적인 상태로 표현할 수 있다.

이런 모습은 마치 기업의 브랜드 광고 같은 아름다운 화면을 떠올리게 한다. 아이들이 풀밭에서 민들레 씨앗을 입으로 후후 불며 뛰어다니는 아름답고 평화롭기 그지없는 이상적인 이미지 말이다. 하지만 그런 기업에서 일하는 사람 대부분이 항상 광고 화면처럼 평화롭고 행복하지 않듯 데이터 세상도 대부분 그렇게 아름답지 않다. 필자 역시 평화롭고 아름다운 화면 속 세상을 꿈꾸지만, 현실에서 아직 그런 곳을 만나지 못했다. 그런 모습을 늘 지향하고 그런 방향으로 최대한 이끌어 가려고 노력하지만 아직도 이상에 다다르려면 너무나 멀었고, 내 앞에는 풀 한 포기 자라지 않는 자갈밭만 보일 뿐이었다.

하버드 비즈니스 리뷰에서 2012년 '데이터 과학자는 21세기에 가장 섹시한 직업이다.'라는 칼럼을 실은 후, 많은 곳에서 이 문구를 인용하지만 사실 나는 이 말에 동의하지 않는다. 정말 일하기 좋은 회사에 다니거나 본인 일에 굉장히 만족도가 높은 사람 일부를 제외하고 대부분의 데이터 분석 실무자는 동의하지 않을 것이다. 회사에 데이터 관련 인력이 충분하거나 데이터 과학자를 특별히 배려해 주지 않는 한 데이터 과학자는 수많은 리포팅 작업, 데이터 추출, 변환 및 적재, 아키텍처 구성 등에 모두 관여해야 한다. 이런 작업은 크게 어렵지 않을 것이라고 기대했지만 의외로 낯선 일도 많이 접할 것이고 기대했던 재미가 없을 가능성도 높고 커리어에도 크게 도움이 안 되며 무엇보다 꽤 지난하다. 생각과 다른 데이터 과학자의 모습에 많은 사람이 부푼 꿈을 가지고 이 업에 발을 디뎠다 떠나갔다.

생각과 다른 범위일 수 있겠지만, 이런 일은 꼭 필요하다. 데이터 과학자는 데이터가 있어야 일을 할 수 있고 데이터의 가장 주된 사용자다. 그렇기 때문에 이미 있는 데이터를 원하는 만큼 활용할 수 있으면 더할 나위 없이 좋겠지만 여건이 안 된다면 필요한 데이터를 만드는 일에 데이터 과학자가 최대한 직접 관여해야 한다고 생각한다. 데이터가 준비되지 않았을 때 가장 고통받는 사람은 데이터 과학자이기 때문이다. 아마 대부분의 데이터 과학자들이 데이터 준비를 해야 하는 상황에 있을 것이며 이런 환경은 앞으로도 계속 그럴 것이다.

하지만 회사가 충분한 데이터 인프라를 갖춘 이상적인 상황이라면, 데이터 과학자의 모습도 조금은 더 이상적일 것이다. 데이터가 필요한 형태로 잘 구축되어 있고 접근 권한도 적절하게 부여되어 있으며 사용자가 필요한 데이터를 제대로 가져와서 적절하게 사용할 수 있는 상태. 또한 모든 구성원이 적당한 데이터 문해력을 갖추고 있고 데이터의 중립성을 이해하고 있으며 데이터를 올바르게 자신의 업무에 활용할 수 있는 상태. 이런 이상적인 기업의 상태를 필자는 '데이터가 잘 흐르는 곳'이라고 표현한다. 이 얼마나 멋진 곳인가. 이런 곳에서는 데이터 관련 업을 하는 사람도 데이터 모델링이나 예측 분석 같은 통계와 컴퓨터 스킬이 중심이 되는, '데이터 과학' 하면 생각하는 재미난 일에 시간을 더 많이 쓸 수 있다. 또 업무에 관해 다른 부서에 이해를 구하기도 쉬우며 우리가 어떤 데이터를 가지고 있는지부터 데이터 분석을 얼마나 정밀하게 해야 하는지 등 데이터에 관련된 많은 오해로 인한 시간 낭비와 사람들 간에 생기는 복잡한 의사소통을 대폭 줄일 수 있다.

하지만 이는 꿈이다. 많은 사람이 회사에 데이터가 있어야 하고 '빅데이터'가 경쟁력이라는 사실을 피상적으로는 이해한다. 하지만 개중 대부분은 실제 본인들이 가지고 있는 데이터의 실제 모습은 어떤지에 대해서는 신경 쓰지 않는다. 그뿐만이 아니다. 아무도 시키지 않았는데 한 단계 더 앞서간 미래를 상상하는 사람들은 데이터를 본인의 일을 돕는 단순하면서도 보기 좋은 '수단'이라고만 생각한다. 자신의 논리를 더 근사해 보이게 만들고 의사 결정에 더욱 힘을 실어 주는, 자신의 생각대로 선명한 자국을 내면서 움직일 수단. 사실 데이터가 그런 역할도 충실히 수행할 수 있지만, 데이터를 그런 것을 위해서만 존재한다고 생각하면 곤란하다. 그렇게 생각하기 시작하면 웹 서비스나 애플리케이션도 사업을 위한 수단에 불과하며 그렇게 하나씩 주변의 모든 것을 수단으로 치부해 버리다 보면 결국 아무것도 남지 않는다.

비즈니스에서 지원 대상은 고객뿐이다. 개발도, 마케팅도, 데이터도, 기획도, HR도, 모두 각자 나름대로 목표가 있고 전문성이 있다. 이들은 비즈니스의 '구성 요소'로서 존재하고 각자의 목적을 비즈니스의 목표하에 조율해 가며 요소 간에 유기적으로 결합함으로써 비즈니스를 이루는 것이지 어떤 요소가 다른 요소의 수단인 것은 아니다. 물론 개발 부서가 사업 부서에서 시키는 대로 애플리케이션을 만들고 데이터가 의사 결정에 도움을 주고 HR이 직원의 역량 강화에 도움을 줄 수는 있지만 다른 것을 '도와주는 것'이 각 부서의 궁극적인 목표도 아니다. 하지만 종종 어떤 일이 다른 일을 지원하기 위해 존재하는 양 이야기하는 조직을 보면 과연 그 조직은 부서 간 유기적인 연동이 잘 이루어져 있는지 다소 의심스럽다.

그리고 이 '수단' 취급을 가장 많이 받는 분야 중 하나가 '데이터'다. 데이터를 단순한 숫자 정도로만 생각하면 충분히 그럴 수 있다. 하지만 회사의 데이터는 그 자체가 하나의 자산으로 존재하지 어떤 한 분야의 수단이 될 수 없다. 데이터가 힘을 가질 수 있는 이유는 데이터가 가지는 특유의 '중립성' 때문이다. 데이터는 어느 한곳에 치우치지 않은 채 그 자체가 하나의 요소로서 존재한다. 모든 의사 결정에 근거가 될 수는 있지만, 무언가의 근거가 되기 위해 존재하는 것은 아니다. 우리 몸의 혈액이 각 기관에 산소와 영양소를 운반해 주기도 하지만 그 밖에도 혈액 고유의 기능을 갖는 것과 마찬가지다.

하지만 데이터가 저절로 중립성을 갖추지는 않는다. 세상에 절대적으로 중립적인 것이 있을까? 사람들은 데이터는 '기록'이고 '수'이기 때문에 절대적이고 중립적일 것이라고 생각한다. 지금까지 데이터가 사람들에게 추앙받았던 이유 역시 절대적 중립성 때문이다. 하지만 우리가 좋아하는 '절대적 중립성'이란 존재하지 않는다.

생각해 보자. 수학은 세상을 해석하기 위한 학문으로 지금껏 한 번도 가치 중립성을 가진 적이 없다. 숫자는 하나의 '기호'고 그 안에는 수많은 사회적 정의와 의미가 함축되어 있다. 그리고 그 정의 안에서 숫자는 의미를 갖는다. 짜장면 '한' 그릇을 '두' 그릇에 나눠 담으면 두 개의 그릇에 나뉘진 짜장면 각각에는 짜장면 '한' 그릇의 의미가 없어지는 것처럼 가치 중립적으로 느껴지는 수학에는 우리가 세운 사회적 정의와 의미가 포함되어 있다. 그리고 실생활에서 일어나는 다양한 일에 대해 차원을 극도로 줄여서 기록하는 데이터를 정말 가치 중립적이라고 말할 수 있을까? 데이터는 기록하는 그 시점부터 이미 정의와 주관이 개입하고 차원의 축소 과정에서 많은 의미가 소실된다. 데이터를 사용할 때에도 가정과 정의가 더 추가되며 데이터는 각종 제약 안에서 몇 개의 숫자로 요약되어 비교된다. 이렇게 만들어진 숫자 아래에는 수많은 제약 사항이 켜켜이 쌓여 있다. 그래서 같은 데이터라도 제약 사항이 어떻게 만들어졌는지에 따라 데이터의 해석과 결과가 여러모로 휘청거리며 마치 피사의 사탑 마냥 한쪽으로 기울어지기도 한다.

데이터가 어딘가에 치우치기 시작하면, 데이터는 그곳에 고여 버리고 만다. 다양한 곳에서 균형 있게 흘러야 하는 데이터가 한쪽을 중심으로 정의되고 쌓이고 활용된다. 특정 입장에서 지표가 만들어지고 데이터가 '본인이 생각하는 대로 만들어질 때까지' 이런저런 데이터를 뒤지고 데이터를 의심한다. 다양한 데이터를 활용하고 싶어 하면서 자신에게 필요한 데이터가 어떻게 생기고 만들어지는지를 이해하고 배울 생각은 없다. 누군가가 데이터를 가져다줘야 하며 그 데이터는 본인의 입맛에 맞아야 한다.

간단한 것부터 복잡한 것까지 다양한 데이터를 데이터 과학자에게 모두 가져오라고 하고 원하는 데이터가 나올 때까지 데이터 과학자를 괴롭히며 데이터를 고문하고 그렇게 나온 결과가 제대로 해석된 것인지에 대해서는 아무도 검증하지 않는다. 데이터 과학자의 전문성은 데이터를 뽑아 엑셀에 정리하고 원하는 값을 만들어 주는 것이 아니라 문제에 적합하게 데이터를 고르고 엮어서 결과를 구하고 그 결과를 명확하게 해석하고 검증하는 일이다. 하지만 이런 데이터 과학자의 전문성은 무시하고 결과를 구하고 해석하는 일을 이미 머릿속에 답이 정해져 있는 사람들이 한다. 데이터 과학자에게는 거기에 고개를 끄덕이는 일만 요구할 뿐이고 데이터는 그 자리에서 빙글빙글 돌다 멈출 뿐이다. 그리고 그렇게 고인 데이터는 더 이상 누구도 쳐다보지 않고, 그렇게 방치된 데이터는 고여서 굳어 버린다.

많은 사람이 데이터를 잘 이해하고 있고 데이터를 믿는다고 이야기한다. 그러면서 데이터를 자신의 휘하에 넣으려고 한다. '다른 쪽에서 데이터를 보면 우리와 관점이 달라지기 때문'이라고 한다. 문제에 적합하게 데이터를 풀어 가는 것은 중요하지만, 과연 한 방향의 관점에서만 보는 것이 문제 해결에 도움이 될까? 이미 데이터를 풀어가는 관점이 자신이 보는 방향이어야 한다고 생각하는 것에서부터 데이터의 중립성을 잃고 있지는 않을까? 많은 부서가 '데이터가 힘을 실어 준다는 것을' 알고 데이터를 자신의 부서 곁에 두려고 한다. 하지만 그러면서 데이터가 다른 곳으로 가는 것은 막는다. 이런 식으로 데이터가 일부 영역에서만 돌기도 한다.

애초에 데이터 빈혈에 시달리고 있으면서 제대로 된 영양소 공급도 안하고 있는 기업을 제외하더라도 많은 기업에서 이런 부분을 놓치고 있다. 한 곳에서만 데이터를 사용한다면 해당 부서에서 분명 데이터가 고여 있을 것이다. 사소한 데이터부터 큰 문제 해결까지 모두 소수의 데이터 과학자가 다 떠맡고 있다면 그 사람의 자리에 데이터가 고여 있을 것이다. 데이터가 흐르지 않는 곳에서는 데이터 과학자 역시 본인이 멋지다고 생각하는 일을 할 수 없다. 자신이 하고 싶은 일을 한다고 하더라도 그 일을 끝까지 완수하기 쉽지 않을 것이다.

　데이터 과학자가 아닌 사람도 필요할 때 적절한 통계 수치를 보고 일을 할 수 있다. 하지만 그런 환경이 구축되지 않은 곳에서 데이터 과학자가 모델링을 멋지게 한다고 해서 그 모델이 제대로 제품에 실릴 수 있을까? 사람들이 그 내용에 대해서 공감하고 협업해 줄까? 많은 곳에서 데이터를 요구하는데 프로세스가 잘 잡혀 있지 않은 상태에서 데이터를 만지는 사람이 다른 부서의 요청을 모두 무시하고 본인의 일만 할 수 있을까? 하나의 부서에서만 데이터를 열심히 본다고 하면 과연 그곳에 데이터가 균형 잡힌 상태로 적재되고 중립적인 근거로 잘 사용되고 있을까? 데이터 과학자는 자신의 기여를 인정받고 자신의 일을 지속할 수 있을까? 만약 특정 부서에서 데이터를 고문하고 있다면 그 부서의 어느 곳에 데이터가 고여 있을 확률이 높다. 데이터를 잘 쓰고 있다고 자부하는 곳마저도 데이터를 적극적으로 활용한다며 각 부서마다 데이터 추출 담당자를 뽑고 많은 숫자를 내어 놓지만 그 숫자를 아무도 검증하지 않는다. 그래도 그 부서는 많은 숫자의 위압감으로 다른 부서보다 주목을 받을 수 있다. 하지만 그 발밑에는 고여서 굳어 버린 데이터 딱지가 자리 잡고 있을 것이다.

　이런 환경에서는 결국 데이터를 만지는 사람은 데이터 고문관의 길로 가게 될 뿐이다. 데이터 과학자라는 이름만 단 채 제대로 된 데이터를 다루지 못하고 기계적으로 데이터를 엮어 낼 뿐이다. 하지만 데이터가 제 역할을 다 하려면, 어딘가에 고이는 것이 아니라 원활하게 흘러야 한다. 데이터 관련 일을 하는 사람들이 열심히 길을 파고 데이터를 넣어 주어야 할 것이다. 더 중요한 것은 펌프의 존재다. 원시 데이터를 열심히 기록한다고 해도 이를 잘 끌어올려서 정제한 후 적재적소에 보낼 역할이 필요한 것이다.

이는 결국 리더십 문제로 이어진다. 각 문제에 대한 의사 결정자가 데이터와 그 결과의 중립성을 이해하고 있고 문제와 근거를 각각 분리된 단계에서 받아 직접 판단하고 데이터를 사용한 의사 결정에서 데이터를 제대로 사용하고 있는지 파악하는 역할을 하려면, 최종 의사 결정자인 경영진이 데이터를 잘 이해하고 이를 제대로 사용하도록 장려해야 한다. 그리고 데이터 조직에 힘을 실어줄 수 있는 리더가 필요하다.

데이터와 비즈니스가 동등한 위치에 서지 못한 채 부서마다 데이터를 자신의 주장에 붙일 장신구로 삼는 데 급급한 곳에서는 힘없는 데이터 과학자가 부서의 결정권자 밑에서 반짝이 장신구를 붙이는 일만 몇 날 며칠 하면서 조금씩 데이터 고문관이 되어 갈 뿐이다. 한두 명이 데이터 문해력이 높다고 해도 전체 구성원의 데이터 문해력이 그만큼 높지 않다면, 문해력은 낮은 쪽에 맞춰지기 마련이다.

하지만 경영진이 데이터를 잘 이해하고 있고 데이터 조직에 힘을 실어주는 구조라면, 데이터가 보다 원활하게 사용될 수 있다. 물론 좋은 데이터 과학자를 모아서 팀을 꾸리는 것이 매우 중요하지만, 아무리 날고 기는 데이터 과학자가 와도 모든 의사 결정에 주도적으로 참여할 수 없고 회사의 모든 부서가 적재적소에 데이터를 넣고 이를 제대로 사용하도록 강제할 수 없다. 하지만 데이터 이해도가 높은 리더십까지 갖춘다면 데이터는 그 문제 및 가설과 근거 및 증명이 동등한 무게를 갖고 특정 가설에 무게를 두고 근거를 맞출 이유가 없어지기 때문에, 가설과 상관없이 데이터를 중립적으로 다루고 결과를 구해서 전달할 수 있다. 또한 기업 전반의 지표나, 데이터 과학 프로젝트 등을 이해하고 이와 관련해 데이터 과학자와 밀접하게 소통하고 의견을 교류하면 경영진 역시 데이터 과학을 경영 전반에 보다 효과적으로 활용할 수 있다.

실제로도 그간 여러 회사들을 접했을 때, 데이터 활용에 있어서 다른 곳보다 보다 적극적이던 기업은 데이터 문해력이 높고 회사에 데이터를 흐르게 하려는 의지가 있는 경영진들의 회사였다.

원활한 데이터에 대한 의지가 강한 나머지 데이터 팀을 따로 두게 되면, 아무래도 필요한 곳에서 데이터가 제대로 흐르지 않는 경우 필요한 때에 빠르게 데이터를 활용하는 데 한계가 있을 수밖에 없다고 고민하기도 한다. 그러다 보니 많은 조직에서 데이터 팀 해체나 파견 등에 대해서 이야기하기도 하고 요즘에는 BA[1]라는 이름으로 각각의 부서에서 필요한 데이터를 가져올 사람을 채용하기도 한다.

몇 년 전 데이터로 주목받았던 링크드인이 데이터 팀을 해체[2]하면서 이 방식이 주목을 받았지만, 이후 그 방법이 더 좋았다는 이야기는 들을 수 없었다. 물론 각 방식은 장단점이 있다. 일단 데이터 팀이 따로 있으면, 데이터 관련 기능이나 제품을 만들기가 용이하고 데이터에 대한 이야기가 일원화되어 있으므로 사내에서 중복 작업을 덜 수 있으며 요청의 우선순위도 정하기 편해진다. 특히 여러 데이터를 한 번에 조합해서 다루기 위해서는 데이터에 대한 이야기가 한곳에서 이루어져야 한다. 반면, 데이터를 한곳에서 다뤄야 하기 때문에 현업에서는 원하는 속도가 나오기 어렵고 협업해야 하는 부서가 늘어나 번거로운 일도 발생할 것이다. 데이터 팀

1　Business Analyst의 약자

2　Jordan Novet, "LinkedIn had one of the first data science teams. Now it's breaking up the band" VentureBeat, October 31, 2014, https://venturebeat.com/big-data/linkedin-data-science-team/

에서도 현업의 요구 사항을 정확히 파악하지 못하는 경우도 있을 수 있다.

그 때문에 현업 부서와 데이터 팀을 직접 연결하려는 시도가 많았는데, 가장 무난한 방법이 데이터 팀원을 현업 팀에 파견 보내는 방법이다. 하지만 이 경우가 제대로 돌아갈 리 없다. 데이터 팀원은 혼자이고 현업 팀에 영향력을 크게 미치기도 어렵다. 심지어 데이터 과학의 역사는 대부분 짧고 보통 데이터 과학자는 연차가 낮아, 상대적으로 긴 역사를 가진 현업 부서 리더 및 사람들의 힘에 밀려 데이터 분석의 중립성을 지키지 못하고 현업 팀에게 여러모로 압도되기 일쑤다. 이를 대체할 수 있는 방법은 역시 현재의 BA와 유사한 역할을 두는 것이다. 이런 경우 데이터를 좀 더 많이 다루는 현업 팀원을 두는 것과 같다. 하지만 이 역시 데이터에 좋은 상황은 아니다. 현업 팀은 조금 편해질지도 모르겠지만, 데이터 일을 하는 사람들은 동료에게서 데이터 업무에 대한 피드백을 받기 쉽지 않고 업무적으로 다양성에 한계가 생기며 커리어 면에서 성장하기도 좋지 않다. 뿐만 아니라 이런 환경에서의 데이터 분석 역시 중립성을 지키지 못하고 부서의 이익에 좌우지되기도 쉽다. 이는 데이터 과학자 개인에게도 좋은 환경이 아니며, 데이터가 제대로 흐르는 데도 크게 도움되지 않는다.

공공 기관이나 사내 연구 기관이나 부서가 사업부 또는 특정 기관에 종속되어 상위 기관의 이해관계에 얽히면 연구 중립성을 유지하는 데 한계가 생긴다. 즉, 상위 기관의 입장에 맞게 연구가 흔들리게 되어 연구 기관 및 부서의 실효성이 없어진다. 데이터 분석을 트렌드에 맞게 '데이터 과학'이라고 부르는 이유를 찾자면, 아마도 데이터 분석도 '연구'의 성격을 갖는다는 점 때문일 것이다. 데이터 분석은 일종의 작은 연구와도 같아서 문제를 제기한 사람이나 부서의 이해관계에 얽혀서는 제대로 된 결과를 낼 수 없다. 그리고 그런 성격을 이해하고 데이터 부서에 독립성을 보장하고 적절한 힘과 권위를 실어 주어야 데이터 분석이 의의를 가질 수 있고 제대로 된 데이터 기반의 의사 결정을 이루어 낼 수 있다. 데이터 조직은 타 조직의 이해관계에 얽히지 않는 독립성을 보장받아야 하고, 이를 위해 적절한 힘과 균형이 필요하다.

물론 실질적인 연구 조직과 달리, 데이터의 특성과 의사 결정 기반이라는 데이터의 역할을 고려했을 때 타 부서 및 회사와의 긴밀한 협력 및 상호 작용은 필수다. 그러면서도 독립성을 유지하기 위해서는 사내의 조직에서 적당한 위치를 차지해야 한다. 물론 '적당한' 위치라는 것은 조직 구조마다 다르기 때문에 뚜렷하게 말하기는 어렵다. 다만, 데이터를 적재 및 활용하기 위한 데이터 엔지니어링 조직과 긴밀하게 협업하면서 전반적인 결과 리포트 라인에 힘을 실을 수 있는 위치가 이상적일 것이다. 결국 데이터를 흐르게 하는 펌프도 힘이 있어야 작동하기 마련이다.

데이터 조직이 적절한 위치에서 제대로 힘을 가졌을 때, 데이터를 믿을 수 있게 관리하고 효과적으로 흐르게 하는 목적만이 부여되었을 때, 데이터도 각각의 의사결정에 독립적이면서도 힘 있게 목소리를 실을 수 있을 것이고 기업의 경영 전반에서 데이터를 중립적이며 적절하게 활용할 수 있다. 각 부서에서도 (원하는 바가 아닐 수도 있겠지만) 데이터를 보다 목적에 맞게 사용할 수 있을 것이며 데이터 과학자도 더 이상 데이터를 고문할 필요 없이 맑은 눈으로 앞을 바라보고 보다 발전된 데이터 과학 프로젝트도 만들어 갈 수 있다. 그렇게 데이터가 잘 흐르는 기업에서 데이터 과학자의 맑아진 눈앞에 펼쳐진 광경은 아마도 다들 비슷한 모습일 것이다. 따사로운 햇살 아래 민들레 씨가 날아다니는 평화로운 풀밭의 정경 같은 것 말이다.

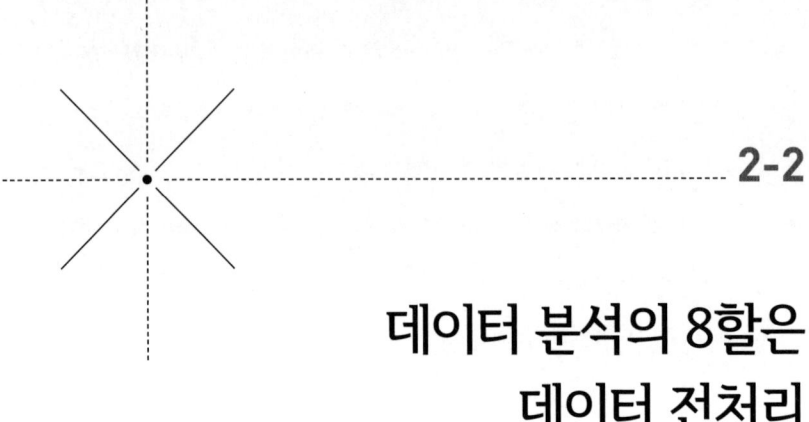

2-2

데이터 분석의 8할은 데이터 전처리

데이터 분석 일에 어느 정도 발을 담가 본 사람이라면, '데이터 분석의 7할은 전처리다.'라는 말을 들어 보았을 것이다. 사실 필자는 이 말에 동의하지 않는다. 전처리가 7할밖에 되지 않는다니 그곳은 천국인가? 문제와 환경에 따라 다르겠지만 빅데이터 시대의 비즈니스 데이터 분석은 전처리가 7할이 아니라 8할, 9할이다. 데이터 전처리에 수반된 커뮤니케이션 등을 고려하면 어쩌면 더 큰 부분을 차지할지도 모른다. 그래서 이 이야기를 기회가 될 때마다 한다. 특히 데이터 과학자 지망생을 대상으로 한 강의에서는 필수로 이야기한다.

아는 사람은 고개를 끄덕이기도 한다. 하지만 직접 데이터를 접해 보고 전처리에 지친 경험이 없는, 데이터 과학 업무를 옆에서 보기만 한 사람이나 혹은 이후에 할 것이라고 생각하는, 데이터 과학에 뜻을 두고 있는 사람들은 그래도 데이터 과학에 대한 실낱같은 희망을 가지고 "그렇군요.

그래도 데이터를 만지는 것이니까 괜찮아요!", "실제로 접해 보는 데이터도 흥미로울 것 같아요."라고 밝게 웃으면서 이야기한다. 그런 말을 들으면 표정 관리를 하느라 얼굴에 힘이 들어간다. 그렇다고 거짓을 말할 수도 없는 노릇이고 진실을 말해 주지 않는 건 어쩌면 데이터 과학 길에 먼저 오른 사람으로서 직무 유기일지도 모른다.

많은 사람이 '빅데이터'의 시대가 와서 마치 세상의 많은 문제가 곧바로 해결될 것처럼 이야기했다. 물론 불가능한 일은 아닐 것이다. 세상에는 어떻게든 길이 있으니까. 그 과정에서 사람을 갈아 넣든 무한대의 가정이 들어가든 중간에 구멍이 스펀지마냥 비어 있어도 어떻게든 결과물은 나올 것이다. 그 결과물이 좋아야 하지 않느냐고 누군가가 물으면, 나는 "애초에 데이터는 제대로 되어 있었나요?"라고 되물을 것이다. 사람들은 데이터가 쌓이는 것만 보고 기뻐할 뿐 데이터가 어떻게 생겼는지는 전혀 신경 쓰지 않았다. 그냥 뭐가 되었든 기록하기만 하면 끝이라고 생각했다. 하지만 최근 몇 년 동안 데이터의 양이 급격히 많아진 것과는 대조적으로 데이터의 품질은 전혀 나아지지 않았다. 오히려 더 나빠지기까지 했다.[3]

물론 예전이라고 데이터의 품질이 좋았냐고 묻는다면, 그렇다고 말하기는 어렵다. 하지만 손끝에 닿는 데이터의 품질은 전보다 훨씬 더 안 좋아졌다는 건 확실하다. 예전에도 데이터의 품질이 썩 좋지는 않았지만, 일단 그때는 처리할 데이터의 양이 적었고 최소한 데이터를 '잘' 남기기 위해 노력했다. 당시에는 전처리가 가능한 기술도 지금보다 적었고 데이터의 범주도 훨씬 좁았기 때문에 가능한 일이기는 했다. 또한 데이터를 실제

---

[3] 이미지나 사운드 같은 비정형 데이터나 여기에서 파생되는 정형 데이터는 전혀 고려하지 않는다고 하더라도 그렇다.

로 잘 사용하려고도 하지 않았는데, 데이터에 고도의 기술을 적용해서 처리하는 노력을 들이느니 그냥 없이 살아도 괜찮다고 생각했기 때문이다. 꼭 필요한 최소한의 데이터를 잘 남기기 위한 노력은 그럭저럭 잘 이루어졌고 데이터가 조금씩 효용 가치를 보이면서부터는 더욱 그랬다. 다양한 데이터 관리 구조, 데이터 모델링 등에 대한 연구가 활발히 이루어졌고 상용화가 되었다. 기술이 발전하면서 세상은 더욱 다변화되었고 비즈니스가 복잡해짐에 따라 돈의 흐름만 기록하더라도 그 기록의 양은 기하급수적으로 증가했다. 그러면서 '데이터 아키텍처'라는 개념이 등장하기에 이른다. 데이터 아키텍처는 소프트웨어나 기업의 전체 솔루션의 아키텍처를 설계하는 데 하나의 중요한 기둥이 되어 왔다. 그러면서 데이터가 관계형 데이터베이스에 차곡차곡 쌓이기 시작했다. '데이터 클렌징'이라는 단어도 사람들의 입에 슬슬 오르내리기 시작했고 데이터베이스도 RDB[4]라는 보다 확장된 형태로 다양하게 연구되기 시작했다. 지금까지 쓰고 있는 상당수의 데이터베이스 및 데이터 엔진은 그때의 산물을 기반으로 한다.

하지만 시대는 계속해서 바뀌었고 여전히 데이터에 대해 연구는 많이 되지만 정작 아키텍처, 모델링 같은 것은 잘 연구되지 않는다. 아니, 연구가 되더라도 아마도 실무에 적용하기는 어려운 수준인지도 모른다. 물론 데이터는 과거의 흔적이라지만, 데이터의 기록 시점이 전보다 훨씬 촘촘해지고 이제는 실시간 데이터 스트리밍 기술도 실용화되는 등 그 데이터

---

[4] 관계형 데이터베이스(Relational DataBase)의 약자. 키(key)와 값(value)들의 간단한 관계를 테이블 형태로 만든 간단한 원칙의 데이터베이스로, 1970년 에드거 F. 커드가 제안한 데이터 관계형 모델에 기초하는 형태를 가진다.

가 가리키는 '과거'는 점점 더 현재 시점에 근접해진다. 시대가 빠르게 변하면서 기록 가능한 데이터의 양은 훨씬 더 많아졌고 전산화된 산업이 매우 다양해지면서 데이터의 종류 역시 놀랍게 많아졌다. 생각해 보자. 과거에는 가게에서 내가 어떤 물건을 보는지 가게 주인이 정확히 알 수 없었다. 하지만 이제는 온라인 쇼핑몰에서 대부분 이를 기록한다. 과거에는 음식을 배달시켰을 때 배달 기사가 언제 출발했는지 알 수 없어 전화를 걸어 가게에 물어볼 뿐이었다. 하지만 이제는 배달 앱으로 음식이 준비 중인지 배달 기사가 출발했는지를 모두 알 수 있다. 이런 데이터가 기록되어 이후 분석에 사용될 것으로 추측할 수 있다. 예전에는 사람들은 우리가 어떤 물건을 사는지, 그 거래에서 실제로 돈이 어떻게 오가는지만 관심 갖고 기록했다. 다른 것에 관심을 가질 여유도 없었지만, 어떻게 기록해야 하는지도 알지 못했다. 그래서 그런 것은 피상적인 형태로 SF작품에서나 묘사되고는 했다. 하지만 이제는 이런 기록을 굉장히 자연스럽게 받아들이고 있고 심지어 자신의 사생활도 어딘가에 수집되고 있지 않을까 두려워한다. 개인정보를 포함한 무수한 데이터를 저장하고 여러 가지 방법으로 몰래 사용하는 영화 같은 현실이 불가능하지 않다는 것을 우리는 모두 알고 있다. 하지만 데이터가 어떻게 저장되고 실제에 활용할 수 있도록 처리하기 위해 무엇을 해야 하는지는 생각만큼 간단한 과정이 아니다.

이렇게 빠르게 무수한 데이터가 수집되지만, 이에 대한 연구는 그만큼 늘어나지 않았다. 데이터를 적은 용량으로 쉽게 저장하고 빠르게 연산하는 데는 관심을 가지지만, 데이터를 정확하고 용이하게 사용할 수 있도록 정돈하는 일은 자주 고려되지 않는다. 데이터 모델링이나 아키텍처도 분명 하나의 큰 기술 분야고 이 분야에서도 꾸준한 성취가 있어 왔지만, 여전히 많은 사람의 시야에서는 벗어나 있다. 어쩌면 현재와 미래를 보는 소프트웨어 기술과 과거와 현재를 보는 데이터 기술을 동시에 한 눈에 담는 것은 많은 사람에게는 다소 어려운 일이었는지도 모른다. 누군가 사용하고 어떤 일을 수행하면 되는 소프트웨어의 동작 과정에는 과거에 일어난 동작의 기록을 남기는 데이터는 필수불가결한 요소가 아니다. 그뿐만이 아니다. 사람들이 사용한 '과거'를 보기 위해 데이터를 쌓는 것은 필요한 일이지만, 이것이 그냥 '알아서 쌓이고 그것으로 끝'이라고들 생각한다. 쌓여가는 데이터를 정제하고 관리하는 데에도 비용이 든다는 것에 대해서는 간과한다. 물론 정말로 잘 만들어진 소프트웨어나 솔루션은 과거와 현재와 미래, 소프트웨어와 서비스, 그리고 이 서비스에 대한 기록인 데이터에 대해서 드는 비용을 모두 고려하겠지만 모든 서비스에 이만큼의 포용력을 기대하기란 쉽지 않다. 대부분의 사람들은 눈앞에 닥친 일에 아등바등하고 소프트웨어가 잘 돌아가는 것, 빠르게 개선하는 것에만 집중한다. 그리고 세상의 변화의 속도는 나날이 빨라져 가고 그 속도에 맞춰 서비스를 개선하는 것만으로도 버거운 사람들에게 이 세 시점 중 하나를 버리라고 하면 누구나 과거를 고를 것이다. 우리가 시간을 역으로 거슬러 올라갈 일은 그다지 많지 않기 때문이다. 그리고 데이터에 대한 관심은 업무에 '데이터'라는 이름을 달고 있는 사람들에게만 한정되며 다른 사람들은 거기에까지 여력을 잘 쏟지 않는다.

그래서 다들 최소한의 형태로 빠르게 변화할 준비만을 갖춘 채 미래를 향해 달린다. 최근 린 스타트업 이론[5]이 나오면서 같이 급부상한

---

[5] 스타트업에서 많이 사용하는 서비스 개발 프로세스 모음(https://ko.wikipedia.org/wiki/린스타트업)

MVP(Minimum Viable Product, 최소 가능 제품)[6]론이 좋은 사례다. 실제로 많은 스타트업에서 무수히 많은 MVP를 만들어 내고 기능이 개선되거나 추가될 때마다 그에 대한 MVP를 만든다. 간결하고 빠른 구조는 속도와 미니멀리즘이 지배하는 현실에 가장 적합한 것인지도 모른다. 하지만 이렇게 달려가는 세계는 《모모》에 나오는 미래를 아는 거북 카시오페이아의 대사를 떠올리게 한다.

"앞일을 알지요. 뒷일은 생각하지 않아요!"

많은 사람이 달리는 것만 생각하고 뒤에 남을 데이터는 생각하지 않는다.

MVP를 사용하는 린 스타트업의 프로세스에서는 일단 프로그램을 공개하고 사용자가 이를 사용하고 기업이 이윤을 남기는 결과까지 생각한다. 아주 다행히 린 스타트업 이론을 보면 결과 분석을 위해 데이터를 분석해야 한다는 이야기까지 언급을 해 주었다.[7] 덕분에 최소한 데이터가 끼어들 여지는 있다. 하지만 이런 좋은 이론은 말 그대로 '이론'으로만 존재하고 현실의 린 스타트업 프로세스에서 데이터는 '결과로 나오는 지표'로만 존재한다. 지표의 재료도 데이터건만, 이 재료의 관리는 '알아서' 해야 한다. 멀리 내다보지 않고 급하게 만든 데이터에는 설계도가 없으며 그때그때 필요한 내용을 끼워 넣다 보니 연속성이 없으며 다른 데이터와의 연결 고리도 없는 경우가 부지기수다. 서비스에 기능이 추가되거나 변경이 될 때마다 데이터의 형태는 달라지고 여기저기서 결측치가 생기거

---

6 린스타트업에서 많이 사용하는 개념. 고객의 피드백을 받아서 최소한의 기능을 구현한 제품(https://ko.wikipedia.org/wiki/최소_기능_제품)

7 Alistair Croll and Benjamin Yoskovitz, Lean Analytics, O'Reilly, 2013

나 잘못된 값을 입력하기 일쑤다. 또한 옛날에는 사용했지만 지금은 사용하지 않게 된 항목이 부지기수다. 심한 경우, 자산이 되지 못하고 일회성으로 소모되는 데이터는 또 얼마나 많은가. 일단 데이터를 꾸역꾸역 쌓아둔다고 해도 업데이트가 되거나 롤백(rollback, 이전 버전으로 돌아감)되는 상황 속에 해당 내용을 데이터 과학자에게까지 공유할 시간이 없고 갑자기 데이터를 찾아봐야 이게 맞는지를 기억하는 사람도 없다. 앞만 내다보고 달리는 린 스타트업의 프로세스 속에서 서비스가 발전함과 동시에 이런 데이터 구조와 기록에 대한 공백도 빅데이터 마냥 계속 쌓여 나중에는 어디서부터 어떻게 손을 대야 할지 알 수 없다.

하지만 데이터 과학자는 그 데이터 광산에서 어떻게든 인사이트라는 보석, 최소한 광물이라도 찾아낸다. 그리고 그 데이터를 어떻게든 얼기설기 연결하고 정리한다. 시간이 허락한다면 장기적으로 다듬을 것이요, 그렇지 않은 경우에는 일단 사용할 데이터만 적당히 추려볼 터다. 사실 대부분의 경우 장기적으로 다듬을 여유가 주어지지 않는다. 다듬을 수 있는 여유가 주어진다고 하더라도 어차피 문제는 계속 쌓일 것이다. 최소한의 데이터가 정리된 상태에도 문제에 맞춰서 데이터를 정리하는 과정에는 어느 정도 수고는 항상 들어가기 마련이다. 사람들은 '데이터 분석의 7할' 이야기를 하며 이처럼 데이터 분석이 사실은 뒤에서 더 손이 많이 간다는 것을 설명하며 한숨을 쉰다. 하지만 실제는 '데이터 분석의 7할만 데이터 전처리에 할애된다면 매우 이상적인 환경'이라는 것이다. 보통의 경우 데이터 분석의 8할, 9할은 데이터 전처리인 것이 현실이기 때문이다.

어쩔 수 없는 일이다. 데이터 과학자는 데이터 전처리가 데이터 분석의 일부임을, 그것도 아주 커다란 일 중 하나임을 깨달아야 한다. 데이터 '과학'이라고 불리는 큰 이유 중의 하나는 문제 정의부터 결과 반영까지 큰 사이클을 '과학적'으로 처리한다는 것이고 그것은 데이터 과학자 본인이 만들어 낸 결과에 책임을 져야 한다는 것이며 그 결과를 좌지우지하는 것은 역시 데이터이다. 또한 어떤 범위와 어떤 항목에서 데이터를 선택했는지, 데이터를 어떻게 연결했고 빈 값을 어떻게 메웠고 이상한 값을 어떻게 처리했고 어떤 방법으로 데이터를 파악했는지에 따라 동일한 소스에서 가져온 데이터라고 하더라도 결과가 천차만별일 수 있다. 그리고 이에 대한 권한과 책임 역시 데이터 과학자의 몫이다. 혹시 이 부분을 떼어 외주에 맡기고 있다면, 그 사람이 아무리 알고리즘에 훌륭한 능력을 가지고 있더라도 그 사람의 직업에 '데이터'라는 이름을 붙이는 것은 쉽지 않다.

'빅데이터'의 눈부시게 빨라진 데이터 처리 속도에 대한 아름다운 이야기를 들으면서 기술이 발전하면 데이터 전처리에 드는 시간도 좀 줄겠지 하고 기대했던 적도 있었다. 하지만 이제는 이런 기대가 아무 쓸모가 없다는 것을 안다. 물론 기술도 다소 발전했고 예전에는 손으로 직접 코드를 짜야만 했던 전처리 기능도 라이브러리나 함수 등에서 기본으로 지원하는 경우가 늘었다. 하지만 그것과는 비교할 수 없을 만큼 데이터의 양은 기하급수적으로 많아졌고 사회의 변화 속도 역시 빠르게 이루어지는 현대 사회는 《거울 나라의 앨리스》의 거울 나라와 같아서 차분하게 달려온 데이터 전처리 기술이 그나마 비슷하게 발전하려면 두세 배는 더 빠르게 뛰어야 했지만 그러지 못했다.

그럼에도 보이는 것에 비해 손만 많이 가는 데이터 전처리는 앞으로 점점 줄어들지 않을까 기대해 본다. 분명 데이터를 좀 더 효과적으로 적재하고 손쉽게 처리할 수 있는 방법론과 기술이 계속해서 발전해 나갈 것이라 믿는다. 하지만 이를 위해서는 더 많은 사람이 '데이터 전처리가 수고롭다.'라는 사실을 이해해야 한다. 손이 많이 가고 멋있어 보이지 않는다고 '데이터 전처리 담당자를 따로 두자.' 같은 비효율적인 방안을 생각하는 사람이 없도록 데이터 전처리가 분명 힘들겠지만 데이터 과학 프로세스의 한 축을 담당하고 있다는 것을 명확히 인지해야 한다. 모두가 데이터 전처리의 중요성과 데이터 품질에 대한 이해를 같이한다면, 분명 이 기술의 속도도 점차 빨라질 것이다. 그러면 언젠가는 '데이터 전처리가 분석의 7할이다.'라고 이야기할 수 있는 때가 다시 오지 않을까 하는 옅은 기대를 갖고, 오늘도 '데이터 전처리가 데이터 분석의 최소 8할을 차지한다.'라는 말의 마침표를 찍는다.

데이터 과학자의 일은 어디까지일까

가끔 '데이터 과학자가 되고 싶다.'라고 했던 사람이 실제로 데이터 과학 일을 하게 되었다며 기뻐하는 모습을 보면 기분이 묘하다. 꿈꾸던 직업을 갖게 되는 것은 진심으로 축하할 일이다. 하지만 이런 생각 뒤에 늘 함께 따라오는 생각이 한 가지 더 있다. 바로 '과연 이 사람이 진짜로 원하는 일을 할 수 있을까?'라는 생각이다.

'데이터 과학자'라는 이름을 달고 회사에 들어갔으니 문제가 없을 거라 생각할 수도 있다. 하지만 그 이름이 포함하는 일의 범위는 매우 넓고 회사마다 다르며 일의 정도도 다르다. 물론 '딱 자기 일만 하는 사람하고는 같이 일하기 힘들다. 본인 일이 아니어도 발벗고 나서라.' 같은 이야기는 모든 직장인이 공통적으로 듣게 되는 충고이며 사람이 부족한 곳에서는 개발자들이 모두 풀 스택 개발자[8]가 되며 한 사람이 두세 개의 역할을 가지기도 한다. 업의 경계는 점점 흐릿해지고 있으며 다양한 형태의 회사가 나오는 만큼 일의 범위가 완벽하게 정의될 수 없다는 점은 데이터 과학자가 아니라도 누구에게나 해당되는 이야기다.

다만, 데이터 과학자의 경우 완전히 다른 여러 일에 대해서도 '데이터 과학자의 일이다'라고 여러 곳에서 마음대로 일의 경계를 정의하고 그 일의 범위라든가 그렇게 정의한 이유는 알려주지 않는다. 맡은 일이 방대할 때에도 '다른 여러 역할을 하고 있다'거나 '풀 스택 데이터 과학자'라고 해주지도 않는다. 간혹 데이터 과학자가 데이터 엔지니어 역할까지 같이 할 때 '풀 스택 데이터 과학자'라고 부르는 경우를 보았으나 아직 '풀 스택 개발자'만큼 범용적으로 사용되지 않는다. 데이터 과학자의 일은 많은 경우 어느 곳에서는 '당연히 데이터 과학자가 해야 하는' 일로 여기지만, 또 다른 곳에서는 '왜 데이터 과학자가 이런 것을 했냐'라는 말을 듣기도 한다.

실제로 데이터 과학자가 해야 하는 일의 범위는 굉장히 넓다. 이렇게 이야기하면 '기업에서 주어진 문제에 대해 데이터 분석을 하면 되는 것 아닌가요?'라고 반문할 사람이 많을 것이다. 데이터 과학자의 기본 업이 '데이터를 분석하여 기업의 문제를 데이터 기반으로 해결하도록 돕는 것'이므로, 이런 질문 자체는 문제가 없다. 하지만 '기업의 문제'를 이해하고 여기에 데이터를 적용해서 해결한다는 것은 생각보다 굉장히 넓은 범위의 일을 요구한다.

---

8 풀 스택 개발자라는 역할은 2011년 페이스북의 엔지니어링 부서에서 시작하여 널리 퍼진 말로 프런트엔드와 백엔드(클라이언트와 서버 개발) 모두에서 교차적으로 개발 및 운영이 가능한 역할을 지칭한다.

문제를 해결한다는 것은 무엇일까? 문제 해결 과정[9]을 단계별로 풀어서 살펴보자. 아래 그림은 전산학에서 다루는 내용이지만 대부분의 문제 해결 방법론과 크게 다르지 않을 것이다. 문제 해결 과정은 크게 문제 정의, 해결 방안 수립, 해결 시도, 회고의 4단계가 순환하는 과정으로 이루어진다.

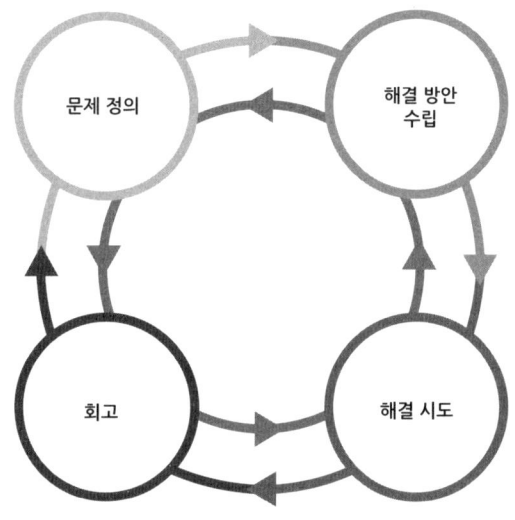

그림 2-1 전산학에서의 문제 해결 과정 4단계

데이터를 사용한 문제 해결 과정에 대해서 살펴보자. 우선 문제 정의 단계에서는 어떤 문제를 풀어야 하는지 일단 이해해야 한다. 문제는 '갑자기 왜 사용자 수가 줄었을까?' 혹은 '새로운 기능을 추가하는 것이 좋을까?' 같은 모호하고 근본 없는 질문에서부터 시작한다. 그러면 문제가 나

---

9 https://curriculum.code.org/csd-18/unit1/2/

오게 된 배경과 주변 정보를 모아야 한다. 서비스 사용자가 그 동안 어떤 식으로 변화했는지, 사용자 유입에 영향을 미친 상황(프로모션, 앱 업데이트 등)이 있었는지, 기능을 추가할 때 우려되는 문제는 무엇인지, 기존에 새로운 기능을 추가했을 때 어떤 기능이 사용자나 매출에 어떤 영향을 미쳤는지 등을 찾아보고 이해해야 한다. 문제 상황을 이해하다 보면 도메인 지식이라는 분야와 서비스에 대한 다양한 이해가 필요하다는 것을 알게 된다.

그뿐만이 아니다. 문제에서 요구하는 답의 형태도 굉장히 다양하다. 어떤 것은 지표가 될 수도 있고 어떤 것은 간단한 통계량일 수도 있고 어떤 것은 원본 데이터일 수도 있고 어떤 것은 알고리즘일 수도 있으며 시각화 및 대시보드, 리포트일 수도 있다. 문제 상황에 맞는 답을 적절한 형태로 제공할 수 있으면 좋겠지만 일손이 부족하다든가, 데이터가 완전치 않다든가 하는 여러 가지 아쉬운 상황이 발생하는 경우 최적의 결과를 전달하기가 조금 어려울 수 있다. 만약 이렇게 상황이 녹록지 않다면, 현재의 상황에서 최선의 결과를 전달하는 방법을 다양하게 고려해 보아야 한다. 지표나 원본 데이터 추출의 경우 지표나 데이터 결과를 사용할 사람들에 대한 자세한 매뉴얼이나 결과에 접근하기 용이한 시스템 제공 등을 고려해 보는 것도 대안이 될 수 있다. 혹은 현업 및 타 부서의 사람들을 대상으로 데이터와 분석에 대한 교육을 진행해서 장기적으로 커뮤니케이션에 드는 비용을 개선하는 것도 한 가지 방법일 수 있다. 이 외에도 다양한 프로세스와 해결책을 고민해 볼 수 있다.

어떻게든 이 산을 넘었다면, 그 다음은 준비 단계다. 우선 해당 문제를 어떤 데이터를 사용해서 어떤 방식으로 풀지 계획을 세운다. 그리고 데이터를 찾아서 탐색적 데이터 분석(Exploratory Data Analysis, EDA)[10]을 수행한다. 만약 데이터가 없다면 어떨까? 다른 데이터를 사용해 문제를 해결하도록 다시 계획을 세우거나 그마저도 없다면 일단 해당 문제 해결을 포기해야 할 수도 있다. 문제 해결을 포기해야 한다면 어떤 데이터가 부족했고 어떤 방식을 시도했는지, 혹은 데이터를 사용하는 것이 효과가 없는 문제[11]로 추정되는지 등을 기억해 두자. 데이터 과학 관련 팀 내 혹은 문제를 해결해야 하는 타 부서와도 이에 대해서 의견을 나누면 좋을 것이다. 그렇다면 비슷한 문제가 발생했을 때 상황을 더 잘 이해할 수 있고 여러모로 도움을 주고받을 수도 있다. 더불어 언제든 비슷한 문제는 다시 발생할 수 있기 때문에 분석이 필요하다고 판단한 데이터는 지금부터라도 기록할 수 있도록 계획을 세워야 한다. 어떤 데이터를 어떤 식으로 기록해야 할지 구체적으로 계획을 세우고 그 방안을 데이터 엔지니어, 개발 부서와 함께 협의한다. 데이터는 자동으로 기록되지 않으며 결국 데이터를 가장 많이 사용하는 것은 데이터 과학자다. 있는 데이터에 굳이 손을 댈 필요는 없겠지만, 새로 기록할 데이터라면 상황이 다르다. 수동적으로 남아 있는 데이터만 가져다 쓰지 말고 적극적으로 어떤 데이터를 사용하고 싶은지 계획을 세워서 실행해야 한다.

---

10 미국의 통계학자 존 튜키(John Tukey)가 창안한 방법론으로, 여러 통계적 대푯값 및 데이터 시각화를 통해 가설 설정 이전에 전반적으로 데이터에 대해 이해함(https://ko.wikipedia.org/wiki/탐색적_자료_분석).

11 데이터로 해결하기 어려운 문제 역시 부지기수다. 데이터를 사용한다고 다음 달에 들어오는, 기존 제품과 전혀 관련 없는 신제품이 여기서 얼마나 팔릴지를 내부 데이터로 추정하기란 어렵다. 이런 경우 외부 리서치 등을 활용할 수 있을 것이다.

여기까지 해결이 되면 본격적인 문제 해결 단계로 들어선다. 이제는 누구나 실체는 몰라도 존재는 알고 있는 데이터 클렌징[12]이라는 것이 발목을 잡는다. 간단히 쓸 수 있겠다고 생각해서 가져온 집계 데이터의 기준이 내가 가정한 기준과 다를 수 있다. 이상치라고 생각한 데이터가 알고 보니 명절이라는 변수가 작용한 결과일 수도 있다. 혹은 데이터 기록 장애로 특정 시간에 데이터가 두 번씩 중복되어 기록되었을 수도 있다. 숫자 데이터 집계 과정에서 숫자가 아니라 문자로 기록된 데이터가 계산에서 오류를 일으켰을 수도 있다. 데이터의 문제 상황은 무한하고 다양하기 때문에, 이에 대해서 더 늘어 놓자면 끝도 없다. 이제는 데이터 클렌징에 어느 정도 자신 있다고 생각하다가도 늘 내 상상을 뛰어넘는 창의적인 데이터 오류를 만나다 보면 내 사고의 저변이 넓어지고 마음이 너그러워지는 것을 경험할 수 있다. 이 과정에서 얻어지는 도메인 지식과 데이터 엔지니어링 지식에 대한 이해, 다양성에 대한 열린 마음과 인내심은 덤이다.

    그래도 어지러운 데이터를 잘 정돈해서 답을 찾고 결과를 잘 전달했다면 반응을 살펴보자. 만약 결과가 문제 제공자에게 잘 받아들여져서 의사 결정이 원활하게 이루어졌으며 문제를 해결하는 과정에서 데이터 과학자도 아무런 불만이 없었고 데이터 분석 결과로 생성된 기능이 잘 사용되고 있다면 잘 해결된 것이다. 하지만 여기서 끝나지 않는 경우도 많다. 상대방이 "그러면 이건 왜 그런지 살펴봐 주세요."라며 또 다른 문제를 가져올 수도 있고 "다 아는 이야기잖아요."라며 불만을 표할 수도 있다. 혹은 답이 나오지 않아서 "이렇게 진행했지만 답을 찾을 수 없네요."라고 전달했

---

[12] 데이터 적재 과정에서 발생한 오류를 수정하거나 제거하는 전 과정(https://en.wikipedia.org/wiki/Data_cleansing)

을 때 "아, 사실 이런 데이터가 더 있는데…"라면서 새로운 데이터 소스를 제시할 수도 있다. 혹은 "결과가 마음에 안 드니 원본 데이터만 주세요."라거나 "이 자료는 계속 참고해야 하니 대시보드로 만들어 주세요."라고 하며 새로운 형태의 일을 던져 주기도 한다. 계속해서 새로운 문제, 새로운 일, 새로운 데이터, 새로운 과정이 등장한다. 그리고 이 바퀴는 반복되며 굴러간다.

데이터 과학자라고 하면 데이터 분야에 통달한 전문가처럼 들리지만, 어떻게 보면 전문적이지 않다. 데이터 과학자라면 다양한 기술을 공부해야 할 것처럼 말하는데, 사실 어떻게 보면 사내 포지션이 명확하지 않기 때문이다. 먼 옛날부터 이미 데이터는 우리에게 생소한 것이 아니었고 과거라고 데이터를 참고하지 않았던 것도 아니다. 다만, 이를 좀 더 다양하게 전문적으로 다루고 인사이트를 명료하게 찾고 분석 결과를 많은 영역에 전문적으로 사용하기 위해 이를 주된 업무로 하는 직업이 생겨났고 많은 산업 분야로 확대되었을 뿐이다. 많은 회사가 기존에 데이터 과학자 없이 (잘 굴러갔는지는 모르겠지만) 굴러갔고 여러 부서에서 자체적으로 데이터를 수급해서 각자의 문제를 (역시나 제대로인지는 모르겠지만) 해결하며 지내 왔다. 그러다 데이터를 전문적으로 다루고 다양한 결과를 내고 적용하는 데이터 과학자가 등장한 것이다. 하지만 이미 몇 개의 톱니바퀴로 그럭저럭 굴러가던 곳에 중간에 새로운 톱니바퀴가 하나 등장하면 오히려 삐걱거리기도 하고 굴러가던 도중에 튕겨 나가기도 한다. 그래서 이것이 그럭저럭 굴러가려면 전체 톱니바퀴를 재배열해야 하지만, 많은 경우 이를 쉽게 허락하지 않는다. 그래서 새로 들어온 톱니바퀴는 치이고 갈려서 각각의 상황에 맞는 모양으로 닳아서 끼워지고는 한다. 그리고 톱니바퀴가 닳는 데는 생각보다 많은 시간이 필요하다.

심지어 데이터 과학자는 '의사 결정을 돕는' 일을 한다. '돕는다'는 것은 일을 주도적으로 진행하는 데 어느 정도 한계가 있다는 말과도 마찬가지다. 하지만 늦게 생겨난 분야이기 때문에, 다른 부서에서도 어떻게 같이 일을 해야 할지 익숙지 않은 경우도 왕왕 있다. 이런 경우 어떤 식으로 일을 하면 각각의 부서에게 모두 도움이 될 수 있을지 데이터 과학자가 나서서 기준을 먼저 제시하는 것이 좋다. 물론 데이터 과학자 역시 익숙하지 않은 일이기 때문에 이렇게 제시한 내용도 안 맞을 수 있고 계속 조율 작업을 거쳐야 할 것이다. 그리고 이런 끝없는 조율을 거쳐 일을 해 나가다 보면, 주변의 다른 일까지 세세히 참견하고 귀찮게 해야 하고 생각보다 많은 협의도 필요하며 도메인 지식이라는 이름으로 뭉뚱그려진 것 안에는 수많은 분야에 대한 이해와 소프트 스킬이 들어감을 깨닫게 된다. 이런 일을 계속 반복하다 보면 진짜 내 업무는 무엇인가 하는 생각이 자주 들기도 하고 하려던 일과 현재 하고 있는 일의 거리가 백만 광년쯤 떨어졌다는 생각이 들 수 있다(실제로 데이터 과학자로 입사하였으나 자의 반 타의 반으로 직무를 변경한 사람도 꽤 있다). 하지만 그렇게 해야 '일이 된다'라는 것을 점차 피부로 느끼게 될 것이라고 생각한다.

회사에서 발생하는 문제는 생각보다 많은 사람과 다양한 이유가 복합적으로 얽혀 있다. 그리고 문제끼리도 복잡하게 얽혀 있어서 '문제 해결을 돕는다.'라는 데이터 과학자의 말은 사실 단순히 한 건의 문제를 해결하는 것이 아닌 전반적인 회사의 흐름을 읽는 것과 연결되어 있다. 그만큼 회사에는 다양한 분야와 이해 관계가 복잡하게 얽혀 있어서 이를 이해하고 해결하려다 보면 데이터 과학자는 의도치 않게 수많은 종류의 일을 하게 될 수 있다. 물론 운이 좋아 데이터 조직이 따로 있고 조직의 목표와 세부적인 직무가 명확히 구분되어 있어 해야 할 일이 명확히 제시되고 본인이 원래 하려던 일이 주어진다면 더할 나위 없이 좋을 것이다. 하지만 그 상태가 계속 안정적으로 이어질 수 있는지에 대해서는 아무도 알 수 없다. 시대가 급변하고 기업의 변화 속도도 빠르고 다양한 일이 발생하면, 데이터 과학자가 접하게 되는 상황은 더욱 더 다양해지고 관여해야 하는 일도 많아질 것이다.

그런 일이 항상 즐겁지만은 않을 것이다. 가끔은 도대체 어디까지 공부해야 하고 어디까지 이해해야 하나 생각이 들다가 가끔은 내가 이러려고 이런저런 것을 공부해 왔나 하는 생각도 들 것이며 일을 조율하면서 마찰이 생기면 억울한 기분이 들 수도 있다. 하지만 내가 할 수 있는 말은 그 덕분에 이 일이 지루할 일은 별로 없다는 것, 그리고 그만큼 본인이 잘 할 수 있는 것과 하고 싶은 것을 늘 마음에 두고 있으면 그래도 그 다양함의 물살에 쓸려가지는 않는다는 것이다. 데이터 과학 일을 해 나감에 있어 사실 이런 마음만으로는 어려운 경우도 접하지만, 그럼에도 불구하고 이 일이 나름 괜찮다는 것을 알고 있어서 다른 사람이 데이터 과학자가 되고 싶다고 할 때 드는 복잡미묘한 감정을 가다듬고 축하의 말을 건넬 수 있다.

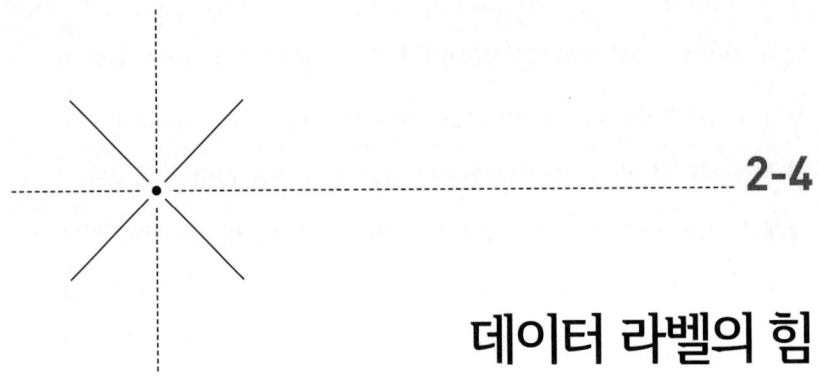

데이터 라벨의 힘

2020년 정부에서 '디지털 뉴딜 정책'을 제창하며 오는 2025년까지 58조 2천억 원을 투입해 디지털 경제의 기반이 되는 데이터 댐 구축 프로젝트를 추진한다고 하는 기사를 읽었다. 모든 산업을 데이터 댐에 쌓여 있는 데이터와 묶어 4차 산업 혁명 시대의 디지털 경쟁력을 강화하겠다는 것이다. 특히 데이터 수집-표준화-가공-결합 고도화 등 데이터 생태계의 전 분야를 아울러 살펴 데이터 경제 촉진에 앞장서겠다는 목표를 세웠다고 한다. 그리고 여러 구체적인 방안을 제시하면서 2025년까지 이 정책을 통해 90만 300개의 일자리를 만들어 내겠다고 발표했다. 해당 내용을 자세히 찾아보면, "한국판 뉴딜에는 데이터 라벨링을 위한 청년 일자리 10만 개가 들어가 있다. 데이터 라벨링 자체는 단순한 작업이지만 조직 내에서 하다 보면 얻는 경험을 가지고 어떤 분야에 더 활용할 수 있을 것이다."라

고 청와대 정책실장이 발표한 내용을 찾아볼 수 있다.[13]

그렇다면 데이터 라벨링이란 무엇일까?

일반적인 머신러닝은 크게 지도 학습과 비지도 학습으로 나뉜다. 지도 학습이란 입력할 데이터와 해당 데이터에 대해 올바른 결과를 한 세트로 묶고 이 데이터를 넣어서 올바른 결과가 나오도록 학습시킨 후, 다른 데이터가 들어왔을 때도 이전 학습을 기반으로 해서 결괏값을 구하도록 하는 방법이다. 비지도 학습은 데이터에 답이 없을 때 사용하는 방법으로 데이터를 유사성에 따라 분류한 후 다른 데이터가 들어왔을 때 그 데이터와 가장 유사한 그룹을 제시해 주는 방식이다. 하지만 비지도 학습으로 해결할 수 있는 문제는 지도 학습으로 해결할 수 있는 문제에 비해 적고 보통은 지도 학습의 전 단계 혹은 지도 학습과 같이 결합해서 사용되는 경우가 많다.

그런 의미에서 데이터에 '답을 달아 주는 것'은 필수적이다. 많은 데이터에는 답이 따로 달려 있지 않다. 특히 처음부터 분석을 위해 남긴 정형 데이터가 아닌 경우에는 더 심하다. 인터넷에는 수많은 자동차 그림이 있지만 그림마다 '소나타', '폭스바겐 골프'같이 적합한 포맷으로 차종이 붙어 있기는커녕 '자동차'라고 나와 있지도 않다. 인터넷에서 그림을 가져와서 자동으로 분류하는 모델을 만들기 위해서는 초기 학습용 데이터에서 그림별로 그림에 있는 물체가 무엇인지를 넣어 주어야 한다. 그것도 우리가 원하는 정도까지 서술해 주어야 한다. 같은 그림이라도 해결하고자 하는 문제에 따라 답이 '컵'일 수도 있고 '커피'일 수도 있다.

---

[13] 류정민, 김상조 靑 정책실장 "데이터 라벨링 위한 청년 일자리 10만개" 아시아경제, 2020년 7월17일, https://www.asiae.co.kr/article/2020071709592367690

그림 2-2 이 그림은 '컵'일까, '커피'일까, '커피잔 세트'일까?
이는 상황과 문제에 따라 달라진다.

　이미지뿐 아니라 언론 기사는 그 기사의 분야, 바둑 현황은 그 경기의 결과, 추천 내역은 그 추천에 대한 실제 구매 여부 등 무수한 데이터에는 각각 그에 맞는 답이 필요하다. 보통 데이터 분석이라고 하면 데이터에 답이 다 달려 있을 것 같지만 실상은 그렇지 않다. '데이터는 새로운 석유다.'라고 하며 우르르 달려들던 사람은 산처럼 쌓여 있지만 실제로는 생각보다 많은 것을 할 수 없는 빅데이터를 보며 한숨짓는다. 그러다 보니 대부분의 데이터에는 기존의 결과를 가지고 어떻게든 답을 만들어서 라벨을 붙이고 그마저도 못하는 데이터, 특히 비정형 데이터에는 답을 달기 위해 여러 방법을 고민한다. 새로운 자원이라며 열광하던 데이터도 결국 '자원'이라 '가공'이 필요하다. 보통 그 가공이라고 하면 '데이터 클렌징'을 떠올리지만, 데이터에 답을 채워 넣는 작업인 '메타 데이터 만들기', 조금 더 익숙한 용어로는 '데이터 라벨링'이라고 부르는 작업은 역시 굉장히 중요한 데이터 가공 작업 중 하나이다.

데이터 라벨링은 많은 경우 수작업으로 이루어진다. 물론 여러 가지 라벨링 솔루션이 등장하고는 있지만, 그 솔루션상에서도 어떤 패턴을 찾아서 패턴별로 주어진 답을 넣는 것이기 때문에 결국에는 사람의 검수가 필요하고 그 솔루션의 초기 데이터 라벨은 결국 수작업으로 입력해야 하는 경우가 대부분이다. '검색 아니면 추천'이라고 할 정도로 추천에 많은 지면을 할애하는 넷플릭스에서 '넷플릭스의 추천을 지탱하는 세 다리 중 하나는 콘텐츠 데이터에 라벨을 다는 태거(tagger)[14]'라고 밝힌 바 있다. 아마존의 크라우드소싱 페이지로 시작했던 미케니컬 터크(Mechanical Turk)[15]는 이제는 거의 데이터 라벨링 외주 플랫폼이 되었고 심지어 AWS에서는 자사의 머신러닝 솔루션인 세이지메이커(SageMaker)에 미케니컬 터크를 통해 데이터 라벨링을 하는 기능을 추가했다.[16] 정부에서 '데이터 뉴딜 정책'의 일환으로 데이터 라벨링에 10만 개의 일자리를 투입하겠다는 말도 현실성이 없는 말은 아니다.

이렇게 사람의 지식이 사람의 손을 통해서 데이터에 전수되고 그 데이터는 머신러닝 모델을 학습시켜서 인공지능을 만들게 된다. 그리고 우리는 그 인공지능을 통해서 이것저것 바른 판단을 빠르게 할 수 있을 것이라고 상상하고 더욱 더 많은 곳에 적용한다.

하지만 과연 그 판단이 늘 '바르기'만 할까?

---

14 태그(tag)를 다는 사람들이라는 의미로 라벨링을 하는 사람의 의미다.
15 https://www.mturk.com/
16 Dave Schultz, "Use Amazon Mechanical Turk with Amazon SageMaker for supervised learning" AWS Machine Learning Blog, August 2, 2018, https://aws.amazon.com/ko/blogs/machine-learning/use-amazon-mechanical-turk-with-amazon-sagemaker-for-supervised-learning/

물론 수식을 통해 결과를 내고 그 결과를 확률 모델에 넣어 답을 결정하는 머신러닝 모델에서는 추가적인 가치 판단을 하지 않을 것이다. 하지만 재료가 되는 '데이터'는 사람의 손에서 나온 것이다. '데이터는 가치 중립적이고 거짓말을 하지 않는다.'라고 흔히 말하지만, 결국 데이터는 사람의 의도에 의해 남겨지고 거기에 사람이 답까지 단다면 데이터에 가치가 개입되지 않을 수 없다. 특히 '데이터 라벨링'에는 사람의 '가치 판단'이 직접적으로 반영된다.

간단히 손으로 쓴 숫자의 사진을 보고 그 숫자가 몇인지 파악하는 것에는 가치가 크게 개입되지 않는다. 그런 그림의 모음은 '손으로 숫자를 쓴 글씨 사진'이라고 명확하게 범위가 정해져 있고 아라비아 숫자는 전 세계 공통으로 사용하고 있어서 여기에 어떤 추가적인 가치가 들어갈 여지는 없다. 하지만 그럼에도 사람들이 답을 다르게 달 가능성은 있다. 손 글씨다 보니 '1과 7', '7과 9' 등 비슷하게 쓰인 글씨가 있을 수 있다. 그리고 실제로 이런 글씨는 머신러닝에서도 오독률이 높고 사람이 해당 글씨 사진에 어떻게 답을 다느냐에 따라 머신러닝 모델의 숫자 판독 정도도 달라진다.

전 세계 공통으로 사용되는 기호를 판별하는 데에도 사람에 따라 다른 관점이 들어가는데, 더 복잡하고 덜 표준적인 문제와 데이터의 경우는 어떨까? 물론 데이터 라벨링의 경우 기본적으로 교차 검수를 하지만 이 역시 사람에 의해 이루어진다.

물론 머신러닝 모델은 입력과 결과가 1:1로 떨어지지 않는 '추론' 모델을 사용하지만, 결국 이것도 확률의 문제고 해당 데이터는 결과에 어느 정도의 영향을 미치게 된다. 머신러닝의 결과는 결국 데이터 라벨에 의해 정해지고 기계에게 가르치는 것은 결국 인간의 지식과 사고다. 동일한 범죄에 대해서도 그 판결을 담당하는 판사와 변호사가 누구인지에 따라서 그리고 논의가 어떻게 이루어졌는지에 따라서 판결이 정해진다. 법률 AI는 입력 데이터인 범죄 상황과 그 데이터의 라벨인 판결과 형량을 가지고 학습을 하고 그것을 기반으로 다른 범죄 상황을 판단하여 판결을 내뱉는다.

인간의 지식이란 플라톤의 '동굴의 비유'[17]처럼 어쩔 수 없이 각자의 가치관과 관념에 편향될 수밖에 없다. 그리고 그 편향을 AI는 그대로 답습한다. '알고리즘은 가치 판단을 하지 않으니 AI는 사람보다 더 객관적일 거야.'라고 생각하는 사람들의 생각은 '답이 있는 데이터'라는 현실에 의해 부정당한다.

결국 우리가 걱정하는 나쁜 AI에게 지배당하는 미래를 만드는 1차 책임은 인간에게 있다. 물론 계속 이야기했듯이 AI는 확률 모델이고 자체 추론이 가능하며 인간보다 더 넓은 범위의 가능성을 계산할 수 있을 것이기에 사람이 고려하지 못한 선택지를 만들거나 더 빠르게 합리적인 선택지를 만들 수도 있을 것이다. 하지만 사람만이 주변 환경의 영향을 받는 것은 아니다. AI 역시 주변 환경의 영향에서 절대적으로 안전하지 않다. AI가 다양한 선택지를 만드는 과정에도 인간이 만들어 넣은 데이터가 지속적으로 영향을 미치기 때문이다. 그만큼 AI에 답을 넣어 주는 사람이 얼마나 제대로 된 가치관을 가지고 있는지가 중요하다. 실제로 많은 오류와

---

[17] 플라톤의 [국가] 제7권에서 인간은 동굴의 죄수와 같고 그 죄수가 인식하는 세상 만물은 동굴 벽에 비친 그림자에 불과하고 동굴 밖에 실체가 존재하며 인간은 그 실체를 보아야 하지만, 실제로는 자신이 보는 왜곡된 그림자를 실체라고 믿는다고 말한다. 이를 흔히 '동굴의 비유'라고 한다.

편향이 기존의 편향을 답습한 데이터셋이나 데이터 라벨 이슈에서 발생한다. 흑인의 사진에 '고릴라'라고 자동 태깅을 한 구글 포토[18](이는 수년간 고쳐지지 않았다), 기존의 서류와 합격 여부를 데이터셋으로 했더니 여성을 자동 탈락시킨 아마존의 시험용 인공지능 채용 시스템[19]이 대표적인 사례다.

세상의 문제는 복잡하고 인간은 긴 사회화와 학습 끝에 사회에 적당히 잘 맞게 편향적인 가치관을 갖추고 있다. 그리고 이런 가치관에서 나오는 행동이 데이터를 만들고 데이터에 라벨을 달고 이렇게 만들어진 데이터셋을 알고리즘이 먹고 소화시켜서 인공지능을 만들어 낸다. 그렇게 만들어진 인공지능은 성능은 탁월할지 몰라도 결국 인간의 지도대로 학습한다. 많은 사람이 이기주의를 학습해 악해진 AI가 인류를 파멸시키면 어떡할까 걱정하지만, 사실 그 근원은 인간에게 있는 것이다. 요즘 데이터 윤리나 로봇법과 같은 다양한 키워드가 등장하지만, 그 전에 갖추어져야 하는 것은 인간의 윤리다. 인간의 행동과 그로 인한 결과가 데이터로 쌓이고 있고 많은 AI 알고리즘은 기존에 사람이 남긴 데이터를 재료로 만드는 요리에 불과하다. 따라서 각자의 행동은 단순히 각자의 행동에 대한 결과뿐만 아니라 우리도 모르는 새에 계속 늘어나고 있는 AI에게까지 영향을 미친다는 것을 인지해야 한다. 기계적으로 만들어 내는 데이터 라벨에도 결국 우리의 편향된 사고방식이 반영될 수 있다는 것을 알아야 할 것이다.

---

18 LOREN GRUSH, "Google engineer apologizes after Photos app tags two black people as gorillas" TheVerge, July 2, 2015, https://www.theverge.com/2015/7/1/8880363/google-apologizes-photos-app-tags-two-black-people-gorillas

19 JAMES VINCENT, "Amazon reportedly scraps internal AI recruiting tool that was biased against women" TheVerge, October 10, 2018, https://www.theverge.com/2018/10/10/17958784/ai-recruiting-tool-bias-amazon-report

무심코 남긴 데이터가 다른 데이터를 판단하는 해답지로 쓰이고 있다는 것을 이해하고 기록을 올바르게 남기도록 노력해야 할 것이다. 물론 다양한 보완책이 연구되고 있지만, 근본적으로는 AI 역시 인간이 만들어 둔 동굴의 시야를 가질 수밖에 없음을 이해해야 한다.

그나마 희망이 있다면 AI는 갑작스러운 상황 변화로 인한 방해를 받지 않을 것이고 이해 관계의 빈번한 변화에 따른 영향도 받지 않을 것이며 감정에 따라 편견이 더 강화되지도 않을 것이라는 사실이다. 일단 데이터 단계에서 윤리적 제약을 통과한다면, 그 다음은 조금 걱정을 덜어도 될 것이다. 물론 AI의 판단 결과를 인간 사회에 적용할 때 그 적용 기준과 방법을 최종적으로 결정하는 것은 인간의 몫이기에 다시 윤리의 문제가 도래하겠지만 말이다. 그래서 데이터 윤리 문제를 잘 해결하는 것만큼 중요한 것은 AI를 어떻게 사용할지에 대한 시스템 문제이다. 하지만 아직 시스템이 불완전하기 때문에 데이터 단계에서라도 우리는 우리가 할 수 있는 일에 최선을 다해야 한다. 지금처럼 데이터 라벨링에 많은 사람이 투입되고 있고 관심이 모이고 있는 요즘, 이런 자세가 더 중요할 것이다. 그리고 나아가 인간의 윤리적인 삶 자체에 대한 관심으로 이어져야 할 것이다.

2-5

충분히 잘 만들어 사용하는 지표는 마법의 숫자와 구분할 수 없다

> A: 우리 서비스에서 재방문자 비율을 높일 수 있는 가장 빠른 방법은 무엇일까요?
> 나: 신규 가입을 중단하면 됩니다.

몇 년 전에 나눴던 실제 대화의 일부다. 물론 A의 질문 의도를 모르고 대답했던 것은 아니다. 다만, 그 질문에 맞는 답을 했을 뿐이다.

우리는 매우 복잡한 세상 속에서 살고 있고 대부분의 사람들이 이 사실을 익히 알고 있지만, 여전히 사람들은 오직 하나의 값, 하나의 숫자에만 목매곤 한다. 많은 사람이 '다른 값은 변하지 않는다'는 전제를 깔고 이야기하지만, 세상의 모든 일은 서로 엮여 있어서 하나의 수가 움직일 때 다른 수가 가만히 있는 일은 사실 없다. 하지만 어떤 하나의 수에만 매달리게 되면 다른 것은 눈에 보이지 않기 마련이다. 그래서 사람들은 하나의 숫자에만 매달리며 주변을 놓치곤 한다. 위의 질문도 마찬가지다. 신규 회원 숫자를 늘리는 것에만 매달리다 보면 결국 오래된 회원들이 빠져나가는 것을 놓칠 수 있다. 한참 후에야 신규 회원도 제대로 잡지 못하고 기존의 회원도 놓쳐서 매출이 떨어진 사실을 발견한다. 그제서야 해당 수치를 요구하던 사람은 주변 사람들에게 왜 '이런 것은 신경 쓰지 않았냐.'라고 묻는다. 그러면 주변 사람들은 꿀 먹은 벙어리가 되어 버린다.

이런 경우는 아무리 이야기해도 부족하지 않다. 경영 관리계의 구루 피터 드러커는 '측정할 수 없다면 관리할 수 없다.'라는 말을 했다고 전해진다.[20] 재방문자 비율 같은 지표에 관한 이야기는 대학교의 경영학 기초 수업 시간이나 수많은 경영학 도서 혹은 스타트업 관련 도서에서 어느 정도는 항상 언급하기 마련이다. 예전에는 매출과 어림잡은 고객의 숫자만 고민했다면 요즘에는 방문자 수, 고객별 사용 금액, 광고 클릭률, 고객 이탈률 등의 다양한 지표를 말한다. 그리고 많은 곳에서는 '우리는 이런 지표를 명확하게 챙기고 있다'라고 자랑스럽게 이야기한다. 하지만 이런 지표를 매일 본다고 말하면서도 실제로 그 지표들이 서비스에서 어떤 역할을 하고 있는지, 그 많은 지표 중 우선순위가 어떻게 되는지에 대해서는 말하지 못하는 경우가 부지기수다. "단기적으로 신규 사용자를 늘리려고 노력하다 보면 인당 사용 금액은 떨어질 수밖에 없어요"라는 이야기를 했을 때 "그건 안 되는데…"라고 우물쭈물하며 책임 회피를 하다 둘 다 놓치고 마는 것이다. 다들 이런 상황을 여러 번 보고 겪어서 분명 뭔가 잘못되

---

[20] 유명한 말이지만 실제로 정확한 출처는 알 수 없고, 피터 드러커가 말했는지도 정확하지 않다.

었다는 것을 알고 있다. 슬픈 현실이다.

'지표(Metric)'란 무엇인가? 지표는 특정 상태를 총체적이고 집약적으로 나타낸 것으로 상태를 질적, 양적으로 측정하여 이를 비교, 평가할 수 있도록 한 척도를 의미하며 사회, 경제, 교육 등 여러 분야에 걸쳐 널리 사용되고 있다.

특히 사업 분야에서는 핵심 성과 지표(Key Performance Indicator, KPI)를 설정하여 업무 성과를 평가해 왔다. 많은 기업에서 고객 만족도, 서비스 품질, 고용 현황 등에 대한 KPI를 설정하고 지속적으로 모니터링하며 과거와 비교한 후 성과를 평가하고 그 결과를 기반으로 의사 결정하고 향후 계획을 세운다. 이런 지표를 어떻게 설정하느냐는 경영 전반에 있어서 매우 중요하다. 지표를 어떻게 설정하고 척도를 어떻게 매기느냐에 따라 동일한 상태도 다르게 평가할 수 있기 때문이다. 지표란 결국 경영자의 시야, 의사 결정권자가 바라보는 방향이라고 볼 수 있다.

이런 지표는 어떤 상태를 100% 드러내 주지 않는다. 간단한 사례로 학생 50명인 어느 학급의 수학 성적이 '평균 50점'임을 안다고 해도 이 학급의 모든 학생의 점수를 다 알 수도 없고 수학을 특별히 잘 하는 학생들이 얼마나 있는지도 알 수 없다. 이런 하나의 수치로 나타나는 점수도 대푯값 한두 개로 표현하기 어려운데, 다양한 데이터를 다각적으로 봐야 하는 회사나 사회는 오죽할까?

그럼에도 불구하고 사람들은 지표를 본다. 집에서도, 학교에서도, 회사에서도 숫자를 본다. 일기 예보를 보고 "오늘 최저 기온 7도래. 겉옷 단단히 입어야겠다."라고 말하며 학교에 가서 "이번 달 시험 70점이야. 지난달에는 80점이었는데 떨어졌어. 어떡하지."라고 생각하고 회사에서는 "어제

DAU(Daily Active User)[21]는 4만 3천 명이고 오늘 DAU는 어제보다 10% 늘었다."라고 이야기한다. 하지만 이런 숫자들이 완벽한 정보를 가르쳐 주지는 않는다. 예를 들어, 같은 기온이라도 바람이 불거나 비가 온다면 체감상 더 춥게 느껴질 수도 있다. 서비스에서 이벤트가 진행되면 접속자가 갑자기 늘어 평균 접속자 수를 높일 수도 있다. 그래도 사람들은 기온을 보고 추울지 안 추울지를 판단하며 평균 접속자 수를 보고 서비스의 활용 정도를 평가한다.

지표를 보는 사람들이 이런 맹점을 모르는 경우는 드물다. 그러면서도 지표를 사용하는 이유는 간단하다. 의사 결정을 위해서는 다양한 상태를 파악해야 하고 각각의 상태를 파악하기 위해서는 수많은 단면을 하나하나 살펴봐야 하기 때문이다.

기온의 예를 다시 살펴보자. 기온 변화에 제대로 대응하려면, 본인이 추위에 강한지, 더위에 강한지 파악하고 기온 변화에 따른 신체 변화를 이해해야 하며 컨디션 변화에 따른 온도 민감성 등도 고려해야 한다. 또한 습도, 날씨, 일교차를 모두 고려해서 특정 날씨에 본인이 어떻게 느낄지를 사전에 파악한 후 겉옷을 무얼 입을지, 여름 옷을 살 때가 되었는지 등을 결정해야 한다. 하지만 이렇게 꼼꼼히 살펴보기에는 챙겨야 할 것이 많고 시간이 오래 걸린다. 그 와중에 세상은 점점 빠르게 변하면서 해야 할 의사 결정은 늘어나고 옷을 생각하는 데 소요할 수 있는 시간은 짧아진다. 그러다 보니 많은 것을 다 고려할 수는 없고 완벽하지는 않아도 상황을 꽤 잘 '요약'해 줄 수 있는 '숫자'에 점점 더 매달리게 된다. 그리고 이런

---

21   하루 동안 해당 서비스를 이용한 순수한 이용자의 수를 말한다. 보통 게임에서 해당 서비스를 얼마나 많은 사용자가 실제로 이용하고 있는지를 나타내는 지표 중의 하나로 활용한다.

'지표'의 맹점을 알고 있고 점점 더 정확한 상황 판단을 통한 의사 결정이 요구되는 시점인지라 사람들은 보다 '다양한 상황'을 '함축적'이며 '정확하게' 반영할 수 있는 '지표'에 대해 갈망하고 요구한다. 이는 마치 아서 C. 클라크의 과학 3법칙[22] 중 3번째 법칙인 "고도로 발전한 과학은 마법과 구분할 수 없다."라는 문장과 닮아 있다. '고도로 잘 만들어진 지표는 마법의 숫자와 구분할 수 없다.'

물론 '마법의 숫자'에 가까운 지표를 만드는 것은 어려운 일이다. 예전부터 린 스타트업에서 단일 지표를 만드는 방법인 OMTM(One Metric That Matters)[23] 같은 훌륭한 단일 지표 혹은 소수의 지표를 만드는 법에 대한 이론은 늘 있어 왔다. 정말로 그런 '마법의 숫자'가 있다면 얼마나 좋겠냐만, 세상과 그 세상을 움직이는 사람들은 그렇게 질서정연하게 움직이지 않고 변덕이 죽 끓듯 하기 때문에 이를 간단하게 수치화하는 것은 굉장히 어려운 일이다. 하지만 그럼에도 불구하고 어쨌든 '좋은(쓸 만한) 지표'라는 것은 존재한다.

'좋은 지표'라는 것이 그렇게까지 중요할까? 그냥 옷은 적당히 골라 입으면 안 될까? 하지만 지표는 단순히 오늘 밤이 추울지 알려주는 것만은 아니다. 지표는 어떤 목표를 향해서 지금 우리가 어느 정도 나아가고 있는지를 알려주고 얼마나 달라졌는지를 보여 주는 값이다. 만약 우리의 목표가 '1000만 명의 고객을 만드는 것'이라면 가장 흔하게 생각할 수 있는 현재 상태는 목표보다 다소 낮은 정도인 '현재 고객 500만 명' 같은 수

---

[22] Clarke, Arthur C. Profiles of the Future: An Inquiry into the Limits of the Possible, Popular Library, 1973

[23] http://leananalyticsbook.com/one-metric-that-matters/

치다. 그리고 이를 좋은 지표로 만든다면 '목표의 50%, 어제 490만 명에서 어제 기준 2%p 증가' 같은 형태다. 이처럼 지표는 어려운 것이 아니다. 깔끔하고 누구나 보기 쉽고 본인의 일에도 적용하기 쉬운 숫자다. 측정 가능한 목표를 가진 개인, 팀, 서비스, 회사라면 어디든 이런 지표를 만들 수 있고, 지표를 갱신하며 자신의 현재 위치와 상태를 파악하고, 앞으로 해야 할 일을 결정할 수 있다.

다만, 모든 마법이 그렇듯이 지표 역시 잘 만드는 것 이상으로 잘 사용하는 것이 중요하다. '숫자'라는 것은 굉장히 매력적이다. 이를 보고 있으면 어떤 절대적이고 명확한 것을 만난 듯한 기분에 빠지게 된다. 게다가 지표는 숫자임에도 불구하고 복잡하지 않다. 그래서 지표를 보면, 깊이 생각하지 않고도 자신이 절대적인 무언가를 알고 있다고 생각하고 원래 목적은 잊은 채 이 숫자를 과하게 탐닉하기도 한다. 날씬해지고 싶다는 생각에 단순히 체중 수치를 목표로 정하고 단식이나 과한 다이어트로 건강을 해치는 경우, 특정 판매량을 달성하기 위해 사재기를 하는 경우도 모두 이런 탐닉의 일부다. 특히 그 수가 놀랍도록 크거나 작으면 그 효과는 더 극대화된다. 많은 사람이 아름다운 숫자를 좋아하고 자극적이지 않은 숫자는 꺼린다. 몇백만 다운로드, 누적 방문자 수 몇만 명, 초기 페이지 뷰(해당 화면이 몇 회 노출되었는지) 몇백만 회, 불량률 0.002% 같은 극단적인 숫자를 보는 순간 경도되고 그 숫자가 본인이 만든 서비스를 대변한다는 착각에 빠져든다.

물론 그 숫자들이 거짓말하는 것은 아니다. 이 숫자들은 엄연히 우리 서비스가 얻어낸 '결과'이고 진실한 숫자다. 그 숫자가 클수록 기분도 좋아질 것이고 남들에게 자랑하기도 좋을 것이다. 보여 주는 것은 분명 매우 중요하고 즐거운 요소다.

그런데 '우리 서비스의 메인 페이지의 누적 페이지 뷰가 백만 회가 되었다'고 했을 때, 여기에서 우리가 얻을 수 있는 정보는 '그 숫자 자체' 외에 무엇이 있을까? 서비스가 얼마나 잘되고 있는지를 이 숫자가 대변해 줄 수 있을까? 그 숫자가 가지는 의미는 무엇일까? 그런 게 있다면 다행이지만, 대부분의 경우 없을 것이다.

그럼에도 그런 큰 숫자에 경도되면 해당 숫자를 내세워 자신의 서비스를 알리고 그 숫자를 한도 없이 무작정 키워야 한다는 생각에 사로잡혀서 그 숫자로 서비스의 상태를 판단한다. '어, 이제 페이지 뷰가 110만 회가 되었네? 좋아!' '어, 왜 아직도 페이지 뷰가 111만 회밖에 되지 않아?' 같은 식이다.

사실 그 수치가 자신에게, 서비스에 정말로 필요한 것이라면 상관없다. 불량률을 줄이는 것이 목표였고 그 목표 수치가 0.002%여서 이를 위해 수년간 공정 프로세스 정비에 엄청난 투자를 했고 새로운 방법론을 도입한 후, 그 수치에 도달했다면 분명 이 수치는 자극적인 값이 아니라 중요한 수치일 것이다. 하지만 모든 숫자가 과연 그럴까? 잘 생각해 보자. 이 숫자는 우리 서비스에 대한 '어떤 대푯값'은 될 수 있을지 모르지만, '지표'로서의 역할을 할 수는 없다. 그래서 우리가 알아야 할 것은 '어떤 멋진 대푯값'과 제대로 된 '지표'를 구분하는 것이다. '허상 지표(vanity metrics)'와 '실질 지표(actionable metrics)'라고도 구분한다. 그리고 잘 만든 지표를 만든 후 이를 제대로 사용해야 한다. 이렇게 지표를 충분히 제대로 활용하는 것이 진정한 '데이터 주도 방식(data-driven)'의 시작이라고 할 수 있다. 물론 실질 지표가 모든 것을 해결해 주지는 않고 특히 지표 혹은 데이터란 것이 대부분 '왜'를 알려주지는 않는다. 하지만 좋은 지표는 나침반과 같아 현재의 서비스 상태를 객관적으로 이해하도록 도와준다. 이를 잘 이해하면 앞으로 무엇을 해야 할지 이해할 수 있다.

'지표를 정확하게 세운다는 것'은 말은 참 쉽지만 간단하지 않다. 지표에는 평소에 고려해야 하지만 매번 일일이 고려할 수는 없는 요소들이 들어가 있어야 한다. 기온을 보고 겉옷을 고르기 위해 사전에 머릿속에서 전제되어야 하는 수많은 요소들 같은 것 말이다.

우선 그 지표로 얻고자 하는 것이 무엇인지를 분명히 해야 한다. 인간의 욕심은 끝이 없고 단순히 하나만을 원하는 경우는 거의 없다. 사람들은 자신이 잘생기고 돈도 많고 시간도 많고 친구도 많고 따뜻한 마음을 가진 똑똑한 사람이기를 원하지만, 설령 로또가 된다고 해도 이 조건 중 한두 개를 겨우 채울 수 있을 정도다. 기적이 일어나지 않는 한 이를 한 번에 다 채울 수는 없고 어떤 경우는 지향하는 가치 간의 충돌이 일어나기도 한다. 따라서 우선순위와 목푯값, 가치 추구에 필요한 기간 및 인적 자원 등을 적절히 조율하는 것이 필요하다. 사실 이 점이 말은 쉽지만 가장 중요한 부분이며 회사의 기본 경영 원칙과도 궤를 같이 한다.

모든 서비스는 '성공'이 목표다. 하지만 막연히 '잘 되었으면 좋겠어.'라고만 생각하고 "잘 된다는 것이 정확히 어떤 것을 말하나요?"라고 물어보면 "사용자도 많고 사용자가 돈도 많이 쓰며 광고 클릭도 많이 하고 신규 유입도 많고 고객들의 사용 시간도 길었으면 좋겠고 서비스가 널리 알려졌으면 좋겠어요." 같은 욕심만 가득 찼을 뿐 공허하기 그지없는 요구사항을 내뱉는다. "그래도 그중에서 지금 가장 중요한 게 있지 않을까요?"라고 물어보면 "다 중요한 걸요. 우선순위를 정할 수 없어요."와 같은 대답을 내놓을 뿐이다. 이렇게 추구하는 가치가 모호하면 지표가 흐트러지기 마련이고 그러다 보면 남들이 좋다고 생각하는 값을 아무 생각 없이 자신의 지표라고 갖다 쓸 수밖에 없다. 그렇게 흘러가다 보면, 결국 이도 저도 안 되고 흐릿해지는 서비스를 부지기수로 보아 왔다. 이렇게 되는 것을 막기 위해 우리가 우선적으로 던져야 하는 질문은 다음과 같다.

'내가 가장 우선시하는 가치란 무엇일까? 내가 이 지표로 보려고 하는 것이 무엇인가? 그것을 왜 봐야 하는가? 이 지표는 어떤 데이터값을, 어떤 시선을 대표해야 하는가?'

그리고 이에 따라 지표의 우선순위를 정하여 주 목표와 부차 목표, 기간 등을 명확히 할 수 있다. 모든 행동이 그렇지만, 지표는 목표를 향한 속도 같은 것이기에 목표를 먼저 정돈하는 것이 필수다.

다들 '세상이 빨리 움직여서, 목표 같은 것은 정해 봐야 의미 없다'고 한다. 지표 기준은 움직이지 않지만, 사람도 서비스도 세상도 움직인다. 갑자기 세계가 바이러스에 지배된다거나 환율이 반으로 떨어진다거나 서비스가 해외 진출을 하게 된다거나 회사가 다른 회사에 인수가 된다거나 새로운 규제가 생겨서 서비스에 영향을 받는다거나 하는 크고 작은, 예상된 혹은 예상치 못한 일은 언제든 일어날 수 있다. 이런 상황에서 목표 혹은 추구하던 무언가가 변하는 것은 당연한 일이다. 하지만 지표는 데이터와 상황을 극단적으로 압축한 숫자이므로 이 숫자에는 많은 가정과 제약 사항이 녹아 있다. 예를 들어, '고객별 평균 사용 금액'이라는 지표는 고객들이 전반적으로 유사한 분포로 돈을 사용한다고 가정한다. 그래서 갑자기 한 명이 하루에 몇 억씩 사용하고 다른 사용자의 사용 금액은 그대로라고 하더라도 평균 고객 사용 금액은 확 높아지고 이를 본 사람들은 '고객들이 우리 서비스에서 돈을 많이 쓰기 시작했어!'라고 생각할 수 있다. 이처럼 지표는 모든 상세한 상황을 다 반영해서 알려주지 않는다.

지표는 현재 목표에 대해 상황이 어느 범위 내일 때 유효하다는 것을 명확하게 인지하고 있어야 한다. 고객의 사용 금액을 전반적으로 올리고 싶을 때, 고객별 평균 사용 금액이라는 지표를 보면서 이를 향상시키는 것을 목표로 할 것이다. 하지만 위에서 말한 것같이 한 명의 아웃라이어가 발생함으로써 지표가 변한 것은 이 지표를 보는 원래의 목적이 아니다. 현재 지표 설계 시 목적과 범위를 잡는 것도 꽤나 큰 일이고 이것만 정해져도 목표를 이미 이룬 것 같은 마음이 들기도 한다. 하지만 실제로 지표를 사용하려고 하면 지표를 필요로 하는 사람의 관점에 따라, 맡은 일에 따라, 지표를 관찰하고 집계하는 주기에 따라, 확인하고자 하는 변동 수치나 규모가 달라진다.

지표에 대한 이런 제약 상황을 우리에게 익숙한 표현으로 풀어 보자면, 우리가 글을 쓸 때 주로 사용하는 5W1H를 활용할 수 있다. 지표에서 5W1H는 목적(Why), 값(What), 지표를 필요로 하는 사람이나 부서(Who), 지표를 생성하거나 활용하는 주기(When), 지표 데이터의 위치 및 범위(Where), 지표 집계 방식 및 계산식(How)으로 정리할 수 있다.

이를 값으로 환산하고 측정할 수 있게 만들어야 한다. 목표가 돈을 잘 버는 것이라면 수익을 어떻게 구할 것인지 수식이나 사용 기준을 구체적으로 세워서 그 수치를 명확하게 만들고 갱신할 수 있다.

- **목적**: 목표 누적 순수익 도달 → **Why**
- **값**: 누적 순수익 = 주기별 (총 수익 - 사용 비용)의 합 → **What, Why**
- **주기**: 매월 (갱신 단위: 매월 1일) → **When**
- **담당 부서**: 재무팀 → **Who**
- **수익값 출처**: 구매 DB의 revenue table의 sales_amount 컬럼 → **Where**
- **사용 비용**: 회사 관리 비용 + 제품 구매 비용 + 서비스 대여 비용(재무팀 관리) → **Where**
- **목표 누적 순수익**: 500,000,000
- **목표 기간**: 2023년 1월

예시) '순수익'이라는 지표 설정

물론 지표를 '현재 상태 파악 및 비교'라는 용도만으로도 사용할 수도 있다. 하지만 무언가 비교하는 궁극적 목적은 어떤 상태에 도달하기 위함이다. '어제보다 나은 오늘'도 좋지만 '어제보다 어딘가에 더 가까워진 오늘'이면 보다 '나아가는 맛'이 있다. 특히 길을 걸어갈 때에도 아까보다 100m 더 이동했다는 것을 인지하는 것 이상으로 목표에 얼마나 더 가까워졌는지 보는 것이 중요하다. 끝없이 '무조건 더 올라야 해! 우리는 위기 상황이야'라고 매일같이 허공에 외치기만 하면 처음에는 믿을지 몰라도 나중에는 그 말에 어떤 의미도 없음을 모두가 깨닫는다. 지쳐 버린 사람들을 움직이기는 처음보다도 어려워질 것 역시 뻔하다.

그렇다면 이런 절차를 거쳐 만들어진 '좋은 지표'란 어떤 형태를 띠고 있을까?

좋은 지표는 우선 정량적이다. '이번 주 매출이 좋다'보다 '이번 주 매출이 120,000달러이다'가 더 명확하기 때문이다. 그리고 좋은 지표는 상대적이다. '이번 주 매출이 120,000달러이다'보다 '이번 주 매출이 지난 주보다 증가했다'가 낫고 이보다는 '이번 주 매출이 지난 주보다 10,000달러 증가했다'가 더 나으며 이보다는 '이번 주 매출이 지난 주보다 9%p 증가했다'가 낫다. 정량적인 수치는 계산과 추정이 가능하며 이를 비율로 구해서 상대적으로 비교해 주면, 숫자 하나만으로도 이전 기간, 목표, 또는 다른 지표와의 비교가 빨라진다. 이런 추론을 통해 행동으로 옮기기도 좋으며 행동도 어느 정도 구체적인 형태로 그릴 수 있다. 물론 비교 수치만 나오는 경우 기준 수치를 기억하지 못할 수 있으므로 '이번 주 매출이 지난 주보다 9%p 증가해서 120,000달러가 되었다.' 정도로 주요 지표(매출 수치)와 보조 지표(매출 증가량)를 같이 제공하면 더욱 좋을 것이다.

좋은 지표는 직관적이며 주요 지표의 수가 적다. 지표가 너무 복잡하여 이해하기 어려우면 바로 행동하기 어렵다. 바로 이해하고 행동하기 어려운 지표는 아무리 대시보드에 크게 적어 두어도 점점 보지 않게 된다. 따라서 지표는 바로 이해할 수 있도록 쉽고 간단해야 한다. 또한 지표로 사용하는 수치는 몇 개 안 되어야 한다. 서비스의 고객 수가 많아야 하고 이탈 고객은 적어야 하고 고객이 구매하는 물건도 많았으면 좋겠고 새로 가입하는 회원도 많기를 바랄 것이다. 하지만 하나하나를 매일 다 신경 쓰다가는 행동 하나를 하는 데도 머릿속이 복잡해져서 아무것도 할 수 없을 것이다. 전체적인 상태를 구석구석 파악해서 구멍이 생기는 것을 막는 것도 좋지만, 지표에 이 모든 것을 요구하는 것은 과하다.

지표를 확인할 때 숫자가 열 몇 개가 한 번에 들어온다면 어떤 행동을 해야 할지 정하기 매우 어려울 것이다. 대부분의 숫자는 평범한 사람들에게 '직관적'이지 않다. 보통 사람이 단기로 기억할 수 있는 것은 7개(5~9개 정도)[24]라고 한다. 기억하는 것도 이 정도뿐인데 이를 사용해서 행동을 빠르게 추론하기는 더욱 어려울 것이다. 모든 정보량을 완벽하게 요약해서 한 눈에 인지할 수 있도록 만드는 것은 지표가 할 수 있는 마법의 범위를 넘어선다. 일단 어떤 범위에 대한 지표는 꼭 필요한 것만 목표의 우선순위에 따라 주요 지표와 보조 지표를 구분한 후, 요약해서 갖다 두는 것이 필요하다.

어차피 지표에서 모든 것을 볼 수는 없다. 현재 지표로는 알 수 없는 정보가 필요해진 상황이라면, 지표를 구하는 것 이상으로 데이터를 좀 더 자세히 분석해 보아야 한다. 지표만으로 파악이 어려운 변수가 장기적으로 영향을 미치거나 목표에 변동을 준다면, 목표와 지표를 새로 설정하거나 다른 방안을 강구해야 한다.

지표는 절대적인 기준은 아니지만 원하는 것, 도달하고자 하는 값을 쉽게 살피기 위한 유용한 수단이다. 그래서 흔히 지표를 '나침반'에 비유한다. 나침반은 여행자가 자신의 위치를 파악하고 방향을 찾기 위해 쓰는 도구다. 여기서 중요한 것은 '자신'이다. 현재 위치를 확인하고 행동을 결정하는 사람이 지표를 제대로 이해하고 사용해야 한다. 서비스나 회사의 경우, 결국 지표를 보고 행동하는 사람은 의사 결정권자다. 안타깝게도 다른 사람들이 아무리 '이런 지표를 사용해야 해요.' 하고 제시하더라도 실

---

[24] https://en.wikipedia.org/wiki/The_Magical_Number_Seven,_Plus_or_Minus_Two

제 결정권자가 이에 의미를 두지 않으면 아무 소용없다. 이렇게 많은 곳에 존재하는 숫자가 나침반이 되지 못한다. 혹자는 지표를 잘못 세웠다고 버리기도 하고 혹자는 이것도 보고 저것도 봐야 한다며 수많은 지표를 만들기도 한다. 그리고 결국 그걸 다 챙기지 못해서 버리고 만다. 많은 회사의 서버 구석 어딘가에는 예쁘게 만들어진 무수한 대시보드가 1개월간 조회 수 0을 기록하며 시들어 가고 있다. 대시보드만 죽어 간다면 그나마 낫다. 사람들의 머릿속에 '지표'라는 존재 자체가 사라져 가는 비극적인 상황도 충분히 발생 가능하기 때문이다.

상황이나 주변 이야기에 흔들려 방향을 자꾸 바꾸고 그에 맞춰 업무 방식이나 서비스 성격마저 이도 저도 아닌 게 되고 선택과 집중을 못하는 상황을 쉽게 찾아볼 수 있다. 《이상한 나라의 앨리스》의 체셔 고양이마냥 "어디로든 원하는 방향으로 가면 그게 길이야."라고 말하려면 굳이 지표는 필요가 없겠지만, 여기에도 최소한 '원하는 방향'이라는 게 있다. 가다가 중간에 다른 데로 방향을 바꾸는 것은 굳이 고려할 필요가 없었다.

린 스타트업과 관련 이론이 주목을 받고 데이터 기반 의사 결정이란 말이 떠오르면서 기존 KPI라는 이름으로 실제로 유효하지도 않으며 그저 압박과 스트레스의 대상으로만 존재하던 지표가 재조명받기 시작했다. 하지만 단순함이라는 매력과 재조명에 힘입은 반짝임에 가려져 지표를 제대로 파악하고 명확하면서도 유연하게 사용하는 것이 중요하다는 활용 지침이 쉽게 무시되곤 한다. 재방문율[25], MAU[26], 페이지 뷰[27] 등 잘 알려

---

25 이전에 특정 서비스에 방문한 사용자 중 다시 방문한 사용자의 비율
26 Monthly Active User. 한 달간 해당 서비스에서 행동한 사용자. 이 때 '행동'의 정의도 수반되어야 한다.
27 웹 등에서 특정 페이지 노출 횟수

진 지표에 관해 이미 우리도 사용하는 지표라고들 말한다. 하지만 그런 지표를 실제로 필요에 의해 선택한 것일까에 대해서는 의문이다. 만약 서비스가 주 단위 사이클을 가진다면, MAU보다 WAU(Weekly Active User, 주간 실행 사용자 수)가 더 맞을 수도 있는데, 서비스의 특성에 맞춘 지표가 아닌 '많이 쓰니까 가져와서' 각자에게 맞지 않아 금방 벗겨질 것같이 헐렁한 지표들이 허공에 떠다닌다.

주요 지표를 '재방문율'로 잡고 싶은 서비스가 있다고 가정해 보자. 그러면 일단 왜 재방문율을 선택했는지 고민해 보는 것이 가장 먼저다. 물론 회원이 있는 서비스에서는 '재방문율'이 중요하다고 생각이 들겠지만, 정말 그것이 가장 중요한 수치인지, 어떤 목표를 이루기 위해 '재방문'이란 것을 사용했는지, 그 '재방문'이 하루 만에 방문한 것인지, 1달이 지나고 들어와도 재방문이라고 하는지 등의 구간을 정하고 왜 구간을 그렇게 잡았는지, 현재 서비스에서 원하는 재방문율은 어느 정도인지 먼저 살펴보자. 그리고 충분히 납득이 되었다면, '재방문'에 대한 기준을 합의하고 계속 인지하고 있어야 하며 이 기준이 어떤 전제 조건하에 유효한지 알고 이를 통해서 어떤 결정을, 어떤 가치를 창출하려고 하는지를 이해하고 있어야 바르게 지표를 사용할 준비가 된 것이다.

지표는 단지 도구라는 것을 인지하고 그 도구만을 위해 일하는 것이 아니라 목표하는 일에 그 도구를 적절히 활용할 때 진정한 지표가 될 수 있다. 그렇지 않다면 남들이 많이 쓰는 지표든, 페이스북이나 구글 같은 데서 쓰는 지표든 자신에게는 먼 옛날의 KPI처럼 목적과 수단을 혼동한 채 압박받는 보여주기용 숫자에 그쳐 버리는 '허상 지표'가 될 뿐이다.

지표는 어디에나 있다. 하지만 그중에서 꾸준히 사용되는 지표는 얼마 되지 않는다는 것이 비극이다. 지표를 잘 만들어 보겠다고 다짐한 사람이 스타트업의 창업자처럼 의사 결정권을 가진 사람이라면 좀 낫다. '린 스타트업' 같은 좋은 책이 시중에 많이 출간되고 있고 여기에 해적 지표라든가 린 캔버스 등 지표와 관련된 여러 이론이 정리되어 있을 것이다. 또한 인터넷에 '스타트업 지표'라고만 검색해도 유용한 결과가 줄줄이 나온다. 잘 참고해서 자신에게 맞는 지표를 구상하면 될 것이다.

하지만 세상에는 스타트업 창업자보다는 나 같은 일반 직장인이 더 많고 이 글을 읽는 사람들 역시 비슷할 것이다. '회사에서 자꾸 이상한 숫자를 가져오면서 뭘 하라는데 말도 안 된다.'라고 생각하면서 답답해하지만, 이를 반박할 수 없는 사람이 다수일 것이다. 그리고는 '지표'라는 말만 나와도 치를 떨고 편견을 가지고 '지표'라는 것은 굉장히 쓸데없어서 어차피 안 볼 거라는 말을 한다. 안타까운 현실이다. 대부분의 지표가 '허상 지표'가 되어 버렸지만, 그 본질 자체는 분명 의미 있고 충분히 잘 만들어 사용하기만 한다면 마법의 숫자와 구분할 수 없는 것이 지표다.

지표란 무엇인지 알아 두기라도 한다면, 사람들이 제시하는 숫자가 제대로 된 것인지 판단할 수 있는 시야를 가질 수 있다. 처음에는 개인 공간에서 지표를 조금씩 활용하다가 점점 활용 범위를 넓혀 갈 수도 있고 타인에게도 제안할 수 있을 것이다. 그렇게 작은 곳에서부터 '지표의 마법'의 힘을 찾을 수 있기를, 그 힘을 더 많은 사람들이 누릴 수 있게 되기를 빌어 본다.

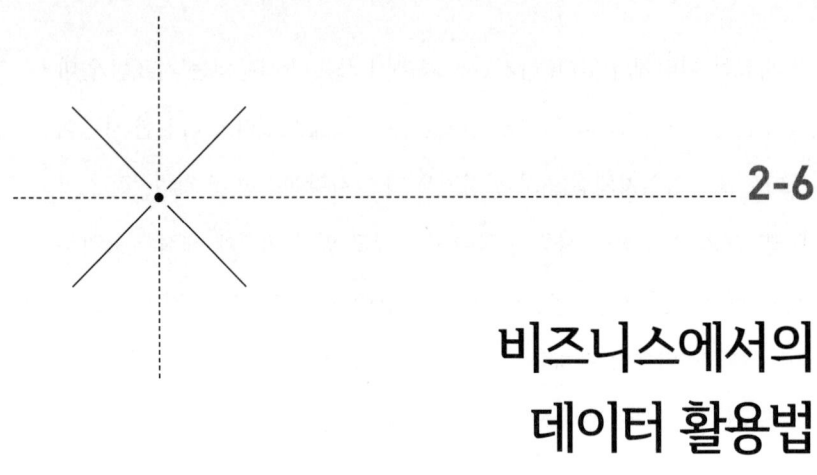

비즈니스에서의 데이터 활용법

데이터를 다루지 않는 많은 직장인들이 자신의 회사가 '데이터 기반'으로 무언가를 하고 있음을 알고는 있지만 여전히 '데이터'가 자신과는 먼 일이라고 생각한다. 데이터 관련 업무를 하는 사람들은 다른 부서와 더 많이 협업하고 회사에 더 크게 기여하고 싶은데 쉽지 않다며 한숨을 내쉰다. 회사에서는 사원들에게 데이터에 대한 인식을 확장하려는 노력의 일환으로 데이터 교육을 진행하고 데이터 부서와 타 부서의 협업 기회를 늘리고자 이런저런 일을 시도하지만 노력 대비 성과는 적고 대화의 골은 깊어만 간다.

   데이터 과학 업무가 비즈니스의 구성 요소가 된 지 오래되지 않다 보니 이미 협업 구조가 일정하게 형성되어 있을 것이고 데이터를 다루는 사람이 갑자기 중간에 끼어 협업을 요청하려면 남들보다 더 노력해야 하는 상황이다. 하지만 협업이란 같이하는 것이라 아무리 데이터 일을 하는 사람들이 노력한다고 해도 다른 쪽에서 협조해 주지 않으면 일을 할 수 없다. 데이터가 이제 사람들 사이에도 널리 인식되고 있지만, 여전히 자신의 일과 데이터가 관련되어 있다고 생각해 보지 못한 경우가 대부분이다.

데이터 분석이 '데이터 기반으로 의사 결정을 할 수 있도록 관련 문제를 해결하는 일'이라고 하면 왠지 데이터 분석은 경영자와만 관련된 일처럼 보이기도 한다. 하지만 따지고 보면 모든 일에는 의사 결정이 필요하기에 회사 내에서 어떤 의사 결정을 하든 관련 데이터가 있다면 이를 분석해 내는 것이 도움이 될 수 있다. 기본 지표부터 복잡한 기능 구현까지 데이터가 관여할 수 있는 부분은 생각보다 많다. 서비스마다 내부 조직 구조나 업무, 데이터는 많이 다를 것이다. 하지만 어느 정도 공통된 부분은 있기 마련이고 데이터 조직과 함께 일할 수 있는 부분도 분명 많다.

회사에서는 데이터를 다양하게 활용해야 하고 사내에 데이터가 잘 흘러야 한다고 하지만, 데이터를 제대로 사용하지 못한다면 결국 아무 소용이 없다. 무작정 데이터가 잘 흐르고 있을 거라고 생각하고 그 내용을 들여다보며 관찰하지 않으면, 실제로 그 데이터가 각각의 기관이나 부서에서 잘 사용되지 않고 그저 흘러가기만 할 수도 있다. 또는 각 조직에서 데이터를 열심히 고문해서 데이터 품질을 더 나쁘게 만들고 있을 수도 있다. 그래서는 열심히 펌프질하고 길을 만드는 일이 아무런 소용이 없다. 오히려 데이터가 고여 있느니만 못하다. 그래서 데이터를 잘 흐르게 하는 것만큼이나 데이터를 잘 활용하는 방법을 이해하는 것이 중요하다. 이것은 그다지 어려운 일이 아니다.

일반적으로 회사에서 데이터를 사용하는 형태는 크게 5가지 정도가 있다.

우선 데이터로 주요 지표를 정한다. 지표를 정하기에 앞서 회사의 목적을 명확히 하고 이에 맞는 목표와 이에 걸맞은 지표, 수치를 정한다. 그리고 이를 기반으로 대시보드를 사용하거나 지표 기록 파일을 업데이트하는 등 지표를 모니터링할 방안을 설정한다. 경영진에게만 해당되는 일이 아니며 목표가 있고 그 수치를 데이터로 확인할 수 있는 모든 부서에서 가능한 일이다. 심지어는 개인의 업무 목표 설정에도 사용할 수도 있다.

다음으로 사용자의 사용성 파악이 있다. UX(User Experience, 사용자 경험) 관련 부서에서는 사용자가 기능을 본래 의도에 맞게 사용하고 있는지, 사용자가 어떤 부분에서 어려움을 겪는지 다양한 방법으로 파악하기 위해 노력한다. 전통적인 디자인 프로젝트에서는 주어진 요구사항에 맞게 산출물을 내는 프로세스가 주된 형태였다면, 최근 린 방식을 적용한 디자인 프로젝트의 형태는 가정과 MVP에 대한 피드백으로 이루어진다. 이 과정에서 MVP로부터 만들어진 사용자의 제품 사용 데이터를 수집해서 이를 피드백으로 구성하고 이를 통해 다시 제품을 개선하는 것이 핵심이다. 굳이 MVP 개념을 사용하지 않더라도 이제는 데이터를 통해 실제 사용자가 어떻게 기능을 활용하고 있는지 알 수 있어 이를 반영하지 않을 이유가 없다. 제조 분야나 실제로 완제품에 수정을 가하기 어려운 경우라면 어쩔 수 없지만, 많은 온라인 서비스는 지속적으로 업데이트되므로 데이터를 통해서 실제 사용성을 확인하고 이후 업데이트에 반영하는 일은 필수가 되었다. 많은 디자이너가 구글 애널리틱스 같은 제품 분석 도구가 제공하는 대시보드로 요약해서 보여 주는 데이터를 확인하고 확인하기 어려운 부분에 대해서는 데이터 과학자와 상의해서 데이터를 추적하고 비교하고 분석한 후, 다음 디자인 기획에 반영한다.

사용성을 사후에 확인하고 이를 다음 기획에 반영하는 것 외에도 A/B 테스트 등의 실험 설계를 하여 좀 더 적극적이고 선제적으로 데이터를 활용할 수도 있다. 이는 디자인 분야에서 가장 손쉽게 사용되지만, 디자인 개선 외에도 활용도가 매우 높다. 실제로도 기능 추가, 사용자 군집 비교 등에 활발히 사용되고 있으며 A/B 테스트 자체도 여러 방면으로 개선되어 활용되고 있다. 좀 더 유의해서 사용해야 하지만, 이런 테스트를 통해 데이터를 선제적으로 활용하는 것은 적극 추천한다.

데이터가 가장 유용하게 사용되는 부분 중 하나는 고객 분석이다. 제품과 서비스를 기획하고 디자인할 때 일정한 페르소나를 설정한다. 그리고 이후 사용자의 유형이 어떻든 설정한 페르소나에 사용자의 모습을 투영하고 이를 기반으로 마케팅을 하고 반응을 상상한다. 하지만 실제 사용자는 소수의 사람만이 사용하는 서비스가 아닌 이상 설정된 페르소나에 해당하는 한두 종류의 사람일 수 없고 여러 고객은 다양한 형태로 다양하게 서비스를 사용하고 이런 경험은 어떤 하나의 정해진 형태로 나타나지 않는다. 그리고 심지어는 많은 사용자의 사용 행태가 상상한 페르소나와 다른 모습으로 나타나기도 한다. 이런 모습에 대해서 데이터에게 물어볼 수도 있다.

아무것도 없는 상태에서는 처음 설정한 페르소나를 토대로 다양한 것을 기획하고 생각할 수 있다. 하지만 일단 제품이 만들어지고 고객이 활동하고 그 데이터가 축적되면, 실제로 고객의 형태를 확인할 수 있고 그 고객에게 시행한 이벤트의 효과 분석을 할 수 있고 이를 통해 우리 고객에게 더 적합하고 효과적인 프로모션을 수행할 수 있다. 그러면 비용 대비 높은 효과를 얻을 수도 있을 것이고 고객 타기팅도 훨씬 정교해질 수 있을 것이다. 보통 직관적으로 추정하는 인구통계학적 기반 타기팅이 점차 비효율적이라는 이야기[28]도 나오는 추세고 다양한 데이터로 정교한 타기팅이 가능한데, 굳이 처음에 설정한 형태의 고정관념에 사로잡혀 있을 이유가 전혀 없다. 그리고 이는 데이터 과학자가 가장 잘할 수 있는 일 중 하나기도 하다.

마지막으로 제품에 데이터와 직접적으로 관련된 기능을 넣을 수 있다. 보통 많이 사용하는 것은 다양한 개인화 추천과 순위, 시간 예측 등의 예측 분석 관련 기능이다. 이는 데이터가 제품 전면에 나서서 활약하는 형태로, 기획, 개발 등의 제품 관련 부서가 데이터를 긴밀하게 활용하고 데이터 관련 부서와 적극적으로 협업하는 형태로 이루어질 것이다. 데이터 과학자는 이런 예측 분석 기능에는 기획 단계부터 활발히 참여하고 데이터를 남기고 사용에 적합하게 처리하고 알고리즘을 만든다. 데이터 엔지니어와 협업해서 이에 대한 자동화를 하고 이를 실제 서비스에 어떻게 보내고 보여줄지 개발자와 협업하고 기능이 실제로 잘 동작하는지를 파악할 방안을 구상한다. 많은 데이터 과학자가 가장 관심을 가지는 형태의 협업이고 기능인 만큼 실질적인 서비스와 고객에 대해 다 같이 심도 있게 고민해야 하는 일이기도 하다.

이와 같이 데이터를 각각의 기관에서 가져와 각자의 업무에 적극적으로 활용할 수 있다. 이 과정에서 더 필요한 데이터를 쌓고 잘못 기록된 데이터를 수정하고 보완하며 데이터의 전달 방식도 다듬는다. 그러면 데이터 과학자는 이를 사용해서 다음에는 더 적절한 인사이트를 전달하게 될

---

[28] DAVID Z. MORRIS, "Netflix says Geography, Age, and Gender Are 'Garbage' for Predicting Taste" FORTUNE, March 28, 2016, https://fortune.com/2016/03/27/netflix-predicts-taste/

것이고 더 나은 피드백을 받고 각 기관에서 더 데이터를 활발하게 사용하게 되는 식의 선순환이 이루어질 것이다. 이것이 진정한 데이터의 흐름이 아닐까 생각한다.

이런 데이터 흐름은 당연하지만 갑자기 나오는 것은 아니다. 데이터가 잘 흐르는 완성형 모델을 보고 부러워졌다면, 우리도 이렇게 할 수 있을지 고민해 봐야 한다. 데이터를 흐르게 하기 위해 노력을 하고 있지만 이상하게 잘 되지 않는다면, 몇 가지를 좀 더 고민해 봐야 한다.

일단 데이터에 익숙하지 않은 사람들은 데이터로 문제를 해결하는 과정 역시 낯설 것이다. 이는 당연한 일이다. 많은 경우 사람들은 문제를 직시하고 문제를 풀어 결과를 전달하는 데에는 집중하지만 그 사이에서는 생각을 잘 하지 못한다. 그러다 보니 데이터가 필요하다는 것을 알고 중간은 다른 사람에게 시키고는 적당히 본인이 생각하는 형태의 데이터를 가져온 후 이를 가지고 마음대로 판단을 하려고 한다. 혹은 아직 데이터를 다루는 과정에서 통계나 기술적 과정이 부족한 상태로 일을 처리하고 결론을 내리려고 하는데, 이를 다른 사람이 발견하고 지적할 수도 있고 이는 분명 즐거운 일은 아니다. 이런 과정에서 마찰이 생길 수 있다.

데이터를 사용하는 것은 단순히 수단으로 데이터를 사용하는 것을 의미하지 않으며 일하는 방식과 패러다임까지 데이터 중심으로 바꾸는 것을 의미한다. 데이터를 기반으로 문제를 풀 때는 기본적으로 데이터 분석 프로세스를 따르게 된다는 것을 이해하자. 새로운 능력의 동료와 데이터라는 새로운 자산이 수단이 아닌 협업 대상임을 이해해야 한다. 필요한 데이터를 찾아서 가공하는 것을 문제에 적절하게 적용하는 것이 중요하고 이 과정을 다른 사람(데이터 과학자 등)에게 맡기고 처음과 끝만 취하려 하는 것은 데이터를 쓴다고 할 수도 없는 것이고 문제를 복잡하게 만들고 오래 걸리게 만들고 일이 제대로 이루어질 수 없게 한다.

이해해야 할 것이 많아지면 데이터를 사용하는 것 자체가 부담스러워지고 어렵게 느껴진다. 하지만 앞서 말한 것들은 우리가 이미 해 오던 일에 조금 새로운 협업을 추가하는 것뿐이고 그 본질은 달라지지 않았다. 대부분의 경우 데이터와 함께 하는 일은 '문제를 푸는 것'이다. 그리고 우리는 모든 일에서 항상 문제를 풀어 왔다. 다만, 이것을 조금 더 객관적이고 명시적으로 할 뿐이다. 그리고 이렇게 하면 그 답은 보다 뚜렷해지고 덜 위험해질 수 있다. 그리고 그 과정도 조금 낯설 뿐 어렵지 않다.

우선 문제를 만났다면 이를 중립적인 언어로 풀고 명확하게 정의를 해야 한다. 마크 트웨인은 본인의 자서전에서 "세상에는 세 가지 종류의 거짓말이 있다. 거짓말과 새빨간 거짓말, 그리고 통계."라고 말했다. 기록 여부에 기록 관리자의 의도가 반영되기는 하지만 데이터 그 자체는 해석 이전에는 특정 문제에 기울어져 있지는 않다. 데이터를 필요한 형태에 맞게 변형하고 가공하고 계산하는 과정에서 이 데이터가 거짓을 말하기도 중립적인 내용을 말하기도 한다. 데이터를 집계하고 가공하는 과정에는 정밀한 기준과 순서가 필요한데, 이를 가능하게 하는 것은 명확한 정의다. 어떤 정의와 용어를 사용한다고 해서 다른 사람도 똑같은 기준으로 해당 정의와 용어를 바라볼 것이라고 생각해선 안 된다. 사람들의 생각은 다양하고 상식은 적은 범위에서 공유된다. 'timestamp'라는 이름이 붙은 데이터값에 들어 있는 숫자를 서울 시간대로 여기고 사용했는데, 알고 보면 그리니치 표준 시간대였을 수 있고 'name'이라고 이름이 붙은 데이터셋에는 제품 이름이 들어갈 거라고 생각했지만 회원 이름이었을 수도 있다.

이런 차이는 서로 다른 부서 사람 간에는 더욱 크게 발생할 수 있다. 그래서 데이터를 사용할 때 가장 중요한 것은 본인이 사용하는 용어와 문제에서 말하는 정의를 데이터에 맞게 명확하게 확립해 놓고 공유하며, 사용하는 것이다.

또한 나의 문제에 데이터를 적절하게 적용하는 게 필요한데 데이터를 어느 범위에서 넣어야 할지 모르겠다면 문제를 쪼개서 보는 것을 생각해 보자. 문제를 쪼개고 그 문제에 필요한 데이터가 무엇인지를 찾자. 여기까지 생각해도 잘 모르겠다면, 데이터 전문가가 사내에 있는 경우에는 데이터 전문가에게 물어보자. 아니라면 데이터를 사용해 본 사람과 의논하는 것도 좋은 방법이다. 약은 약사에게, 진료는 의사에게, 데이터는 데이터 과학자에게.

그 후 문제에 들어가면, 그 문제에 대한 예상 답안을 '가설'이라는 말로 풀어 놓는 것을 많이 볼 수 있다. 많은 사람이 '가설'을 단순히 자신의 머릿속에 있는 '생각'과 착각한다. '강남 신세계 백화점이 강북 신세계 백화점보다 매출이 더 높을 거야', '서울 관악구는 책이 많이 팔리니까 술도 많이 팔릴 거야' 등. 하지만 원래 가설은 특히 데이터로 수치를 만들 때 쓰는 통계학에서의 가설은 그런 것이 아니다. '실험 계획법'을 발전시킨 통계의 대부 격인 로널드 피셔가 실험 계획법을 만들 때 정의했던 실험의 주 가설인 귀무가설[29]은 그런 것이 아니었다. 실험에서 기준으로 사용하는 귀무가설 혹은 영가설은 오히려 실험에서의 원래의 추측과 '반대되는 가설'이며 이를 반증하는 방식으로 실험을 설계하고 진행한다. 이는 '무죄 추정

---

29 실험에서 추정하는 '효과'가 없을 것이라고 생각하는 가설. 이 가설을 부정하는 방향으로 실험을 설계한다. 반대개념으로는 '대립가설'이 있다.

의 원칙'과 같이 어떤 가설이 증명이 되기 전까지는 이에 반대되는 상황을 기본으로 한다.

하지만 요즘 많은 사람이 데이터를 통해 의사 결정한다고 할 때, '실험' 혹은 '데이터 기반 증명'한다고 하면서 'B다'라는 가정 자체를 그대로 '가설'이라고 부르고 이를 증명하기 위해 데이터를 분석하는 것을 왕왕 보게 된다. 물론 상세한 가설을 세우고 실험을 하는 것은 참 중요하고 좋은 접근이기도 하다. 하지만 '가설'과 개인의 '추측' 또는 '확신'을 구분하지 못한다면 이런 가설은 세우지 않는 것이 낫다. '가설'을 빙자한 자신의 '추측'에 대한 답을 만들려고 하는 것은 '데이터 분석'이라는 탈을 쓴 '데이터 고문'일 뿐이다. 차라리 '일단 잘 모르겠으니 A의 상태를 확인하자. 그 이후에 B를 정해야겠어.'라는 방식이 훨씬 더 논리적이면서 데이터에 기반한 접근에 가깝다.

그리고 실험에서 시간 차원을 고려하는 것도 필요하다. 요즘의 기업 환경은 빠르게 변하고 많은 회사의 제품 또한 빠르게 변한다. 그런 변화가 실제로 고객에게 어떤 영향을 미쳤는지를 지속적으로 확인하고자 한다. 그리고 이제는 많은 곳에서 여러 데이터를 다양하게 수집하고 있으므로 데이터를 이런 변화 파악에 활용하기도 좋을 것이다. 그리고 실제로 그렇게 하고 있고 이런 효과 분석 방식을 조금 틀어서 A/B 테스트 등에도 활용하고는 한다. 그런데 여기서도 많은 사람들이 놓치고 있는 것이 있다. 이건 당연한 이야기라고 생각하지만 실제로 데이터를 보다 보면 자꾸 망각하는 사람들이 나온다. 어떤 이벤트와 어떤 것의 효과를 볼 때는 데이터를 '시계열'로 봐야 한다는 것이다.

모든 일에는 전후가 있고 발생한 시간이 있으며 무언가의 효과는 그 이후의 시간을 타고 흐른다. 그래서 어떤 일에 대한 반응을 살필 때는 시계열 데이터를 보고 전후를 봐야 한다. 그리고 시계열로 데이터를 들여다보게 되면 더욱 많은 것이 눈에 들어올 것이다. 어떤 서비스에서 안드로이드 앱을 업데이트한 후 사용자가 아이폰 앱 사용자보다 늘었다고 할 때, 지금 안드로이드 사용자 수가 점진적으로 증가하는 상태여서(trend) 앱 업데이트를 안 했어도 계속 늘었을 텐데 굳이 앱 업데이트 때문에 잘된 것처럼 보이는지, 혹은 안드로이드 사용자가 원래 많았어서 업데이트 후에도 안드로이드 사용자가 더 많은 건지(실험군 및 실험 환경 설정) 말이다. 단순히 안드로이드 업데이트 후 안드로이드 사용자가 더 많았다고 '이 업데이트는 성공적이야'라고 말할 수는 없는 것이다. 물론 이렇게 말로 할 때는 '당연한 이야기를 왜 이렇게 구태여 하고 있나'라고 생각하지만, 실제 상황이 되면 당장의 일에만 신경 쓰고 눈앞의 숫자에 경도되어 전후 상황 고려 같은 것은 잊어버리게 되는 것이다.

모든 일은 그 일과 엮인 모든 사람의 적당한 협의를 통해 균형을 잡게 된다. 어느 한쪽만 신경 써서 되는 일은 아무것도 없다. 서비스에서 데이터를 다양하게 사용하기 위해서는 문제를 해결하려는 당사자의 역할도 중요하지만, 그 데이터를 관리하고 그에 대해서 이해하고 그것이 더 익숙한 데이터 관계자의 역할 또한 무시할 수 없다. 많은 데이터 과학자 및 데이터를 만지는 사람은 사람들이 데이터를, 우리가 만든 분석을 잘 이해하지 못한다고 불만이 많다. 그러면서 데이터를 오용한다고 슬퍼한다. 사실 틀린 말은 아니다. 나 역시도 참 답답하고 많은 데이터 과학자가 이를 답답해한다. 하지만 언제까지 불만만 가지고 살 수는 없다. 물론 다 만들어진 예쁜 데이터, 필요하게 만들어진 숫자를 가져다 쓰는 것이 데이터를 사용하는 것은 절대 아니며 현재 주어진 데이터를 올바르게 가져다 쓰는 것이 각자의 몫인 것은 맞다. 하지만 어디에 어떤 형태의 데이터가 있다는 것을 알려주고 데이터를 적용하면 어떤 것이 좋아질 수 있는지 이해할 수 있도록 알려주는 것, 데이터를 어떤 식으로 사용해야 최대한 객관성을 유지할 수 있는지 말해 주는 것은 데이터 과학자의 몫이다. 쉽지는 않겠지만 데이터가 필요해 보이는 사람과 좀 더 이야기를 하자. 할 수 있다면 일단 사람들에게 데이터를 보여 주고 그것으로 간단한 문제 해결을 할 수 있게 도와주자. 물론 거기서 나아가서 서비스에서 데이터가 제대로 사용되는지를 알고 그 서비스 내에서 많이 활용되는 데이터를 찾고 그 데이터부터 차근차근 더욱 접근하기 쉬운 형태를 고민하고 만드는 것 역시 데이터 과학자의 역할일 것이다.

    데이터 과학자는 여러 생각을 데이터로 번역하는 일종의 번역가 같다고 말하곤 한다. 많은 사람이 데이터가 필요하다고 말은 하지만 데이터를 어떻게 써야 할지, 데이터를 활용하려면 어디서부터 시작해야 할지도 모른다. 처음 하는 사람이라면 무엇을 물어봐야 할지도 모르는 게 당연하다. 또한 데이터를 써 봤다고 말은 하면서도 데이터를 흐르게 할 생각은 하지 않고 자신이 그냥 편하게 갖다 쓸 생각만 하는 사람도 부지기수다.

    그러는 편이 자신의 일을 포장하기에 더 편했기 때문에, 그 사람들에게는 데이터는 그저 자신의 일을 빛나게 할 수단이고 남의 일일 뿐이라고 여기며 데이터를 본인의 입맛에 맞게 해석하는 것이 당연했기 때문이다. 데이터라는 것이 기업에서 어떻게 장기적으로 흐르게 할 수 있는지 그런 생태계 따위는 낯선 것이다. 이런 사정을 고려해야 하는 것이 데이터를 만지는 사람의 역할이고 데이터가 회사 전체 차원에서 흐르다 보니 그 안에 퍼져 있는 사람들에게도 동의를 구해야 할 수밖에 없다. 모두가 알아서 잘 이해하고 알아서 잘 사용하면 좋겠지만 그런 낙원은 현실에는 아마도 존재하지 않을 것이다.

하지만 데이터를 잘 사용하고 데이터가 회사의 다양한 분야에 계속적으로 잘 어우러져서 사용할 수 있다면 정말 좋다는 것을 데이터를 직접 만지는 사람 외에도 알아주는 꿈을 꾸곤 한다. '데이터가 이렇게 끝내주는데!'라고 길거리에서 외칠 수는 없지만, 기존에 데이터 없이 일하던 사람들이 데이터를 정말로 잘 사용해서 일이 멋지게 진행되는 것을 직접 경험해 보았으면 좋겠다. 그래서 사람들이 데이터에 대해 생각해 볼 기회가 있었으면 한다.

자신이 하는 일이 데이터와 상관없어 보여도 회사에 무언가 숫자가 돌아가고 있는 게 보인다면 그것은 분명 내부 어딘가에 데이터가 기록되고 있다는 뜻이다. 그렇다면 회사에서 어떤 데이터를 볼 수 있는지 다른 사람들과 이야기를 해 보자. 분명 나의 일에도 데이터가 도움이 되는 부분이 있음을 알게 될 것이다. 지금 당장 할 수 있는 것은 없더라도 최소한 앞으로 필요한 데이터를 쌓기 시작할 수도 있지 않을까? 어쩌면 데이터 밑에 깔린 함의를 좀 더 읽어 보려고 하는 사람도 있지 않을까? 어쩌면 협업을 새로 시작하게 되어 데이터 과학자나 같이 일하는 사람이나 모두 좋은 시너지를 얻을 수 있을지도 모른다. 그리고 그런 시너지를 통해 많은 사람이 보람을 느끼면 좋겠다.

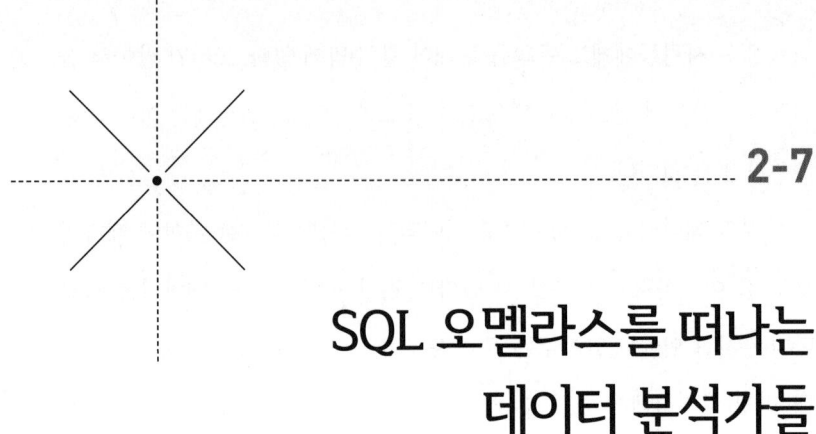

2-7

SQL 오멜라스를 떠나는 데이터 분석가들

> **비즈니스 분석가(Business analyst, BA)**: 조직이나 비즈니스 도메인을 분석하고 비즈니스, 프로세스, 또는 시스템을 문서화하여 비즈니스 모델이나 기술과의 통합을 평가하는 사람
>
> (위키피디아에 정의된 비즈니스 분석가(BA))

내가 처음 회사에 들어갔을 때, 내 명함에 찍혀 나온 직함은 'Business Analyst'였다. 기업용 솔루션 회사였는데 보통 레벨이 0인 사람에게 할당한다는 직함이었다. 아무것도 모르던 신입 사원의 눈에 비친 그 직함의 무게는 엄청나서 내가 이것을 감당할 수 있을까 하는 생각에 당황하기도 했다. 하지만 내가 맡게 된 일은 기술 컨설팅 업무였고 데이터와 기업 솔루션이다 보니 비즈니스 도메인을 알아야 하고, 프로세스를 알아야 하며

시스템을 이해해야 했으니 아주 관계없는 직함은 아니었다.

그러다 '데이터'에 초점이 맞춰진 일을 하게 되면서 자연스럽게 내 직함도 'Data Analyst' 혹은 'Data Scientist'로 바뀌어 갔다. 그러면서 BA라는 직함도 자연스럽게 잊혀 갔다. 이땐 내가 직접적으로 다시 볼 일은 없는 직함이라고 생각했다.

하지만 오히려 지금 이 직함을 점차 많이 듣게 되었다. 몇 년 전 어느 회사의 대표님과 데이터 과학자에 대한 이야기를 한 적이 있다(간단히 L이라고 부르겠다).

> L: 우리에게 필요한 건 DA(Data Analyst)가 아닌 BA예요. 당신은 DA고 그래서 당신은 우리와 어울리지 않아요.
> 나: BA요? BA는 무슨 일을 하는 사람이라고 생각하시나요? DA와 무슨 차이가 있죠?
> L: DA는 그 데이터 과학자라고 하는… 자체적으로 어떤 주제에 대해 데이터를 분석하고 활용하는 사람이라면, BA는 비즈니스에서 필요한 데이터를 경영진이나 마케터 등에게 가져다주는 사람이지요.

나는 이게 무슨 소리인가 싶어 어안이 벙벙했다. 언제부터 BA의 정의가 이렇게 되었던가. 이 말은 나에게는 여러모로 이상하게 들렸다. 그 이유는 우선 사전적 정의와 다르고 경험해서 알고 있던 것과도 너무나도 달랐기 때문이다. 물론 특정 직업이 하는 일이 시대가 지나면서 변하기 마련이지만, 이미 다른 영역에 잘 자리 잡고 있는 직업에 왜 다른 의미를 가져다 넣는 건지 이해할 수 없었다. IT 분야에서 기존에 이미 있던 개념을 새로 설명할 때 약간의 반짝이를 뿌려 관계없는 이름을 가져다 붙이는 일을 목격한 것이 하루 이틀이 아니지만, 이미 잘 쓰이고 있는 단어라고는 전혀 생각하지 않았을까? 대체 어떤 맥락에서 BA라는 직업이 이런 뜻으로 쓰이게 된 건지 도통 이해가 안 됐다.

그뿐이 아니다. 비즈니스에 필요한 데이터를 만들고 분석해서 필요한 곳에 가져다주는 것까지 데이터 과학자의 일인데, 따로 데이터만 가져다주는 역할이 필요할까? 정말로 데이터만 가져다 쓰는 일이 너무나도 많고 아무리 나누어서 해도 답이 없는 상황이라-실제로 이런 상황은 '만들어 내지' 않는 한 어렵다고 생각하지만- 필요하다고 해도 왜 이 역할이 하나의 직업으로 존재하게 되는 것인지 모르겠다. 저 BA라는 정의는 10-20여 년 남짓 즈음에 존재하던 '데이터 추출하는 사람'의 정의와 매우 비슷하다.

2000년대 초반, 피터 드러커나 토머스 데이븐포트 같은 경영 분야 구루들은 측정, 지표, 데이터 분석을 강조하며 숫자를 경영에 활용해야 한다고 공언했다. 그리고 이즈음 여러 곳에서 숫자의 필요성을 조금씩 인식하고 있었고 이 숫자가 (간단한 정도는) DB에 기록되고 있었다. 하지만 지금처럼 데이터 플랫폼이 발달하지 않았던 때에는 많은 사람에게 DB는 접근하기 너무 어려운 플랫폼이었고 DB 관리자도 데이터에 여러 사람이 접근할 경우에 발생할 과한 트래픽과 서비스 장애, 권한 문제 등을 우려했다. 그래서 데이터 추출 요청이 드문 경우엔 DB 관리자가 직접 데이터를 전달했고 그러다 데이터 추출 요청이 빈번해지면 데이터를 추출하는 인력을 따로 두었다.

이 때문에 데이터를 필요로 하는 사람은 데이터를 이해하지 못하고 데이터를 추출하는 사람은 현업을 이해하지 못하는 경우가 발생해 간단한 일에도 과한 커뮤니케이션 비용과 시간이 소모되기도 하였다. 데이터를 추출하는 사람에게는 데이터를 잘 모르는 사람의 모호한 요청 사항을 해석하고 데이터를 명확하게 만들어 내는 능력이 요구되었는데, 어설픈 궁금증에서부터 문제를 정의하여 해석, 정리까지 할 수 있게 되었다. 더 나아가 SQL과 DB를 다루는 능력을 더 기르게 되면서 이런 사람들은 더 이상 데이터만 추출하는 곳에 남아 있지 않게 되었다. 그렇게 'SQL만 하는 사람'이란 직업은 사라졌다. 이런 과정을 옆에서 직접 보아 왔던 나와 주변 사람들은 데이터를 사용하려는 사람은 데이터를 어느 정도 이해해야 한다고, 세상이 그렇게 되어 간다고 생각했다.

사람들은 다시 과거로 회귀하려는 걸까? 어쩌다 데이터 세계의 시계바늘이 반대 방향으로 돌아가는지 궁금해진 나는 주변 사람들에게 물어보았다. 어디서부터인지는 모르겠으나 BA 같은 개념이 생겨난 이유는 몇몇 회사의 경영진이 의사 결정에 데이터와 지표를 적극적으로 활용하고 여러 부서에서 여러 사람이 빠르게 데이터를 보고 의사 결정을 하게 되면서 각자에게 맞는 (주로 단순한) 데이터를 여기저기서 빠르고 보기 쉽게 만들어 줄 사람이 필요하게 되었기 때문이다. 비즈니스에 필요한 데이터를 준다는 의미에서 DA와는 다른 BA라는 이름을 붙이게 되었다고 한다.

역시나 이는 내가 의아하게 생각했던 '데이터 추출하는 사람'과 역할이 크게 다르지 않았다. 이런 직업의 미래가 뻔히 보였고 역사란 반복되기 마련이다. 이런 일이 필요하다고 생각하는 사람들과 좀 더 이야기를 해 보면 이 사람들도 혹여 이런 미래를 예상할 수 있지 않을까 생각했다.

> 나: 그렇다면 원하시는 BA의 자격 요건이 뭔가요?
>
> L: 빠른 커뮤니케이션이요. 일반적인 정의는 별로 중요하지 않아요. 같이 일하는 사람들이 쓰는 말을 빠르게 알아듣는 게 필요하지요.
>
> 나: 네? 그러면 상대방이 '콩'이라고 하면 알아서 '콩떡'으로 알아듣고 관련 데이터를 뽑다 주는 건가요?
>
> L: 틀린 말은 아니네요.
>
> 나: ….

더 이상 할 말이 없어졌다. 이는 데이터를 완전히 지원 수단으로 보는 시선이었다. 데이터를 추출하는 사람을 단순히 자신의 일을 위한 종으로 보는 것 아닐까? 데이터가 모든 사람의 '지원 수단'일 뿐이고, 그것을 적재적소에 '갖다 바치는' 일이 필요한 세상. 모두가 원하는 세상이 그런 세상일까?

물론 사람들이 데이터를 원한 것이 그런 목적에서였을지도 모른다. 하지만 아쉽게도 데이터란 그렇지 않다. 한 번도 데이터는 그런 목적으로 존재했던 적이 없었다. 데이터 기반 의사 결정이라는 개념이 대두된 것도 데이터가 독립적인 존재였기 때문이 아니었던가. 중립적인 근거를 기반으로 의사 결정을 하고 모델링을 하기 위해 데이터에 주목한 것 아니었나? 데이터의 중립성과 사전적 정의를 무시한 채 왜 입맛에 맞게 데이터를 빠르게 취하기만을 바라고 이를 전담하는 사람을 두고 그를 일컫기 위해 비합리적인 이름까지 부여하게 된 걸까?

기본적으로 자신에게 필요한 데이터를 추출하고 분석하여 결론을 도출하는 것까지 최대한 한곳에서 수행하는 것을 지향해야 한다. 늘 이야기하지만, 데이터 분석에서 7-9할이 데이터를 끌어오고 가공하는 일이다.

물론 익숙하지 않은 사람이 처음부터 데이터에 직접 접근하기는 어려울 수도 있고 다른 사람의 도움이 필요할 수도 있다. 하지만 도움을 받는 정도가 아니라 아예 원하는 대로 입맛에 맞춰 정돈된 지표 또는 지표까지는 아니어도 어느 정도 가공된 데이터를 받으려고 하고 이를 전문으로 하는 직업을 만들어 사람을 뽑는 것을 보면 이기적이라는 생각밖에 들지 않았다. 이 작업을 남을 시키고 가져온 데이터만 가지고 단물만 뽑아 먹겠다는 것은, 재주는 곰이 넘고 돈은 서커스 단장이 받는 소리와 같이 느껴졌기 때문이다. 늘 이야기하지만, 데이터 과학자는 데이터 추출하는 사람이 아니다. 단지 본업이 분석이기 때문에 분석할 데이터를 직접 가공할 줄 아는 것뿐이다. 그래서 이 사람들이 데이터 과학자가 아닌 'BA'를 찾는 것이기는 하다. 다들 데이터 분석가, 데이터 과학자가 그런 일만 하는 사람이 아닌 것은 알지만, 여기에 분석이니 과학이니 하는 이름을 붙이면 느리기만 하고 자기 입맛에 맞는 이야기를 듣기가 힘드니까 말이다.

그리고 그보다 더 중요한 사실이 있다. 데이터를 다루는 사람에게 기본적인 수학, 기술 지식만큼 혹은 그 이상으로 중요한 것이 논리력이다. 그리고 그 논리의 밑바탕을 이루는 것은 정확한 정의다. 원래 정의대로 사용하지 않고 회사마다, 사람마다 다른 표현을 쓰는 바람에 무수한 궤변과 말도 안 되는 비약과 결론이 횡행하고 있지만, 데이터를 다루는 사람이라면 이런 일이 최대한 일어나지 않도록 밑바탕부터 정의를 명확하게 잡아두고 그 위에 적합한 데이터로 논리를 쌓아야 한다. 문제를 명확히 정의하고 논리적으로 주어진 조건을 명시하고 그 안에서 최대한의 해법을 끌어내는 게 데이터 과학자의 일이다. 그런데 이런 일을 하는 사람에게 '같이 일하는 사람의 말'을 정의로 생각하고 잘 알아듣기를 요구하면 뭐라고 답해야 할지 모르겠다.

물론 높은 공감대 형성은 빠른 일 처리에 도움이 된다. 하지만 정제되지 않은 정의는 상황에 따라서 왜곡되기도 쉬우며 이미 객관적 정의가 있는 경우에는 내부의 정의가 이와 충돌할 수 있다. 이런 충돌 상황에서 내부에서 정한 임의의 정의를 더 우선시해야 한다는 것은 쉽게 받아들이기 힘들다. 데이터를 보는 사람에게는 '당연함'이란 것이 없다. 당연함과 익숙함의 타성에 젖게 되면 데이터 과학자는 데이터를 볼 때 어떤 패턴이나 신호를 감지하지 못한다. 그래서 심지어 아는 것도 다시 확인해 보아야 하는 것이 이 직업의 특성이다.

속도와 편리함에 젖어 이런 특성을 잃어버린 사람을 'BA'라는 이름으로 뽑겠다는 것은 난센스다. 애초에 데이터를 대하는 기본 자세가 아닌 것이다. 더불어 이렇게 만들어진 문제니 정의를 사용하던 사람이 과연 다른 곳에서 일하게 되었을 때, 특히 데이터 과학자 일을 하게 되었을 때 과연 그 일을 잘할 수 있을까? 물론 어느 정도 단순 데이터 추출 작업을 돕는 것도 회사의 비즈니스나 데이터를 이해하는 데 도움이 된다고 생각한다. 하지만 이런 업무만 맡는 것은 장기적으로 그 사람의 업무를 대하는 자세나 전반적인 데이터 분야 커리어를 쌓는 데 도움이 되지 않을 것이라고 생각한다. 일단 별로 재미도 없을 것이다.

기존에 있던 '데이터 추출자' 역할을 하던 사람이, 그런 식으로 데이터 분야의 사람을 활용하던 회사가 어떻게 되었는지를 무수히 목격해 왔지만, 그럼에도 불구하고 사람들의 욕심은 끝이 없고 매번 같은 실수를 반복하는 일도 계속해서 목격하고 있다. 시간이 지나면 이런 일은 없어지겠

거니 생각하며 데이터 관련 영역이 확대되면서 잠시나마 장밋빛 미래를 꿈꾸었던 적도 있다. 하지만 이런 역할은 전혀 없어지지 않았고 아예 다른 직함까지 붙어 가면서 업계가 돌아가는 것을 보면 이제는 별로 할 말도 없다. 특히 스타트업처럼 한 사람이 다루는 영역이 커지면서 여러 가지 일을 하는 멀티 플레이어가 중요하다고 강조하면서 정작 데이터를 다루는 사람에 대해서는 일의 범위를 더 좁히고 구분하고 있으니 이 어찌 우습지 않을까?

물론 처음엔 하나였지만 규모가 커지면서 여러 영역으로 나뉘는 경우가 많다. 프로그래머도 백엔드, 프런트엔드, 인프라 등으로 역할을 세분화하는 것처럼 말이다. 하지만 데이터에서의 '추출'만 따로 떼어 놓는 분류는 과연 이처럼 기능적인 분류라고 볼 수 있을까? 보통 수학이 많이 쓰이고 멋진 결과를 도출해야 할 것 같은 모델링 관련된 일은 데이터 과학자로 분류하기도 하는데, 혹자는 인프라 엔지니어링도 포함하여 데이터 과학자의 역할로 보기도 하며 데이터 분석가와 비즈니스 분석가를 구분하기도 안 하기도 한다. 이렇게 나누는 주체는 누구일까? 과연 데이터 과학자들이 본인의 일이 많아져서 그렇게 나눴을까? 이렇게 일을 나누면 실제로도 명확하게 범위가 나눠질까? 그렇게 빠르고 유연함을 원한다는 기업 환경에서 이렇게 나누면 이 사람들의 일이 빠르고 유연해질까? 회사에서 데이터를 어떻게 필요로 하는지 모르고도 좋은 모델링을 할 수 있을까? 모델링 업무는 영원히 주어지지 않을 텐데 데이터만 뽑으려고 하는 사람이 과연 얼마나 될까?

데이터와 관련된 여러 일은 동시에 이루어져야 한다. 현업 부서 입장에서는 데이터의 '지원'이 느려지는 것 같은 수고를 겪더라도 말이다. 데이터 과학 벤 다이어그램을 보며 항상, '저런 사람이 어디에 있어!'라고 하면서도 버릴 수 없는 이유는, 데이터 과학에는 정말로 도메인 지식과 수학과 컴퓨터 기술이 모두 일정 수준 이상 필요하기 때문이다. 데이터 과학자를 BA나 DS 또는 다른 형태로 구분하려고 하는 사람들은 벤 다이어그램상 비중이 높은 능력이 무엇이냐에 따라 구분한다고 하지만, 내가 가진 능력을 기술 몇 %, 도메인 지식 몇 % 하고 딱딱 측정할 수 있을까? 이런 비중이 계속 일정하게 유지될까? 그리고 필요한 능력을 기르기 위해서는 해당 업무에만 집중하면 될까? 사실 궁극적으로 이상적이지 않다는 것은 다들 알고 있을 것이다. 하지만 당장의 편리를 위해서 단기간의 성과를 위해서 데이터 분야를 열심히 칼로 자르고 있는 것뿐이다. 이 칼질에 실제로 데이터 업무를 하는 사람의 의견은 얼마나 반영되었을까?

대체 그런 구분을 해서 이득을 보는 사람은 누구일까? 하기 싫은 일을 피하고 언제나 꿈꾸던 알고리즘 같은 일에 치중할 수 있는 권력을 가진 일부 데이터 과학자? 사람을 SQL 머신으로 체화시켜서 원하는 데이터만 얻어서 그 숫자만 간단하게 보고 마음대로 판단을 내리고 어쩌다 판단을 잘못 내린 것 같으면 데이터를 추출한 사람 평계를 대면 되는 의사 결정권자?

'이름은 큰 의미 없다', '남들이 쓰기에 나도 써 봤다', '언제든 직무 전환이 가능하고 하는 일이 기계적이고 단순한 거라면 더욱 가능할 거다' 같은 이야기도 할 수 있겠다. 하지만 그 직무가 남아 있다면 결국 또 다른 사람으로 채울 것 아닌가? '이름과 정의가 그렇게 중요한가', '그냥 일을 하면 되지' 하고 생각한다면 굳이 새로운 이름을 만들지 않고, 기존에 있는 이름을 사용해도 될 일 아닌가. 세상에 의도 없는 이름이 있을까? 사람이름에도 많은 의미를 부여하고 최소한 '예쁜 이름을 붙여 주고 싶다'고 해서 이름 짓는 마당에 역할을 구분하고 이름을 부여하여 사람의 운신의 폭을 한정 짓는 일을 왜 해야 할까? 이게 더욱 의미 없는 일 아닐까?

누구든 좋으면 됐다고 생각할 수도 있다. 하지만 잘 생각해 보자. 회사에서 결론적으로 '지원'하는 대상은 '고객'뿐이다. 어느 직원의 일을 다른 일이 지원하는 것은 존재하지 않는다. 다들 각자의 목표가 있고 고객을 지원하기 위해 일이 잘 돌아가게 할 뿐이다. 데이터에 대한 관심도 이런 목적에서 대두된 것이고 이제 기술적으로 데이터를 적극적으로 활용할 수 있게 되어 데이터 과학자도 생기고 엔지니어도 생기고 데이터 부서도 생긴 것이다. 하지만 몇몇 사람은 여전히 오래된 방식에 젖어서 혹은 본인의 일에 맞게 다른 일의 영역을 정해버려도 상관없다고 생각한다. 거기에 멋진 이야기만 하는 돌팔이 데이터 약장사와 그 말에 넘어간 혹은 알면서도 눈 가리고 아웅 하면서 손이 덜 가고 보기 좋은 일만 하고 싶어 하는 일부 데이터 과학자가 동조하여 데이터를 각 분야의 유모로 만들어 버린 것은 아닐까.

데이터 부서가 회사에서 하나의 부서로 자리 잡은 지 오래되지 않아 데이터 전문가가 '의사 결정권자' 레벨로 올라가는 경우는 아직 드물고 데이터의 중립성뿐 아니라 데이터 자체도 존재는 알지만 어떻게 구성되고 흐르는지에 대한 이해마저 부족하다. 따라서 의사 결정권을 지닌 사람들의 입맛대로 데이터 분야를 구분하고 자신이 하고 있는 중요한 일을 지원하기만 하면 된다고 생각해 이런 결과가 초래된 것 아닌가 생각한다. 새로 생긴 분야에 대해 이해하려고 하지 않고 자기 분야의 확장만 꾀하는 행태를 보고 있노라면 이기적이라는 생각 외에는 들지 않고 이렇게 사용하는 데이터로 하는 의사 결정에 애초에 데이터를 사용하는 목적인 중립성과 공정성이 얼마나 반영될지 의심하지 않을 수 없다.

나는 데이터로 하는 업무의 이상적인 흐름은 '주기적으로 봐야 하는 지표는 잘 정의해서 모니터링하고 대시보드를 잘 구성하고 최대한 본인이 보고자 하는 데이터는 본인이 직접 추출할 수 있을 것이며 어려운 분석이 필요하면 문제를 잘 정의해서 데이터 과학자와 상의 후 결과까지 맡기는 것'이라고 생각한다. 하지만 아직까지 이런 개념은 나를 비롯한 일부 사람들의 이상일 뿐이고 실제로 데이터가 이렇게 아름답게 흐르는 기업은 아마도 없다. 세상에는 다양한 상황이 존재하기에 급하게 데이터가 필요한 상황이나 사람들이 모두 데이터를 볼 줄 모르는 상황이 발생할 수도 있다. 새로운 업무가 갑자기 크게 본인의 일에 끼어들어 조율해야 할 때도 있고 급변하는 세상에서 정확성보다 속도가 중요할 때도 있다. 그러면 차라리 데이터를 쓰지 않으면 안 될까? 그렇게 급한 상황에서 제대로 이해하지도 못하고 어떻게 구해지는지도 모르는 데이터를 가져다가 결과만 보려고 하고 그나마도 자신의 입맛에 맞아야 하는 사람들이 판을 치고 있다. 그러면서도 커뮤니케이션 시간과 비용이 많이 드는 것만 한탄하면서 어떻게든 자신의 입맛에 맞는 데이터 보조를 구할 생각뿐이다. '데이터를 필요로 하는 사람이 볼 수 있도록 최대한 노력하되, 급할 때나 어려울 때는 할 줄 아는 사람의 힘을 조금 빌리자'가 아닌 '우리는 우리의 일을 할 테니 데이터를 뽑아 주는 일을 맡길 사람을 찾자'라는 생각은 당사자에게도, 회사에게도 장기적으로 그다지 좋은 일은 아닐 것이라고 생각한다.

어슐러 K. 르 귄의 《오멜라스를 떠나는 사람들》이라는 단편 소설이 있다. 오멜라스라는 평화로운 나라에서 모두가 행복하게 여름 축제를 즐기고 있다. 단 한 사람, 어둡고 지저분한 지하실에 갇혀 있는 건강하지 못한 한 아이를 제외하면 말이다. 이 나라는 아이가 지하실에 갇혀 근근이 살아가는 것을 담보로 나머지 모든 사람의 행복과 평화를 유지하는 이상한 계약에 묶여 있다. 사람들은 아이의 불행이 자신들의 행복의 기반인 것을 안다. 아이를 꺼내 오면 우리는 지금보다는 덜 평화로울 것이고 아이 역시도 그간 지내 오면서 비뚤어진 성격 때문에 아주 행복한 삶을 살기는 어려울 것이란 것을 안다. 그래서 많은 사람은 이를 외면하며 행복한 삶을 유지하고 아주 가끔 어떤 사람은 나라의 부조리를 버티지 못하고 떠나기도 한다. 가끔 데이터 과학자를 굳이 분류하여 이런저런 이름이 생겨나는 것을 볼 때마다 이 소설이 떠오른다. 오멜라스의 행복이 얼마나 오래 갈까? 그리고 오멜라스를 떠난 사람들은 다 어디로 갔을까?

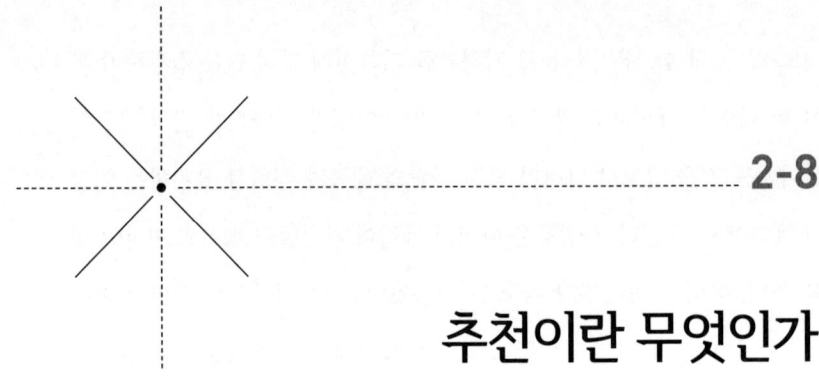

추천이란 무엇인가

이용하고 있는 서비스를 아무거나 하나 떠올려 보자. SNS나 스트리밍 서비스, 쇼핑몰, 포털 서비스 무엇이든 상관없다. 그 서비스에 데이터를 활용해 어떤 기능을 추가한다고 생각해 보자. 당신이라면 무엇을 만들 것 같은가? 아마 열의 아홉은 '개인화 추천' 범주의 무언가를 떠올렸을 것이다. 내가 구매할 것 같은 상품, 내가 좋아할 것 같은 비디오 등을 추천해 주는 기능 말이다.

너무 흔한 아이디어를 떠올렸다고 아쉬워할 것은 없다. 누구나 관심 가질 만한 주제이기 때문이다. 데이터를 다루는 사람으로서 주로 서비스의 데이터 분석 일을 맡다 보니 데이터를 서비스에 직접 활용하는 사례에 대한 이야기를 자주 듣는다. 그러다 보면 '추천'에 관한 이야기를 정말 많이 듣게 된다. 추천 관련한 기능을 만들기도 했고 사람들과 이와 관련한 이야기를 나눌 기회도 많았다. 누군가가 '데이터' 소리를 내면 어딘가에서 '추천'이라는 소리로 응답하게 되어 있는 것은 아닐까.

추천은 예전이나 지금이나 자주 언급되는 주제다. B2C 서비스를 제공하며 고객의 데이터를 사용하기 시작한 회사, 심지어 데이터를 갖추지 않은 회사에서도 항상 데이터 이야기가 나오면 '추천' 기능이 빠지는 일이 없다. 데이터 컨설팅을 진행한 회사에서도, 내가 직원으로 있었던 회사에서도, 모두 서비스에 추천 기능을 추가하고 싶어 했다. 데이터를 사용하는 프로젝트를 진행하다 보면 누구나 '추천'이라는 말을 입에 담게 된다. 데이터로 눈에 보이는 결과를 내야 하는 사람은 추천에 대한 열망이 굉장히 강한데, 그 이유나 상황이나 생각은 굉장히 비슷하다.

이는 매우 당연하고도 자연스러운 추세다. 요즘은 데이터와 함께 인공지능이 각광받는 시대다. 데이터와 인공지능을 활용한 반짝이는 기술을 어떻게든 자신의 서비스에서도 보여 주고 싶다는 생각을 누구나 할 것이다. 그런데 갑자기 세상에 없던 무언가를 만들어 내는 일보다 이미 있는 서비스에 이런 기술을 접목하는 것이 더 빠를 것이고 이때 가장 빠르고 쉽고 간편하고 도메인에 상관없이 쓸 수 있을 것 같은 기능이 '추천'일 테니 말이다.

이미 성공 사례도 여럿 보았고 사용자가 원하는 선택지를 미리 보여 준다는 점이 근미래적인 색채도 띤다. 심지어 많은 SF 영화에서 미래를 다룰 때, 인공지능 비서와 더불어 자주 등장하는 사례이기도 하다. 그리고 예측은 데이터 분석의 주요 목적 중 하나로 '고급 분석'이라고 불리기도 하니 '반짝이는' 데이터 활용에 이보다 더 잘 들어맞는 것이 있을까? 다만, 그러다 보니 너무 손쉽게 마구잡이로 접근하는 것은 아닌가 우려될 때가 있다.

그래서 대체 추천이란 무엇인가.

추천(推薦). 사전적 의미로는 '어떤 조건에 맞는 대상을 책임지고 소개함.'이라고 한다. 수많은 쇼핑몰이나 넷플릭스 같은 미디어 서비스에서 이미 사용하고 있는 기능으로 고객이 구매할 것 같은 것, 선호할 것 같은 것을 사전에 제시해 줌으로써(큐레이션이라고도 한다) 고객이 탐색에 소모하는 에너지를 줄이고 편리함을 제공해 서비스 이용도와 만족도를 높이려는 목적으로 사용된다. 대부분의 서비스에서 추천 기능이 필수는 아니지만, 서비스가 어느 정도 안정적인 궤도에 오른 후 사용자의 편의성을 개선하고자 추천 기능을 도입하는 경우가 많다.

추천의 범위는 굉장히 넓다. 사용자가 무언가를 선택하는 형식의 여러 인터넷 서비스의 경우, 첫 화면에서 사용자에게 주어지는 대부분의 선택지는 추천이라고 보아도 된다. 첫 화면의 뉴스 기사, 추천 동영상, 눈에 잘 띄는 광고 지면, MD 추천 상품 같은 것들 말이다.

하지만 이런 추천 중에는 사람들이 정말 서비스에 추가하고 싶은 추천은 얼마 없을 것이다. 기존의 추천 기능은 대부분 너무 일상적이어서 '추천받는다'는 느낌을 주지 않고 사용자에게도 어떤 차별성을 보여 주지 않으며 어떤 멋진 기술이 들어가는 것 같지도 않다. 이런 흔한 기능으로는 새로운 기술력과 참신함을 뽐낼 수 없을 것처럼 보인다.

추천으로 유명한 넷플릭스에서는 사람들이 보는 컨텐츠 중 80%가 추천에서 나온다고 한다. 이 때 사람들은 넷플릭스가 '당신이 좋아할 것 같은 동영상'으로 보여주는 항목을 사람들이 그렇게 좋아하나 하고 놀라곤 한다. 많은 사람들이 생각하는 추천이란, 각각의 사람에 특화되어 '당신이 좋아할 것 같은' 혹은 '그 사람이 본 영화를 기반으로 한' 영화 목록이기 때문이다. 하지만 넷플릭스가 생각하는 추천은 다르다. 넷플릭스의 경우 메인 화면의 모든 내용을 '추천'으로 보고 있기 때문이다(실제로 나머지 20%는 검색에서 나온다고 명시하였다). 그리고 그 추천에는 '오늘 대한민국에서 인기 많은 영화 리스트'라든가 '오늘 새로 올라온 영화' 등이 포함되어 있다. 이 사실을 알면 몇몇 사람들은 다들 당황하고 그것은 '자신이 생각한 추천이 아니'라고 말한다. 하지만 그것은 추천의 의미를 '각각의 사람들이 원하는 무언가를 알아서 보여주는 최신 기술'이라고 마음대로 생각해서 일어나는 불일치다.[30]

흔히 데이터나 AI에 관한 이야기를 할 때 사람들은 모든 것을 '기술'이라고 생각하고 이런 바탕에서 생각하는 추천이란 말에는 '개인화', '자동', '정교한', '최신 기술'이라는 말이 생략되어 있다. 대부분이 생각하는 추천은 '각각의 사람'에게 '꼭 들어맞는' 것을 '기계 학습 알고리즘'을 통해서 제시하는 것이다. 사용자들이 당연히 이 기능을 좋아할 것이라고 생각하고 이런 추천 기능은 사용자가 '원하는 것', '좋아하는 것'을 딱 맞게 추천해 줄 것이라고 생각한다.

'기술'과 '기능'을 헷갈리는 것은 차치하고 최대한 사람들이 원하는 방향에 맞춰 주도록 생각해 보자. 사람들의 가정에 깔려 있는 개인화된 기계 학습 기반의 정교한 추천 기능을 만들기 위해선 무엇이 필요할까. 조건에 딱 맞는 선택지를 보여주기 위해서는 기계가 알고리즘을 통해 학습할 수 있는 기반인 데이터가 충분해야 한다.

---

[30] Carlos A. Gomez-Uribe and Neil Hunt. "The Netflix recommender system: Algorithms, business value, and innovation", ACM TMIS, Volume 6, Issue 4 (2016): 1-19, doi:10.1145/2843948.

최근 딥러닝으로 대표되는 기계 학습 알고리즘의 성능은 눈부시게 발전했다. 그러므로 이제 알고리즘 자체의 성능이 부족해서 추천 성능이 떨어진다고 하기는 어렵다. 물론 알고리즘을 충분히 학습시킬 수 있다는 전제만 보장된다면 말이다. 이 전제에는 그만큼 균일한 환경에서 생성된 충분한 데이터와 데이터를 활용하는 데에 걸림돌이 되지 않는 환경이 필요하다. 프로그래밍과 기계 학습은 재료의 유무에서 분명히 차이가 난다는 것을 많은 사람들은 간혹 잊어버리고는 한다. 데이터는 프로그래밍과 달리 시간을 녹여 만드는 것이라는 것 역시 많이들 간과한다. 그리고 계속 변해 가는 시간 속에서 데이터를 일정하게 가공하고 유지하는 것 또한 공수가 드는 일이라는 것도 외면한다.

그렇다면 여기서 말하는 데이터란 어떤 것일까?

첫 번째로는 '사용자의 행태 데이터'가 있다. 사용자가 무엇을 사용하고 싶어 할지는 기본적으로 그 사용자가 기존에 무엇을 사용했는지를 기반으로 한다. 물론 사용자의 데이터를 거의 참고하지 않고 아이템 기반으로 추천하기도 하지만, 이것은 사람들이 원하는 '개인화'에는 그다지 적합하지 않다. 사용자가 클릭한 아이템과 '비슷한 아이템'을 제시하는 형태를 개인화로 볼 수도 있겠지만, 그런 추천이 잘 이루어지는지 확인하기 위해서도 결국 사용자가 '클릭'한 행태 데이터를 수집해야 한다.

다음으로는 '사용자가 사용할 것 같은 것'을 보여주기 위해 아이템들이 얼마나 비슷한지 수치화한 '유사도'를 측정할 수 있어야 한다. '사용자와 비슷한 사용자가 선택한 다른 상품'의 방식으로 유사도를 측정하기도 하지만, 오픈 마켓처럼 다양한 종류의 물건을 판다거나 한 달에 한 번 정도밖에 방문하지 않는 서비스의 경우에는 사용자의 행동 데이터를 충분히 확보하기 어렵다. 이때 필요한 것이 아이템 관련 데이터다. 이는 흔히 '메타 데이터'라고 불리기도 하는데, '사용자가 시청한 영화의 장르'같이 수집된 데이터에 해당하는 값의 세부적인 속성에 대한 값들을 말한다.

메타 데이터는 사람들이 갖고 있는 지식을 기계에 입력하는 방식으로 생성된다. 우리는 영화를 보고 이 영화의 감독이 누구인지, 장르는 무엇인지, 배우가 누구인지 쉽게 알 수 있지만 컴퓨터는 이를 자동으로 알지 못하기 때문에 사람이 일일이 입력해야 한다. 그래서 가장 축적하기 어려운 데이터 중의 하나이기도 하며 인력이 많이 소모되고 사람들이 기피하는 일이기도 하다. 메타 데이터를 자동으로 만들어 내기 위한 연구가 이루어지고는 있으나 어느 정도는 사람의 손을 탈 수밖에 없다. 컨텐츠 추천 서비스로 유명한 서비스인 넷플릭스에서도 아이템에 수동으로 많은 정보를 넣는 것이 추천 성능을 높이는 주역이라고 이야기한 바 있으며 인터넷에서 'netflix tagger(넷플릭스에 컨텐츠 태그 형태의 메타 데이터를 기록하는 직업)'라고 검색하면 다양한 이야기를 볼 수 있다.

여기서 잠시 짚고 가고 싶은 것이 있다. 메타 데이터도 잘 쌓고 행동 데이터도 잘 쌓아서 잘 만들어진 알고리즘을 사용해서 추천 서비스를 만들었다고 하자. 하지만 이를 가지고 사용자가 좋아하는 것을 알 수 있을까? 불가능하다. 사용자가 사용한 것과 좋아하는 것은 100% 일치하지 않는다. 어떤 행동의 의도는 여러 개일 수 있다. 어쩌다 하수구가 고장 나서 하수구 고치는 도구를 산 사용자에게 수리 용품을 추천한다고 해 보자. 그 사용자가 다른 수리 용품이 필요해서 살 수도 있다. 하지만 이것이 사용자가 좋아하는 것일까? 하수구가 고장 나서 고치는 것을 좋아하는 사람이 얼마나 될까?

"사용자가 '좋아하는' 것이 뭘까. 좋아한다는 것 자체가 무슨 의미가 있을까"

추천의 목적을 사용자가 좋아하는 것을 보여주는 것이라기보다는 사용자가 해당 서비스에서 '다음에는 무엇을 사용할지' 미리 예측해서 탐색에 들이는 리소스를 줄여 주는 것이라고 보는 편이 더 정확하다. 사용자는 무언가를 소모하기 위해 서비스를 사용한다. 물건을 사고 기사를 읽고 동영상을 본다. 그리고 그 소모할 것을 빨리 찾게 해 주는 것이 추천이다. 그 소모의 의도는 다양할 수 있고 우리는 사용자의 마음을 알 수 없다. 소모할 것을 선택하는 일에서 구체적인 의도를 찾기보다는 감성적으로 접근하여 '이야기'를 만들어 내고 사람들의 행동을 마치 '좋아해서' 하는 것이라고 뭉뚱그린다.

이렇게 만들어진 이야기는 이해하기 매우 쉽고 우리 머릿속을 지배한다. 마치 모든 사용자가 자기가 좋아하는 것을 보고 읽고 사며 우리는 사람들의 숨겨진 욕망을 드러내고 예측한다고 믿어 버린다. 사람들의 행동을 보고 사람들의 마음을 제멋대로 가정해 버리기 십상이다. 간혹 '좋아하는 것을 보여준다'는 편한 맥락에 갇혀서 '사용자가 무엇을 좋아할지' 고민하기도 하고 '사용자가 좋아하는 것을 직접 파악한 것은 아니지만, 이런 걸 좋아할 수도 있지 않을까?', '잘 쓰지는 않아도 좋아하고는 있을 거야!'라고 생각하기도 한다. 사용자가 이 기능을, 이 아이템을 좋아해서 썼는지, 필요해서 썼는지, 습관적으로 썼는지 그 의도는 데이터만으로 파악하기 어렵다.

서비스는 사용자가 어떻게 사용하는지를 파악하여 그것이 서비스의 목적에 부합하는지를 살펴본다. 알고리즘 역시 마찬가지다. 사용자가 행동을 통해 보여 주는 것에 집중한다. 다른 기능에서도 그렇게 판단했던 것처럼. 사용자는 서비스를 이용하고 다르게 사용하기도 하거나 혹은 떠난다. 그뿐이다.

우리는 데이터를 통해 사용자가 좋아하는 것을 정확히 알 수 없다. 좋아하는 것을 추천해 줄 수 없다. 그리고 이 기능을 사용자가 좋아할지도 알 수 없다. 그저 사용자가 쓸 것 같은 것을 추천하고 사용자가 기능을 잘 활용하고 있는지 알 수 있을 뿐이다. 사실 그것이면 충분하다. 이런 의도를 잠시 혼동한다고 해서 추천 알고리즘을 구현하는 데 크게 문제가 있지는 않다. 하지만 용어를 명확하게 정의하지 않고 이야기를 명확하게 풀어내지 않으면, 만든 사람마저도 착각을 하고, 이후에도 그렇게 믿어 버린다.

그리고 이런 믿음을 굳이 짚고 넘어가야 하는 이유는 추천은 '기능'이기 때문이다. 어떤 알고리즘이나 내부 분석 결과로 끝나는 것이 아닌 사용자들이 맞닥뜨리는 기능이고 서비스의 요소다. 따라서 이런 기능을 예쁘게 포장하고자 감성을 첨가할 수는 있겠지만, 최소한 이를 생각하고 정의하고 계획하는 데에는 명확한 설명이 필요하다. 내부 정의와 설명이 흐릿해지고 모호해져 가면 그 결과 역시 명확하게 측정하기 어려워진다. 그래서 '좋아하다' 같은 감성적인 단어는 추천 '기능'을 계획하는 데에 전혀 도움이 되지 않는다. 혹시 좋아하는 것을 개인별로 추천해 주는 꿈을 꾸고 있다면, 이 장을 처음부터 다시 읽어 보기를 추천한다.

추천을 기능으로 보면 상위 단계에서 고려해야 할 것이 있다. 서비스에서 사용자에게 개인화 자동 추천 기능을 제공하는 것이 정말로 유용할지에 대한 고민이다. 요즘 많은 서비스에서는 다양한 지표를 보면서 사용자가 이런 기능을 좋아할지, 실제로 무엇을 사용했을 때 지표들이 올라가고 내려가는지 살펴보고 A/B 테스트를 시행하는 등 서비스의 변화에 사용자가 어떻게 반응할지 고려한다. 그런데 개인화 자동 추천이라는 환상에 빠지면 현실과 이성을 잠시 내려놓는 듯하다. 사용자들이 개인화 자동 추천이라면 무조건 좋아할 것이라고 생각한다. 하지만 과연 그럴까.

물론 간단하게 생각하면 사용자가 원하는 것을 바로바로 제공해 주겠다는데 무슨 문제가 있을까 싶지만 세상에는 굉장히 많은 서비스가 있고 사용자가 이를 활용하는 방식 역시 기상천외할 정도로 많다. 현재도 많은 서비스에서 개인화 추천 기능을 제공하고 있지만, 해당 기능의 사용자 수가 그렇게까지 많지는 않은 것으로 알려져 있다. 음악 추천 기능만 하더라도 '가장 인기 있는 음악' 기능을 가장 많이 사용한다. '개인화 추천이 있는데 왜?'라고 생각해 보면 이유는 간단하다. 바로 '부정확성'과 '불필요함' 때문이다.

우선 개인화 자동 추천 기능의 정확성은 사용자가 그에 대해 반응을 보이기 전까지 아무도 알 수 없다. 개인화 자동 추천도 수많은 데이터 관련 기능 및 분석 결과와 마찬가지로 데이터와 과거에서 비롯된 산물이다. 딸의 임신을 아버지보다 먼저 알았다는 유명한 이야기의 주인공인 대형 마트 '타깃(Target)'도 그 딸이 타깃에서 임신 관련 물품에 관심을 보이는 행동을 하지 않았더라면 또는 한 번 하고 지나갔더라면 유사한 용도의 물건을 추천할 수 있었을 리 없다. 그만큼 충분한 데이터가 모이지 않았다면 사용자에게 적절한 아이템을 제시해 주기 어렵다.

또한 기계 학습 모델은 기본적으로 확률 게임이다. 물론 요즘은 알고리즘 성능도 좋고 충분한 데이터로 충분한 테스트를 한다고 하면 꽤 높은 확률로 적합한 결괏값을 제안할 수 있을 것이다. 하지만 이 중 하나라도 충분하지 않다면 그 결과가 적합하지 않을 확률이 더 높아진다. 사용 경로에 쓸모없는 지면이 들어가는 것은 서비스 사용성에 당연히 안 좋은 영향을 미칠 수밖에 없다. 이런 경우 추천 기능은 사용자의 서비스 활용을 복잡하게만 만들고 오히려 탐색해야 할 것의 종류를 늘려 불편함을 가중시킬 수 있다. 이는 사용자를 서비스에서 더 멀어지게 할 수도 있다.

예를 들어 추천 시스템을 만들 때 고려해야 하는 문제 중 하나로 '콜드 스타트(Cold Start)'라고 불리는 문제가 있다. 초기 사용자의 경우 당연히 기존 데이터가 없으니 이 사용자에게 무엇을 추천해 주어야 할지 알 수 없다. 이런 경우를 콜드 스타트라고 부른다. 그래서 이를 위해 넷플릭스의 경우에는 처음 가입할 때 좋아하는 영화 3가지를 고르라고 하고 어떤 서비스는 처음 오는 사용자에게 보여 줄 기본 추천 셋을 만들어 두기도 한다. 하지만 이런 것은 알고리즘에 의해서 나오는 것이 아니다.

따라서 만약 초기 사용자가 많은 서비스거나 혹은 비회원 사용 서비스의 경우에는 무조건적으로 개인화 자동 추천 서비스를 만들겠다고 해도 큰 쓸모가 없을 가능성이 높다. 물론 꾸준히 사용하는 5%의 사용자를 위해서 개인화 추천 서비스를 운영하는 것도 의미는 있겠지만, 만약 기술력 및 서비스 개선 정도를 눈에 띄게 보여 주고자 하는 것이 목적이라면 이는 그다지 가성비 좋은 방법은 아닐 것이다. 오히려 이런 경우 몇 가지 콜드 스타트 및 추천 항목 셋을 잘 만들어 보여 주는 것이 훨씬 효과적일 수 있다. 물론 '정교한 개인화 추천'을 원하는 사람들에게는 미덥지 못하겠지만, 그래도 어설픈 개인화보다 이쪽이 훨씬 만족하는 사람들이 많으리라 믿어 의심치 않는다.

개인화 자동 추천이라는 것은 말은 참 쉽지만, 가능한 것 같으면서도 아직 환상의 영역에 속해 있는 기능이고 많은 사람에게 도전 의식을 불러일으키는 기능이다. 모두가 알고 있지만 아직 최적점에 도달하지 못했고 혹자는 저 멀리 있는 최고의 기술로 만들 수 있는 것이라고 생각하지만 사실은 지금 가지고 있는 데이터와 기술로도 잘 만들 수 있는 것. 추천 기능이 잘 만들어지고 서비스에 잘 녹아든다면 분명 기술적으로도 서비스 사용성 면에서도 훨씬 좋아질 것이다. 나도 이런 서비스를 보고 싶고 이런 서비스의 사용자가 되기를 바란다. 분명 나는 이런 기능을 '좋아하는' 사용자가 될 것이다. 다만, 자주 쓸지는 알 수 없다. 그것은 서비스의 성격에 따라 다를 것이다.

하지만 여러 사람이 만들고 여러 사람이 사용하는 서비스는 멋진 기술을 적용하고 이상을 실현하는 일 혹은 겉보기에 근사해 보이는 것보다 어떻게 하면 좋은 서비스를 만들지 고민하는 것이 더 중요하지 않을까?

무조건적으로 개인화 추천 서비스를 넣겠다고 외치기보다 현재 상황에서 개인화 추천 기능을 추가하는 것이 과연 서비스를 더 좋게 만드는 일인지 좀 더 심도 있게 고민해야 한다. 기술력뿐만 아니라 추천의 사용성과 현재의 자원, 운영 계획 등에 대해 하나의 서비스의 '기능'이자 '일부'로서의 측면을 먼저 고민하고 거기에 어떤 기술이 필요한지를 부차적으로 생각해 보자든가, 어떤 성과를 예상하고 있으며 이 기능의 성과 분석은 어떤 식으로 할 것인지부터 한번 생각해 보고 그 '추천'을 통해 사용자에게 어떤 가치를 주고 싶은지 먼저 생각해 보는 것이 좋겠다는 말. '추천'에 대해 지겹도록 뜬구름 같은 이야기를 들을 때마다 늘 하고 싶은 말이었다.

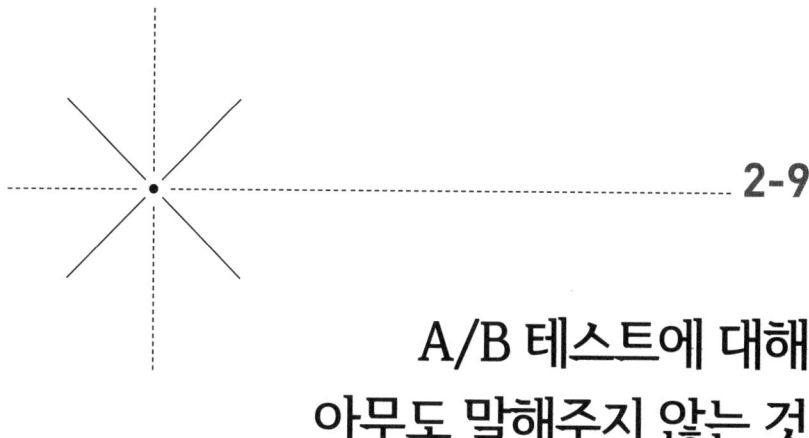

A/B 테스트에 대해 아무도 말해주지 않는 것

> 실험이 끝난 후에 통계학자에게 문의하는 것은 마치 사후 부검을 요청하는 것과 같다. 통계학자는 아마 그 실험이 왜 쓸모없는지 알려줄 것이다.
>
> — 로널드 A. 피셔(Ronald A.Fisher)

실무에서 실제 거래나 구매가 일어난 것에 대한 데이터인 트랜잭션이나 사람들이 클릭을 하고 화면을 이동한 것에 대한 로그 데이터로 상세한 분석을 한지 얼마 되지 않았을 때는 참고할 자료도 많지 않았고 지금처럼 실무 사례나 방법론도 다양하지 않았다. 당시 설문 조사 등으로 수집한 극히 적은 데이터로 분석하던 분야였지만, 어쨌든 데이터 분석 이론이어서 손에 닿는 대로 살펴보고 어설프게나마 접했던 이론이 사회조사 분석론이었다.

사회조사 분석론은 여론조사, 마케팅조사를 위해 설문지를 작성하고 조사를 실시하여 얻어진 결과를 토대로 하여 보고서를 작성하는 데까지 이르는 학문으로 기본적인 통계 및 데이터를 사용해서 근거를 마련하는 데 기반이 될 수 있는 학문이고 이미 예전부터 어느 정도 탄탄히 자리를 잡고 있었다. 그래서 사회조사 분석론을 접했을 때 매우 반가웠다. 하지만 없는 것보다는 훨씬 나았지만 아무래도 사용하는 데이터나 시스템 성격도 다르고 이론적 배경도 달라서 사회조사 분석론을 데이터 분석 실무에 직접 적용하기는 어려웠고 단지 참고만 했다. 그때는 이 분석 이론이 기술적이지도 않았고 근사해 보이지도 않았으며 조금은 고루해 보이기까지 해서, 막 반짝거리기 시작한 데이터 분석과는 결이 다르게 느껴졌다. 그래서 그 내용을 한동안 다시 들여다보지 않았다.

하지만 서비스에서의 데이터 분석은 결국 사용자를 대상으로 하고 데이터의 성격만 조금 달라졌을 뿐 데이터 조사 결과에 대해 어느 정도의 불확실성은 늘 존재하고 궁극적인 목적이 달라진 것은 아니다. 그러다 보니 결국 사회조사 분석론과 관련된 내용이 조금씩 여기저기서 다시 등장한다. 이런 현상이 주는 교훈이 있다. 기존 방식이 뻔히 있음에도 무시하고 다시 고민하는 것은 바퀴를 재발명하는 일에 불과하다.

그중 하나가 A/B 테스트다. 여기저기서 "실험을 해보자", "테스트를 해보자"라는 말이 심심치 않게 들린다. 언제부터인가 'A/B 테스트' 같은 말이 유행하기 시작했고 이제는 필수인 것처럼 느껴질 만큼 자주 보인다. 특히 데이터 기반 의사 결정이 성행하고 데이터 분석이 용이해지면서 이런 현상은 더욱 심화되었다. 실제로 점점 더 많은 서비스에서 베타 테스트 같은 간단한 실험을 하여 기능 추가 여부나 버튼 색상 등을 결정하는 등

테스트 결과를 서비스의 방향에 반영하는 일이 많아졌다. 이제는 A/B 테스트는 데이터 과학자뿐만 아니라 기획자, 마케터 등 서비스를 설계하고 만들고 운영하는 사람에게 거의 기본 소양이 되었고 다양하게 응용할 수 있는 좀 더 발전된 형태의 테스트 방법론도 등장하고 있다.

데이터를 통해 서비스를 개선하려는 목적이나 사용자의 행동과 선호도를 분석한다는 관점에서 A/B 테스트가 활성화되는 것은 데이터를 만지는 사람의 입장에서 대단히 환영한다. 하지만 생각보다 많은 곳에서 '통계적 가설'과 단순한 '가정'도 구분하지 못하며 주의해야 할 점도 고려하지 않고 남용하는 모습이 보여 아쉬운 마음도 든다. 무엇이든 매뉴얼 이상으로 남용하다 보면 탈이 나는 법이라 이에 대해 주의를 환기하고 싶은 마음이 든다.

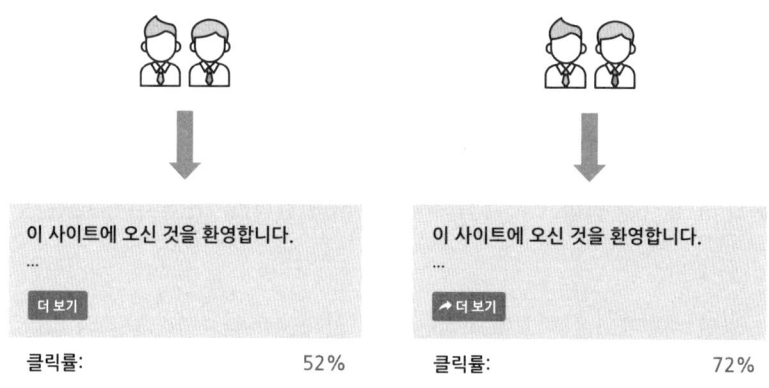

그림 2-3 웹사이트에서의 A/B 테스트 예제[31]

---

31 https://ko.wikipedia.org/wiki/A/B_테스트

A/B 테스트는 기본적으로는 두 개의 보기를 주고, 보기에 따라 달라지는 사용자의 행동 변화를 추적하는 무작위 추출 실험 방식으로 기존에는 아주 작은 UX에 관해서만 사용되는 정도여서 아주 조금의 여유만 있으면 가볍게(?) 시도할 수 있었다. 하지만 이제는 적용 범위가 굉장히 넓어져 일반적인 '비교 실험'을 통칭하는 말이 되어 버렸는데, 더 범위가 커진 만큼 중요해졌음에도 불구하고 여전히 너무나도 가볍게 사용된다. 간혹 실험을 제대로 하지 않고 대충 결과를 던지는 경우를 보고 "이건 좀 더 실험을 상세히 해야 한다"고 이야기하면 "이건 실험실이 아니라 현실의 실험이고⋯ 어쩌고⋯" 한다.

하지만 이런 말은 난센스다. 애초에 현실에 적용하는 문제라면 실험이라는 단어를 사용하는 것도 이상하지 않은가. 실험이란 '일정한 조건을 인위적으로 설정하여 기대했던 현상이 일어나는지, 또는 어떤 다른 현상이 일어나는지를 조사하는 일[32]'로 이미 '인위적으로 설정한다'는 뜻이 포함되어 있다. 그런데 왜 '인위적으로 설계할 필요가 없는' 실전에 사용하는 것이라면서 '실험'이라는 말을 쓸까? 그리고 왜 그 데이터를 '실험 결과 분석'과 유사한 방법으로 분석해서 사용하는 걸까? 이는 앞뒤가 맞지 않는 것 같다.

과연 예전에도 실험실에서 하는 실험 설계만 있었을까? 그럴 리 없다. 처음 '실험 설계'라는 개념이 등장한 배경을 이해해 보면 더욱 쉽다. 통계적 실험 설계를 처음 연구한 사람이 통계학의 아버지라고 불리는 피셔고, 그 배경에는 차에 우유를 붓는 것과 우유에 차를 붓는 것을 구분할 수 있

---

[32] https://www.doopedia.co.kr/doopedia/master/master.do?_method=view&MAS_IDX=101013000731097

는지에 대한 실험을 설계한 일화인 밀크티 이야기가 있으며,[33] 피셔는 통계학자이자 농학자였다는 것을 생각해 봐도 더욱 그렇다.

물론 서비스에서의 실험은 실험실에서의 실험과 동일할 수는 없다. 일반적인 비즈니스 환경에서는 사용자들이 실시간으로 예측 불가능하게 등장하여 서비스를 사용한다. 사용자는 그 사용자 경험을 바탕으로 다음 사용을 결정한다. 따라서 특정 연구를 위해 서비스 내 다른 요인을 최대한 완벽하게 통제하는 실험실 환경을 만드는 것은 실질적으로 어려운 이야기다. 결국 서비스에서 말하는 '실험'이란 대부분 무언가를 관찰하기 위해 인위적으로 만든 모든 사건을 뜻한다고 봐도 과언이 아니다. 특히 이때의 '무언가'는 보통 어떤 아이디어에 대한 '차이'를 가려내기 위해 만드는 집단 비교 실험(대표적인 것이 A/B 테스트다)이다. 실험군과 대조군을 동일한 환경에서 만들어 실험군을 특정 상자에 넣은 후, 다른 요인을 따로 제어하지 않았을 때 결괏값에 어떤 차이가 있는지 확인하는 기본적인 '블랙박스 구조'를 따른다. 그 후 실험군과 대조군의 결과 간 차이를 계산하고 이 차이가 의미 있는 것인지를 검증하는 것으로 실험 설계가 완료된다.

이때 고려해야 할 것은 우선 이런 설계에서는 하나의 변경 요인에 대한 차이만을 확인하고자 하며 실험에서 계획되지 않은 다른 요인은 고려하지 않았다는 것이다. 실험군과 대조군을 선정하는 것 자체도 어떤 경우 구분 자체가 실험 전체에 영향을 미쳐 결과의 차이를 야기하는 요인이 될 수 있다. 어쩔 수 없이 매우 소수의 사용자를 선정해야 하는 경우, 실험 결과를 다수의 사용자에게 적용해도 되는지 알 수 없고 최대한 임의로 표본

---

[33] 서진영, "간식 내기 사다리 타기에도 통계의 마법이…" 동아비즈니스리뷰, 2014년 7월, https://dbr.donga.com/article/view/1206/article_no/6544/ac/magazine

을 추출했다고 하더라도 사용자가 균일하게 선정되었는지에 대해서는 여전히 불확실성이 남아 있다. 또한 한 가지 요인만 제어했을 때, 나머지 요인이 양 집단에 고르게 영향을 미쳤는지, 편향적으로 영향을 미쳤는지에 대해서도 불확실한 경우가 많다.

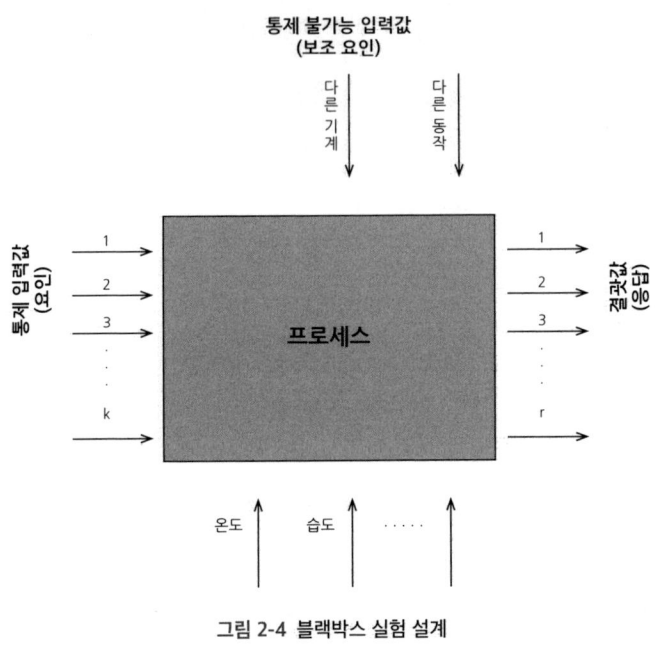

그림 2-4 블랙박스 실험 설계

물론 실험을 계획하고 최대한 통제한 후 가능한 한 많은 것을 분석할수록 좋을 것이다. 하지만 실제 환경에서 시간이나 여건상 여러 요인을 통제하기란 쉽지 않고 무엇보다 모든 실험이란 '블랙박스' 내에서 진행됨을 전제한다. 해당 '블랙박스'만 벗어나도 실험 결과는 달라질 수 있다. 실제 환경에 가깝게 두는 등 블랙박스에서 통제를 최소한으로 한 환경의 실험은 더욱 그렇다.

그래서 실험 설계에서는 실험의 목적을 분명히 하고 실험 결과로 나온 데이터를 어떻게 집계하고 비교할지 기준을 명확히 세우는 것이 중요하다. 또한 그 기준에 따라 어떤 결정을 내릴 것인지도 그려 두는 것이 좋다. 무작정 'A안보다 B안이 많이 나오면 A를 선택하겠다'라고 했다가 A와 B가 한 표 차이라서 갈팡질팡한다든가, 아무 생각 없이 실험을 했다가 한쪽은 사용자가 많은데 다른 쪽은 구매량이 많아 고민한다든가 하는 경우가 왕왕 있다. 이렇게 되면 괜히 실험을 설계하고 실행하느라 돈과 시간만 낭비하고 아무런 결과도 얻지 못한다. 또한 사용자가 실험에 대해 인지하게 되면 서비스의 신뢰도나 이미지에 부정적인 영향을 미칠 수 있다는 점도 고려해야 한다.

실험실에서 일어나는 이공계열 실험 외에도 조금만 시선을 돌리면 다양한 사회과학계열 실험이 있다. 밀그램의 대표적인 실험[34]이나 마시멜로 실험은 꽤 친숙할 것이다. 이런 실험은 사람들을 모아 두고 잘 통제한 후 진행되었고, 물론 여러 실패 사례도 있지만 기존부터 계속 연구가 되어 왔기 때문에, 이에 대한 실험 설계라든가 주의사항 같은 것들도 이미 충분히 존재한다.

A/B 테스트의 경우 서비스의 사용자를 대상으로 하는 실험이기 때문에, 실제 사람을 대상으로 실험하는 경우가 많았던 사회과학계열의 실험 규범을 확인해 볼 필요가 있다. 사용자는 실험 데이터를 확보하기만을 위한 대상이 아니며 모든 서비스를 존재하게 하는 주체이다. 실험 이후에도

---

[34] 1961년 예일 대학교의 심리학과 조교수 스탠리 밀그램(Stanley Milgram)이 실시한, 권위에 대한 복종 실험(https://ko.wikipedia.org/wiki/밀그램_실험)

서비스를 계속 사용할 고객이기 때문에 사용자를 대할 때는 더욱 신경을 써야 한다.

그럼 어떻게 실험해야 탈이 나지 않을까. 여기에 어떤 규칙은 없다. A/B 테스트도 서비스마다, 혹은 같은 서비스 내에서도 진행할 때마다 범위가 워낙 달라지는 터라 어떤 규칙을 정의하기 애매하다. 다만, 기본적으로 조심해야 할 규범은 있고 이를 '**실험 윤리**'라고 부른다. 실험 윤리라는 말은 법과 도덕의 망 안에서 살지만 윤리적이라고 하기에는 부끄러운 나 같은 사람들도 많이 들어 봤을 법한 말이다. 하지만 화장품 동물 실험에서 등장하거나 논문 표절과 관련해서 다룰 만한 말이라 일반적인 비즈니스 환경에서 들을 일은 없다고 생각할지도 모르겠다. 그러나 모든 실험은 기본적으로 실험 윤리를 바탕으로 이루어져야 하고 서비스에서 '실험'이란 단어를 사용할 때도 마찬가지라고 생각한다.

서비스에서 고객 데이터를 가지고 어떤 결과를 도출하기 위해 '실험'이란 개념을 사용하게 되면, 서비스와 고객은 실험자-피험자 관계가 성립한다. 따라서 사소한 것이라도 기본적인 실험 윤리를 따라야 할 것이다. 그렇다면 서비스에서의 실험 윤리란 어떤 것일까?

서비스에서 실험이란 개념 자체도 그다지 오래되지 않은 데다 실험 설계에 있어 깊게 고민한 흔적을 찾기가 어려운지라, 실험 윤리 같은 것은 더더욱 고려되었을 리 만무하다. 실험을 하는 학문이라면 대부분 실험 윤리가 존재하는데, 이중 서비스에서의 실험에 가장 많이 참고되는 것은 의학과 심리학에서의 실험 윤리다. 이 두 학문은 피험자가 사람이기 때문에, 사용자가 피험자가 되는 서비스에서의 실험과 유사한 측면이 있다.

실험에서의 윤리는 크게 일반 윤리, 연구자로서의 윤리, 피험자에 대한 윤리가 있다.

일반 윤리는 실험자로서 지녀야 할 기본 자세를 말한다. 차별적인 요소나 특정인에게 해를 끼칠 수 있는 요소를 실험 설계에 넣지 않도록 주의하거나 실험 결과로 인해 사용자에게 피해가 가거나 서비스에 오류가 생기는 등의 문제가 발생했을 때 책임을 지는 등의 태도에 해당한다. 서비스에서도 마찬가지로 기본적으로 실험 대상이나 결과에 대해 갖춰야 할 윤리다.

연구자로서의 윤리는 종종 뉴스에서 접하는 논문 결과 조작이나 표절 등의 문제와 관련된 내용으로 실험자를 포함한 연구를 하는 모든 사람이 지켜야 하는 윤리 항목이다. 간단하게는 동료에 대한 존중, 실험 결과에 대한 인정, 피험자 정보의 비식별화와 정보 보호 등이 있다. 중대한 문제 같지만 사실 굉장히 소소하고 의외로 은근슬쩍 일어나는 경우가 비일비재하다. 개인정보를 무분별하게 수집하고 활용하거나 자신의 주장을 관철하기 위해 결과를 조금 부풀리는 등이 여기에 해당된다. A/B 테스트를 집행하는 주체나 수집한 데이터로 실험 결과를 분석하는 사람들 모두에게 기본적으로 필요한 윤리 항목이 될 것이다. 최근 많이 거론되는 '데이터 윤리'라고 하는 부분과도 일맥상통하는 부분이 있다.

'데이터 윤리'에서 가장 많이 다뤄지는 주제는 개인정보 보호 문제다. 세부 사항은 나라마다, 사용되는 곳마다 다를 수 있다. 하지만 주체가 누구든 사용자의 정보는 중요하다는 것을 항상 인지하고 최대한 비식별화해서 최소한의 필요한 정보만을 최소한의 사람이 다루는 것이 가장 바람직하다.

피험자에 대한 윤리는 실험 과정에서 피험자(고객)를 존중하는 것을 말한다. 대표적인 예로는 피험자의 자유 의지에 따른 실험 참여, 사전 고지 의무, 피험자가 원치 않는 경우 실험 철회가 가능한 사항 등이 있다. 사용자의 건강, 재정, 심리, 사회적 불이익의 가능성이 있는 실험 요소는 배제되어야 하고 해당 서비스를 통해 어떤 데이터가 활용되는지를 사용자가 인지하고 있어야 하며 사용자가 원치 않는다면 사용자의 실험 데이터를 사용하면 안 된다. 사실 이 점을 서비스에서 가장 많이 고려해야 하지만 거의 고려하고 있지 않으며 사전 고지의 경우 실험의 목적과 상당수 상충하기도 한다. 대부분의 서비스에서의 실험은 실제 서비스에 적용할 때 발생할 불확실성을 줄이거나 사용하지 않을 것을 파악하는 등의 한계선을 정하고자 하는 목적에서 이루어지므로 사용자가 사전에 실험임을 알게 되면 행동에 영향을 미칠 수 있기 때문에 피험자에게 실험에 대해 사전 고지를 하지 않는다.

반면 실험 윤리상 사전 고지 의무에서 제외되는 경우도 있는데, 바로 실험이 피험자에게 피해를 끼치지 않는 경우다. 실험이 끼칠 수 있는 피해는 신체, 정신, 물질적인 피해 등 모든 범주를 포괄하며, 피험자에게 직접 손해를 끼치지 않았지만 상대적인 손해가 발생한 경우도 피해를 끼친 것으로 보기도 한다.

페이스북 코어데이터과학팀 소속 연구원 아담 크레이머는 캘리포니아대와 코넬대 소속 연구원 등 2명과 함께 2012년 1월 SNS를 통해 감정 전이 현상이 일어나는지를 실험했다.[35] 감정 전이란 보통 다른 사람의 감정

---

[35] 안상욱, "페이스북, 사용자 상대로 '감정조작' 실험 논란" BLOTER, 2014년 6월 30일, https://www.bloter.net/newsView/blt201406300003

이 내게 옮겨오는 현상을 일컫는다. 친구가 울면 내가 슬플 이유가 없어도 괜시리 가슴이 서늘해지는 게 감정 전이 때문이다. 페이스북은 이런 현상이 SNS에서도 나타나는지를 실험했다. 실험 방법은 간단했다. 실험군과 비교군으로 나누고 실험군 68만 9003명의 뉴스피드를 조작했다. 페이스북에서도 감정 전이 현상이 나타났다. 긍정적인 게시물이 줄어들면 사용자는 긍정적인 표현을 줄이고 부정적인 게시물을 더 많이 올렸다. 반대로 뉴스피드에 나타나는 부정적인 게시물이 줄어들면 사용자는 긍정적인 게시물을 더 많이 올렸다. 잘 사는 친구 게시물을 보면 친구에 비해 내가 못나 보이는 '상대적 박탈감' 때문에 나쁜 감정이 커진다는 기존 통념과 엇갈린 결과다.

아담 크레이머 및 연구자들은 이를 논문에 게재했고 이 논문이 뒤늦게 언론에 알려지면서 문제가 되었다. 이는 이용 약관에도 명시되지 않은 방식(내부 활용 후 연구 결과 외부 공개)으로 사용자 데이터를 활용한 것도 문제이나 사용자의 동의를 얻지 않고 일부 사용자에게 감정적으로 불리한 방식으로 뉴스피드를 제공한 것으로 이는 실험 윤리에 어긋난다. 이런 실험은 경우에 따라 법적 문제로도 이어질 수 있다.

현실에서 실험의 목적은 불확실성을 줄이는 것이지 무언가를 정확하게 예측하는 것이 아니다. 물론 실험은 기본적으로 '설계'된 것이므로 어느 정도 정돈되고 일관성 있는 결과를 내고 오차를 최대한 보정하여 보다 명확한 수치를 보여 준다.

하지만 실험의 결과도 결국 일종의 '스냅샷'일 뿐이다. 우리는 이런 순간순간의 스냅샷을 참고해 의사 결정을 하고 기존의 직관이나 주장에 조금의 확신을 더하고 새로운 사실을 유추해 내기도 한다. 따라서 실험 결과가 생각만큼 잘 나왔으면 좋겠고 더 신뢰할 수 있으면 좋겠지만, 이런 스냅샷은 어느 때나 적용되고 모든 상황에 맞는 진리가 될 수는 없다. 그저 다른 외부 요인을 차단하고 최대한 제약을 가한 상태에서 발생한 현상을 정리한 결과일 뿐이다.

A/B 테스트나 A/B 테스트를 응용한 실험을 만들었는데 실험 윤리에 어긋나는 경우가 있을 수 있다. 스냅샷을 확보하기 위해 실험 윤리를 그르치거나 사용자에게 불이익을 주면서까지 실험을 진행할 수는 없다. 그래도 데이터 기반으로 의사 결정을 하고 싶다면 대안이 있다. 그중 하나는 과거 데이터를 통한 추론이다. 만약 연관된 데이터가 있으면 시계열 분석으로 결과를 유추할 수 있다. 물론 과거와 현재는 상황이 다르고 특히나 최근 급변하는 인터넷 서비스에는 적용하기 어려운 경우가 많다. 그래서 실험을 하려고 하는 것이지만, 실험이 불가능하다면 기존의 데이터를 최대한 활용하는 것도 방법이다.

설문조사 등을 통해 간접적으로 파악하는 방법도 있다. 물론 자동이 아닌 수동으로 기록된 데이터는 여러모로 신뢰도가 떨어지는 것은 사실이다. 하지만 실험을 한다고 해도 실제 결과를 완벽하게 보장할 수는 없고 어느 정도 불확실성을 감수해야 한다. 그렇다면 불확실성을 조금 높이더라도 윤리적으로 문제없는 편이 더 좋지 않을까 싶다.

서비스에서의 실험은 실험실에서 제대로 설계된 실험과 다르다. 기본적으로 이윤을 추구하는 비즈니스 목적에 상충될 수 있다. 미래는 예측할 수 없지만 최대한 근거를 확보하여 추정하고 싶고 이때 실험은 좋은 수단이 될 것이다. 그런 의미에서 실험을 많이 해 보는 것은 분명 중요하다. 하지만 그만큼 중요한 것은 실험이 무엇을 위한 것이고 왜 하는 것인지 목적을 명확하게 두고 기본적인 실험 설계 과정과 요인을 분명히 이해하고 실제로는 어떤 제약사항이 있을지 고려하고 결과를 잘 해석하되, 불확실성을 확실히 인지하는 것이다. 또한 이런 불확실성을 감안했을 때 결과에 따라 어떤 의사 결정을 내릴 것인지 미리 고려해야 한다.

예전보다 데이터를 널리 다루게 되면서 데이터 윤리에 대한 이야기도 심심치 않게 들려온다. 데이터를 분석하는 사람의 입장에서 볼 때, 실험을 하는 사람이라면 데이터 윤리는 기본적으로 체화해야 한다고 생각한다. 흔히 서비스에서 말하는 실험도 결국은 데이터를 얻으려는 일이고 이렇게 얻은 데이터를 가장 최전선에서 만지는 사람이 데이터 과학자기 때문에, 이 일을 하는 사람으로서 데이터 윤리를 염두에 둘 필요를 항상 느꼈다. 그리고 데이터를 만지는 사람뿐만 아니라 실험을 설계하고 생각하는 모든 사람이 한 번쯤은 고려해 봐야 할 문제가 아닐까. A/B 테스트가 널리 사용되고 있고, 앞으로 더욱 많이 퍼질 것을 생각하면 더욱 그렇다.[36]

---

36 참고 자료
    1. 한국 심리학회 윤리 규정: http://koreanpsychology.or.kr/img/1112.pdf
    2. 미국 FDS, HHS의 임상시험 관련 윤리 규정: https://humansubjects.nih.gov/ethical-guidelines-regulations
    3. NIST 공학 통계 핸드북: https://www.itl.nist.gov/div898/handbook/index.html
    4. Douglas W. Hubbard, How to measure Anything(2nd edition), Wiley, 2010
    5. 조던 엘렌버그, 틀리지 않는 법, 김명남 역, 열린책들, 2016

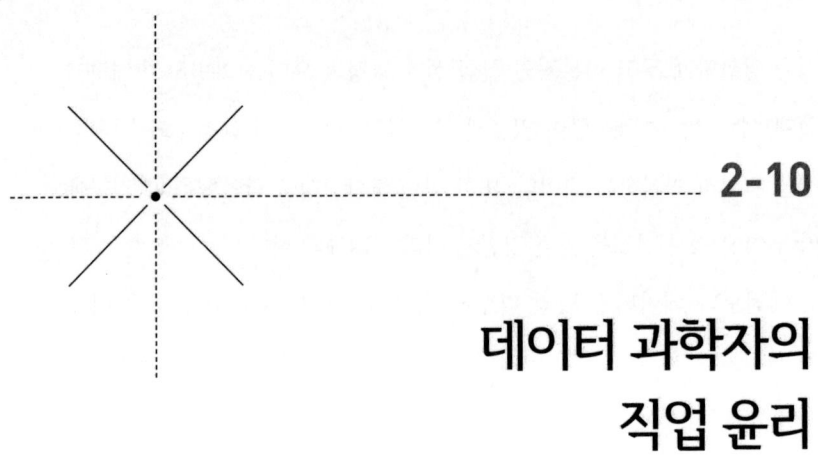

2-10
데이터 과학자의 직업 윤리

몇 년 전 우연한 기회에 '빅데이터를 다루는 사람'을 찾고 있다는 한 영화 감독님을 소개받은 적이 있었다. 아주 유명한 영화는 아니지만 본 적이 있는 작품을 찍은 감독님이라 왠지 반가웠고 데이터 과학이라는 일이 이런 곳에까지 데려다 주다니 신기하기도 했다. 그분이 데이터 과학자를 찾은 이유인즉슨, 최근 쓴 시나리오에 빅데이터를 다루는 사람이 나오는데 직업이나 기술 관련 세부 사항에 대해 자문이 필요하다는 것이었다. 마침 시나리오를 읽어 볼 정도의 여유가 있었고 영화에서 나의 직업이 어떻게 비칠까 흥미로웠기에 일단 돌아가서 읽고 간단히 메일로 리뷰하기로 하고 시나리오를 받아 들었다.

그리고 읽는 내내 깊은 한숨이 나왔다. 일에 대한 묘사가 실제와 다른 점은 전혀 문제되지 않았다. 당연히 데이터 과학자가 어떤 일을 하는지 잘 모를 것이요, 매체에서 빅데이터 이야기를 접한다고 하더라도 실제 빅데이터가 어떻게 처리되는지를 실무자만큼 알 수는 없다. 그래도 좀 제대로 표현해 보겠다고 어찌어찌 수소문해서 나한테까지 연락이 온 것일 테니까 말이다.

다만, 한숨이 나왔던 이유는 '사람들이 데이터 다루는 사람을 어떻게 보는지'가 보였기 때문이었다. 등장 인물의 직업이나 배경을 소개하기 위해 제시된 초반 장면이 데이터 과학자가 특정 사람이 무엇을 보고 구매하는지 데이터를 뒤져서 뒷조사를 하고 주변 사람들과 시시덕거리는 장면이었다. 내용 전개에 꼭 필요한 장면도 아니었다. 물론 매체에서 보여 주는 직업의 이미지가 단편적이면서 어느 정도 과장될 수밖에 없고 잘 모르는 사람이 그리는 직업의 모습은 사실 왜곡되기 마련이다. 하지만 데이터 과학자가 회사에서 어떤 일을 하는지 보여주는 장면일 뿐인데도 그런 이미지가 초반에 반복적으로 나타나는 것을 보니 다소 불쾌하기도 했고 막막한 기분도 들었다.

일단 시나리오에 대해 '데이터 과학자는 이런 일을 하는 사람이 아닙니다. 개인정보는 특히 조심해서 다루게 되어 있고 일과 상관없이 남의 정보를 뒤져서 그걸로 주변 사람과 농담 따먹기를 할 수 있을 정도로 시간이 넘쳐나지도 않습니다' 정도의 의견을 표명했지만, 기분이 영 찜찜한 것은 어쩔 수 없었다. 사람들의 이런 오해를 풀기 위해서 어디서부터 손을 대야 할까 생각했다.

그러다가 직업 윤리라는 말이 생각났다. 데이터 과학자가 자신의 직업에 대한 윤리 의식을 가지고 있으며 직업 윤리를 지키며 일하는 모습을 세상에 더 많이 보여 줘야겠다고 생각했다. 그러면서 자연스레 데이터 윤리라는 말이 떠올랐는데, 이 일의 직업 윤리란 어쩔 수 없이 데이터 윤리와 많이 결부되어 있기 때문이었다. 앞서 언급했지만 데이터 윤리는 개인정보 유출이나 인공지능의 편향성 문제와 관련해 사람들이 많이 관심 갖는 주제이기도 하다.

'데이터 윤리'하면 가장 쉽게 떠올리는 주제이고 가장 직접적으로 연결되는 주제는 개인정보다. 많은 회사가 고객의 개인정보를 보유하고 있고 이를 상업적으로 이용하거나 무분별하게 제3자에게 노출하고 있다. 많은 사람이 2016년 케임브리지 애널리티카(Cambridge Analytica)라는 회사가 페이스북의 데이터에 부적절하게 접근하여 수집한 데이터를 대선 캠페인을 위한 타기팅에 사용해 문제가 되었던 사실을 기억하고 있을 것이다.[37] 해외 사례가 아니어도 온라인 쇼핑몰이나 금융 사이트에서 회원 정보가 대량으로 유출되고 거래되었던 사건도 기억할 것이다. 혹은 한곳의 회원 정보가 유출되면 동일한 ID와 비밀번호로 가입한 다른 서비스에서도 추가로 정보가 유출되는 행위도 왕왕 일어나고 있음을 알고 있을 것이다. 그리고 누구나 이제는 이런 사안에 대해 경각심을 가지고 우리의 정보가 어떻게 사용되어야 하는지 관심을 가져야 한다는 것도 알 것이다.

데이터를 직접 만지고 사용하는 사람은 유의해야 할 것이 더더욱 많다. 물론 나는 윤리에 관해서는 전문 지식이 있기는커녕 여기저기서 주워듣고 겨우 채워 넣은 게 전부인 얄팍한 사람이다. 하지만 최소한 우리가 지킬 수 있는 것에 대해서는 생각해 볼 수 있다. 그리고 그렇게 짚어가다 보면 윤리라는 말이 거창해 보여도 현실은 그다지 어렵지 않다는 사실에 도달하게 된다. 데이터에 관해서도 역시 거창하지 않을 것이다. 데이터 윤리

---

[37] "페이스북: 5000만 개인정보 유출 어떻게 가능했나?" BBC News 코리아, 2018년 3월 21일, https://www.bbc.com/korean/news-43481991

이자 데이터 과학자의 직업 윤리는 데이터가 어디에서 나온 것인지를 인지하고 그 사용에 대해 이해하고 데이터의 주인과 데이터를 이용하는 사람의 권리가 훼손되지 않는 선에서 데이터를 활용하자는, 매우 당연한 이야기다.

우선 많은 사람이 인식하고 있는 개인정보 관련 데이터 윤리에 대해 생각해 보자. 이는 접근하기 매우 쉽다. 우리나라에도 기본적으로 개인정보라는 용어를 사용해 실제 사람에 대한 데이터 관련 법을 정의하고 있다. 학교 다닐 때 도덕이나 윤리 시간에 배운 것을 떠올려 보면 '윤리의 최소한을 규범화해서 강제력을 추가한 것이 법'이라고 했다. 그러면 일단 기본적으로 관련 법을 살펴보고, 법에 명시해 놓은 것을 가능한 한 체화하며 확장해 나가면 될 일이다. 물론 법이라고 하면 일단 자동으로 움츠러들면서 마음에 큰 부담이 생기기도 하지만, 사실 법에서 명시하는 내용은 굉장히 기본적인 내용이다. 아마 대부분은 간단히 훑어보면 '아, 별거 없구나' 하고 생각하게 될 것이다.

우선 우리나라에서는 데이터에 대해 어떤 면을 신경 쓰고 있는지 살펴보자. 앞서 살펴본 것처럼 데이터 사용과 관련된 문제는 대부분 데이터로 인해 개인의 권리가 침해될 때 발생한다. 이런 권리 침해는 보통 개인정보를 주의하지 않고 사용하는 데서 비롯된다. 그러다 보니 법에 명시된 사항도 개인정보 사용과 관리에 관한 내용이 주를 이룬다.

개인정보를 사용하고 관리하는 것에 대해 명시한 법은 크게 '개인정보 보호법'과 '정보 보안법'이라고 흔히 부르는 〈정보통신망 이용촉진 및 정보보호 등에 관한 법률(이하 정보통신망법)〉[38]이 있다. 개인정보 보호법[39]은 개인의 권리를 보호하기 위해서 개인정보의 사용과 처리 규율을 정의하고 있다.[40]

데이터를 사용하려고 마음먹은 기업은 여력이 된다면 가능한 한 많은 정보를 저장하고 싶어 한다. 하지만 다행히도 우리는 국가라는 법의 테두리 안에 살고 있고 거기에는 데이터를 저장하고 관리하는 것에 대한 법도 있다. 개인에 대한 정보를 수집하고 사용하는 것에 대해 기본적으로 나라마다 규제 방안을 마련하고 있다. 예컨대 구글의 '개인정보 수집 내역 관리 규정[41]' 같이 기업에서는 기본적으로 개인정보를 수집하기 전 개인에게 수집 내역을 통보하고 동의를 구하게 되어 있다.

우리나라의 경우 해당 내용이 '개인정보 보호법'이라는 법령으로 정의되어 있다. 개인정보 처리자(개인정보를 수집하고 처리하는 사람으로 데이터를 분석하는 사람도 당연히 포함된다)는 개인정보 보호법에 관련해서 지정된 기간마다 교육을 받도록 권장되며 정보를 사용하는 데도 많은 규제가 따른다. 하지만 의도치 않게 혹은 권리 침해의 심각성을 제대로 알지 못하고 개인정보를 사용하다 문제가 발생하는 것을 우리는 여러 번 보아 왔고 법을 자의적으로 해석해서 개인정보를 남용할 때 한숨을 쉬기도 했을 것이다. 개인정보 처리자 외에도 정보 주체로서의 개인들도 관련 법 조항을 이해하고 알아 두는 것은 현대 사회를 살아가기 위해 꼭 필요하다.

38　https://www.law.go.kr/법령/정보통신망이용촉진및정보보호등에관한법률
39　https://www.law.go.kr/법령/개인정보보호법
40　이하 모든 법 내용은 2022년 12월에 최종 확인된 내용이다.
41　https://policies.google.com/privacy?hl=ko

여기서 말하는 개인정보란 살아 있는 개인에 관한 정보로서 성명, 주민등록번호 및 영상 등을 통하여 개인을 알아볼 수 있는 정보(해당 정보만으로는 특정 개인을 알아볼 수 없더라도 다른 정보와 쉽게 결합하여 알아볼 수 있는 것을 포함함)를 말한다.[42] 더 구체적으로는 기본 개인 식별 정보 및 이와 관련해서 개인의 다른 상태를 알 수 있는 정보로 기본 인적 사항(주소, 전화번호 등), **사회적 정보**(전과 기록, 과태료 납부 기록 등), **경제적 정보**(소득, 신용카드 번호 등), **신체적 정보**(유전자 정보, 키, 지문 등), **교육 정보**(학력, 성적 등), **보건/의료 정보**(진료 기록, 장애 등급 등), **내면적 정보**(구매 기록, 검색 기록 등), **기타 정보**(IP주소, 위치 정보 등) 등이 있다.

이 중에서도 특히 유의해야 할 정보로는 '고유 식별정보'와 '민감정보'가 있다. 개인정보 보호법에서 정의하는 '고유 식별정보'란 개인을 고유하게 구별하기 위하여 부여된 식별정보로서 주민등록번호, 여권번호, 운전면허번호, 외국인등록번호를 말한다. 해당 정보를 수집할 땐 약관 등에 수집 항목, 이용 목적, 보유 및 이용 기간, 수집 거부 시 생기는 불이익에 대해 명시해야 한다.[43] 더불어 다른 곳에 제공하는 경우에도 수집할 때와 동일한 내용이 별도로 명시되어야 한다. 더불어 주민등록번호는 추가로 법령에서 명시하거나 정보 주체 혹은 제3자의 생명 및 재산을 위해서 급박하게 필요한 경우가 아니면 이를 처리할 수 없도록 되어 있다.[44]

'민감정보'는 사람들이 가장 흥미로워하면서 두려워하는 정보로 개인정보 보호법에서는 사상·신념, 노동조합·정당의 가입·탈퇴, 정치적 견해,

---

42 「개인정보 보호법」 제2조 제1호
43 「개인정보 보호법」 제17조 제2항 및 「개인정보 보호법 시행령」 제15조의2
44 「개인정보 보호법」 제24조의2 제1항

건강, 성생활 등에 관한 정보 및 유전자 검사 등의 결과로 얻어진 유전정보나 「형의 실효 등에 관한 법률」 제2조 제5호에 따른 범죄경력자료에 해당하는 정보 등을 민감정보로 정의하고 있다.[45] 해당 정보는 국가 기관, 국제기구, 범죄 수사, 재판, 형 집행 관련, 혹은 개인정보 보호 위원회의 심의를 거친 경우에 한해 민감정보로 분류되지 않은 일반 개인정보로 사용할 수 있고 그 밖에는 제한적으로 사용해야 한다. 기본적으로 대부분의 개인정보 처리자는 민감정보를 처리해서는 안 되며, 사용 시 수집 항목, 이용 목적, 보유 및 이용 기간, 수집 거부 시의 불이익에 대해서 별도로 명시하여 정보 주체로부터 동의를 얻은 경우에 한해서만 사용할 수 있다.

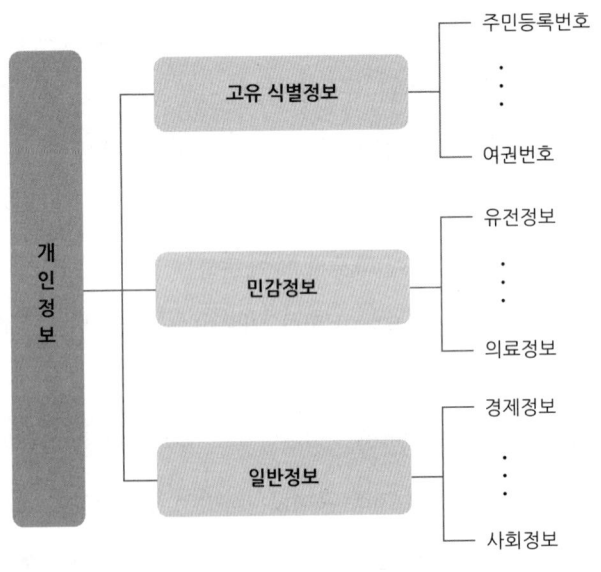

그림 2-5 개인정보의 구분

---

45 「개인정보 보호법」 제23조

데이터 과학자를 포함해 개인정보를 접하고 사용하는 사람이 지켜야 할 가장 큰 원칙은 제3조에 나와 있다.

> **개인정보 보호법 제3조(개인정보 보호 원칙[46])**
>
> ① 개인정보처리자는 개인정보의 처리 목적을 명확하게 하여야 하고 그 목적에 필요한 범위에서 최소한의 개인정보만을 적법하고 정당하게 수집하여야 한다.
>
> ② 개인정보처리자는 개인정보의 처리 목적에 필요한 범위에서 적합하게 개인정보를 처리하여야 하며, 그 목적 외의 용도로 활용하여서는 아니 된다.
>
> ③ 개인정보처리자는 개인정보의 처리 목적에 필요한 범위에서 개인정보의 정확성, 완전성 및 최신성이 보장되도록 하여야 한다.
>
> ④ 개인정보처리자는 개인정보의 처리 방법 및 종류 등에 따라 정보주체의 권리가 침해받을 가능성과 그 위험 정도를 고려하여 개인정보를 안전하게 관리하여야 한다.
>
> ⑤ 개인정보처리자는 개인정보 처리방침 등 개인정보의 처리에 관한 사항을 공개하여야 하며, 열람청구권 등 정보주체의 권리를 보장하여야 한다.
>
> ⑥ 개인정보처리자는 정보주체의 사생활 침해를 최소화하는 방법으로 개인정보를 처리하여야 한다.
>
> ⑦ 개인정보처리자는 개인정보를 익명 또는 가명으로 처리하여도 개인정보 수집목적을 달성할 수 있는 경우, 익명처리가 가능한 경우에는 익명에 의하여, 익명처리로 목적을 달성할 수 없는 경우에는 가명에 의하여 처리될 수 있도록 하여야 한다.
>
> ⑧ 개인정보처리자는 이 법 및 관계 법령에서 규정하고 있는 책임과 의무를 준수하고 실천함으로써 정보주체의 신뢰를 얻기 위하여 노력하여야 한다.

---

46 https://www.law.go.kr/법령/개인정보보호법(책의 본문은 2022년 12월에 확인한 내용이다.)

어려운 이야기가 아니다. 법령에서 정의하는 개인정보에 대해 이해하고 명확하고 필수적인 목적으로만 개인정보를 다루고 최소한의 개인정보만을 수집하고 사용하며 사용 내용을 공개할 수 있도록 하고 최대한 익명 처리해서 사용하고 사생활 침해가 발생할 가능성을 최소화하면 된다. 너무나도 당연하기 그지없는 이야기다. 데이터 과학자의 윤리라는 것이 이렇게 쉽다.

정보통신망법은 또 어떤가. 데이터 사용에 있어서 주로 신경 써야 하는 것은 4장과 5장이다. 4장은 개인정보 보호법과 거의 유사한 내용을 다루고 있고 5장은 정보 유통과 삭제 등에 대한 실제 실행 방안을 제시한다. 정보통신망법과 개인정보 보호법 등을 법적 근거로 하여 ISMS(Information Security Management System)라는 인증 제도가 만들어져 있다.

아쉽게도 여전히 국내 정보 주체(개인)와 기업들은 개인정보 보호 중요성에 대한 의식이 강하지 않다. 개인은 서비스를 이용하면서도 해당 기업에서 어떤 정보를 수집하는지 명확히 인지하지 못하고 있으며 기업에서도 세부 사항을 꼼꼼히 검토하지 않고 무작정 데이터를 수집하거나 허술하게 관리해서 밖에 흘리는 경향이 있다. 최근에는 다양한 데이터 분석 기법을 통해 식별 정보로 분류되어 있지 않은 정보인데도 식별 용도로 사용되기도 한다. 또한 내면적 정보는 의도치 않게 개인에게 민감한 정보를 담게 될 수 있는데, 예컨대 영화 사이트에서 정치 관련 영화를 예매했을 때 예매 기록을 통해 정치 성향을 추정할 수 있다거나 종교 서적을 구매한 기록을 통해 종교를 추정할 수 있는 경우가 그렇다. 이런 정보를 민감정보로 만들자는 사안도 고려되고 있다.

하지만 법적인 근거가 명확하지 않거나 법이 있더라도 직접적으로 적용된 사례가 없다면 정보 주체, 수집 주체 모두 해석에 어려움을 겪는다. 법을 대충 해석하고 멋대로 약관에 명기하거나 개인에게 불이익을 줄 수 있는 점을 대수롭지 않게 여기고 따로 명기하지 않기도 한다. 개인정보 수집 및 제공 동의 약관은 엄연히 법령과 관련이 있는 부분이기 때문에, 기업마다 서비스마다 구체적인 항목을 면밀히 따져 작성해야 하는데 그저 법령에 나와 있는 내용을 그대로 복사한다거나 다른 기업에서 작성한 내용을 따라 쓰는 경우도 잦다. 언론에서도 '일반적으로 사람들이 약관을 읽지 않는다는 것을 고려할 때…'라는 말을 공공연하게 쓴다.[47] 잊을 만하면 한 번씩 사건 사고가 발생하지만, 다들 그 사고에만 집중하고 본질은 생각하지 않는다. 이런 사고를 방지하려면 어떻게 해야 하는지는 늘 뒷전이다. 달은 항상 떠 있고 누군가는 달을 봐야 한다고 매일 가리키고 있지만 어디선가 "와, 저 사람 손가락 이상하게 생겼어!"라고 외치면 손가락을 보느라 정신을 차리지 못한다.

기본적인 개인정보 보호 외에도 데이터 과학자가 중요하게 고려해야 하는 부분은 결과 전달에 관한 것이다. 결국 데이터 과학자란, 데이터로 문제를 풀어서 사람들에게 데이터로 설명하는 일종의 데이터 번역가의 역할을 하기 때문이다. 많은 사람이 데이터를 기반으로 판단한다고 하면서 정작 숫자 해석에는 능숙하지 않다. 따라서 분석 결과를 잘 풀어 내는 것이 데이터 과학자의 큰 역할이라고 생각한다. 이런 역할 의식은 윤리 의식과도 결부된다. 본인이나 주변에서 원하는 대로 결과를 해석, 전달하

---

[47] 문현웅, "회사에 의해 즉시 뼈와 살이 분리된다니…" 조선일보, 2019년 6월 12일, https://jobsn.chosun.com/site/data/html_dir/2019/06/12/2019061200601.html

지 않는 것은 결국 데이터 분석 결과를 얼마나 바르게 반영하는가와 관련 있다.

데이터 모델의 결과를 해석해서 사람들을 설득하거나 의사 결정에 데이터 분석 내용을 반영해야 할 때, 쉽게 전달하기 위해 가정을 생략하거나 개인적인 의견을 섞을 수 있다. 95%의 신뢰 구간에서는 유의하지 않으나 90%에서는 유의하다면 그냥 '유의하다'라고 의견을 전달할 수도 있는 것이다. 결과를 듣는 상대방은 실험의 조건이나 가정에 대해 자세히 파악하지 않고 데이터에 관한 한 데이터 과학자의 의견을 존중할 것이고 이는 최종적으로 서비스에 그대로 반영될 것이다. 물론 데이터 분석 결과를 전달하는 방법에 대해서 정답이 있는 것도 아니고 각자 상황과 방법론이 다르기 마련이다. 하지만 데이터 과학자는 실험 내용 및 결과에 대해서 확실하게 명시하고 전달할 책임이 있다. 확률에 따라 달라지거나 가정이 많은 결론일지라도 다른 사람에게 이런 내용을 전달할 때는 그런 가정을 구구절절하게 설명해서 논점이 흐려질 가능성이 있다면, 이를 생략하고 보다 단정적이고 명확하게 말해야 할 때가 있다. 다만, 이런 현재의 결과가 외부 요인으로 인해 변경될 수 있음을 같이 명시할 수 있다.

그뿐만이 아니다. 데이터의 부정확성 혹은 편향성으로 인해 데이터를 사용하는 기능의 결과가 윤리적으로 올바르지 않은 결과를 낼 수도 있다. 한 예로, 2018년 구글 포토(Google Photos)가 흑인을 '고릴라'로 자동 분류하는 문제가 발생한 적이 있다. 아마도 이는 잘못된 데이터 라벨링, 편향된 데이터, 혹은 모델의 낮은 정확도로 인해 발생한 문제일 것이며 일부러 의도해서 만든 설계는 아닐 것이다. 하지만 어떤 원인에서든 결과는 인종 차별의 위험성이 있어 해당 기능과 관련된 모든 사람이 책임져야 할 문제이고 데이터 과학자 역시 자유롭지 못하다.

데이터 과학자는 데이터를 올바르게 라벨링하고 적합한 알고리즘을 선정해야 하며 무엇보다 결과에 책임을 져야 한다. 이제는 머신러닝과 인공지능이 여러 분야에 다양하게 사용되면서 데이터가 사내 의사 결정을 넘어서 사외 사용자에게까지 영향을 미치는 경우가 늘어났다. 그럴수록 데이터 과학자는 사회의 윤리를 이해하고 본인이 다루는 데이터가 사용자에게 끼칠 영향, 특히 부정적인 영향을 항상 고려해야 한다.

머신러닝까지 가지 않더라도 간단한 고객 분석에서도 데이터 윤리는 지켜져야 한다. 한 가지 사례로 데이터 과학자가 만들어 내는 사용자 프로파일링 활용 문제가 있다. 이제는 유명한 타깃[48]의 고객의 임신 예측 에피소드는 간단한 형태였지만, 사용자의 행동 데이터로 만들어 낸 프로파일이 좁게는 소비자에게, 넓게는 사회에 어떤 영향을 미치는지 잘 보여 주는 사례였다. 미국 캘리포니아주의 소비자 개인정보 보호법인 CCPA[49]에서는 개인정보에 '소비자의 선호도나 특징을 유도할 수 있는 다른 정보로부터의 추론'까지도 포함하고 있다.

물론 이런 정보는 '추론'이므로 사용자에 대해 100% 파악하진 못할 것이라고 생각할 수도 있다. 하지만 각 서비스의 입맛에 맞게 만들어진 사용자 프로파일은 서비스 내에서 사용자에게 부여되는 일종의 '점수'가 되어 버린다. '특정 마케팅 방식이 적합한 사람들', '특정 상품을 선호하는 사람들'처럼 사용자 특성을 추정하여 비슷한 사용자끼리 묶는 군집화는 비록

---

[48] 미국의 종합 유통업체로, 본사는 미네소타주 미니애폴리스에 있다. 미국에서 여덟 번째로 큰 유통업체이다(http://target.com/).

[49] California Consumer Privacy Act(https://oag.ca.gov/privacy/ccpa)

사용자를 일렬로 줄 세워 등급을 매기는 것이 아니더라도 사용자에게 '라벨'을 붙이는 것이 아니라고는 할 수 없다.

미국 펜실베니아 주립대 교수 조셉 터로우(Joseph Turow)[50]는 《The Daily You》[51]라는 저서에서 "프로파일로 사람을 구분해 버리면, 개인의 프로파일은 그 개인에 대한 점수가 되어 버린다"라고 했다. 이렇게 점수화된 프로파일은 '데이터', '알고리즘'이란 이름을 달고 마치 신이 내려 준 절대적인 사실인 양 여기저기서 무게를 가지고 사용된다. 그래서 프로파일을 사용할 때는 조심해야 한다. 데이터를 기반으로 만들어 낸 것이더라도 말이다. 특히 프로파일을 인구 통계학 정보와 결합하는 것은 프로파일을 서비스나 기업 입맛에 맞게 사용하는 가장 손쉬운 방법이지만, 기존의 차별이나 고정관념과 연결되면 이를 더 고착화하는 결과를 낳을 수 있다.

미국에서 흑인의 경제 사정이 평균적으로 백인보다 낮다고 해서 백인에게만 고가의 제품을 할인하는 쿠폰을 보낸다든가 하는 행위는 그 자체로도 차별적이고 이로 인해 백인의 고가 제품 구매가 흑인에 비해 증가하면, 이 데이터가 또 프로파일에 반영되어 차별을 더욱 고착화할 것이다. 이런 식으로 프로파일을 비윤리적으로 사용하면 사용자에게 붙인 점수가 편견을 낳고 이런 편견을 확산시키고 강화할 수 있다. 데이터와 알고리즘은 객관적이라고 하지만 이는 좋게 말했을 때고 나쁘게 말하면 '주관'이 없고 '윤리 개념'이 없다. 여기에 제대로 된 주관과 윤리 개념을 부여하는 것은 이를 사용하는 사람이다.

---

50 펜실베이니아 주립 대학교 커뮤니케이션 교수로 주 전공은 마케팅과 뉴미디어다(https://www.asc.upenn.edu/people/faculty/joseph-turow-phd)

51 Joseph Turow, The Daily You: How the New Advertising Industry Is Defining Your Identity and Your Worth, Yale University Press, 2013

데이터는 과거의 기록이다. 데이터는 현재 변경되어야 하는 것들을 담고 있지 못한다. 데이터로 만들어진 것은 과거의 유산이므로 현재에 그대로 사용, 배포하는 것은 과거의 상태를 강화한다. 법원에서 부당하다고 생각되는 판결을 내릴 때면 '얼른 AI 판사가 나와야 해.' 하며 이야기하지만, 실제로 AI는 기존 판사들이 내린 판결 데이터를 기반으로 학습하기 때문에 보정을 거치지 않는다면 똑같이 부당한 판결을 내고 이를 규칙화해서 더욱 견고히 할 것이다. 이 규칙에 맞게 나온 결과가 모델에 또 반영되면, 현상이 더 굳어질 것이다.

따라서 데이터를 만지는 사람은 이런 사용자 프로파일을 만들어 사용하는 데에 더욱 주의를 기울여야 한다. 외부로 전달할 때도 주의해야 하며 사용자에게 실질적인 차별을 야기하지는 않는지 늘 관심 가져야 한다. 차별은 생각보다 사소한 곳에서도 발생한다. 백인이 대부분 사용하는 밝은 색 화장품 판매량이 높다고 해당 색에만 할인 정책을 펼치는 것도 해당 고객을 제외한 나머지에게는 금전적으로 차별을 가하는 행위다.

무엇보다 데이터 과학자는 데이터 기반, 근거 기반으로 이루어진 일을 하기 때문에 다른 사람의 행동에 더 큰 영향을 미친다는 점을 유념해야 한다. 이렇게 데이터 과학자의 언행은 무게감이 크다.

데이터 과학자가 단지 직감이나 추정에 기반해 대충 한 말에도 다른 동료는 '저 사람은 그것을 뒷받침하는 데이터를 가지고 있을 거야', '데이터로 결론 낸 말일 거야' 하고 생각하기 쉬우며 다른 사람의 말보다 더 설득력 있다고 생각할 수도 있다. 그런 행동에 대한 책임은 데이터 과학자 본인에게 있다.

물론 데이터 과학자도 경험과 도메인 지식이 쌓이면, 빠르게 이것저 것 일을 하며 직감이나 추정에 근거한 이야기를 툭툭 꺼낼 수 있다. 누구나 근거 없는 의견을 낼 수 있고 다른 직업을 가진 사람들도 자기 말에 책임을 져야 하지만, 데이터 과학자는 특히 책임이 무겁다는 것을 명심하자. 조금 억울하다고 느낄 수도 있겠지만, 데이터로 본인의 말에 무게를 싣는 일에 매력을 느껴서 선택한 직업 아니던가.

데이터 윤리도 일반적인 윤리와 마찬가지로 당연해 보이지만 생각보다 실천하기가 쉽지 않다. 특히 기업에 속해 있다면, 데이터 윤리는 기업의 빠른 이윤 추구와 성과 달성이라는 목표와 늘 상충할 수 있다. 실험군과 비교군의 차이가 유의하지 않은데도 차이가 있다는 것만으로 결과를 사용하고 싶어 하는 동료를 설득하는 작은 일부터 추천 시스템을 당장 다음 주에 론칭해야 하는데 사용하는 데이터가 편향적인 것이 발견되었을 때 어떻게 해야 할지 갈등하는 일까지. 이런 윤리적인 면에서 갈등해야 하는 일은 생각보다 잦을 것이다. 그리고 항상 원칙에 따라 행동하기란 어려운 일이다. 기업 소속의 데이터 과학자는 최종 결정에 큰 영향을 미치기 어렵다. 빠르게 돌아가는 업계에서 이런 윤리를 강조하다 보면 왠지 보수적이고 고리타분한 사람처럼 보이면서 회사가 성장하는 데 발목을 잡는 사람이 되는 것 같은 기분이 들 수도 있다.

하지만 그런 기분 때문에 본질을 잊어서는 안 된다. 눈을 가리고 기업속도에 맞춰 진행했다가는 나중에 더 큰 난관이 기다리고 있을 것이다. 바르지 않은 것에는 문제가 쌓이기 마련이다. 최소한 이런 데이터 윤리에 대해 꾸준히 생각하고 맡은 일에 대해 윤리 문제의 발생 가능성을 늘 고려하는 습관을 들이자. 놓치고 있는 것은 없는지 종종 스스로에게 물어보고 어딘가 이상하다는 생각이 들 땐 그냥 넘어가지 않고 관련 내용을 꼼꼼히 찾아보자. 주변에서도 문제가 될 수 있는 상황이 보인다면 당당하게 윤리적 내용을 언급해 보자. 이 정도가 우리가 데이터 과학자로서의 직업 윤리를 지키면서 일하는 것의 시작이 아닐까 생각한다.

시나리오상 데이터 과학자의 모습이 이상하다고 실제로는 그런 직업이 아니라고 메일을 보냈지만 어떠한 답변도 받지 못했다. 그 시나리오로 영화를 찍었는지는 아직 발견하지 못했다(이후 그 감독 프로필을 검색해 봤지만 비슷한 영화는 찾을 수 없었다). 일단은 다행이었지만, 데이터 과학자로서 나는, 내 동료들은 항상 우리 일에 당당할 수 있을까 하는 생각이 들었다. 나중에 비슷한 일을 또 겪었을 때 동일한 답신을 보낼 수 있을까? 아직은 그렇다고 생각하지만 계속 그럴 수 있도록 해야겠지. 별것 아닌 일에 부끄러울 수는 없는 일 아닌가. 우리가 타인에게 그리고 우리 자신에게 보여 줄 수 있는 데이터 과학자의 모습이 늘 당당할 수 있도록 말이다.

3부

데이터 과학자가 생각하는 세상

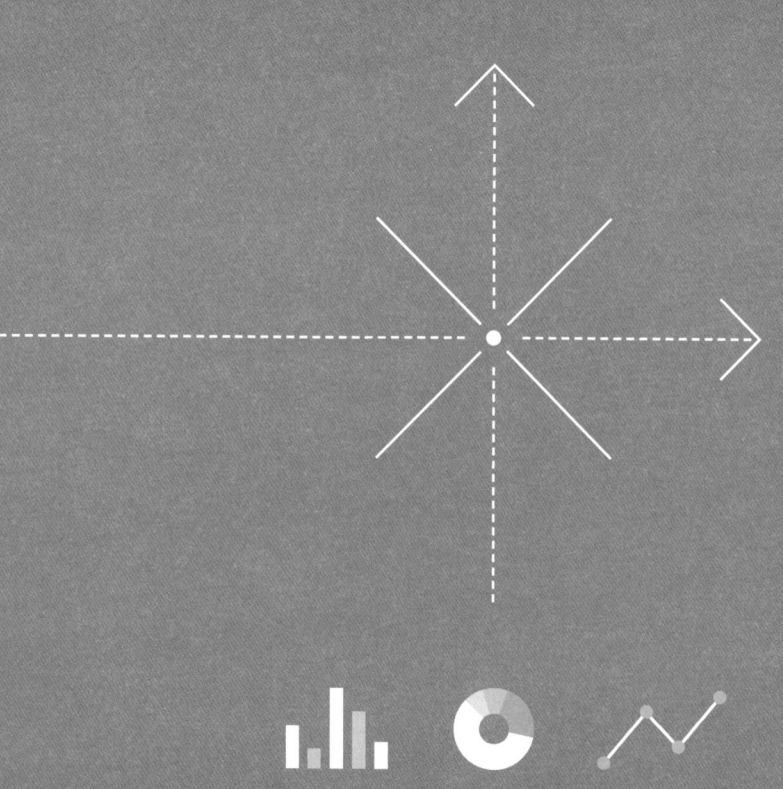

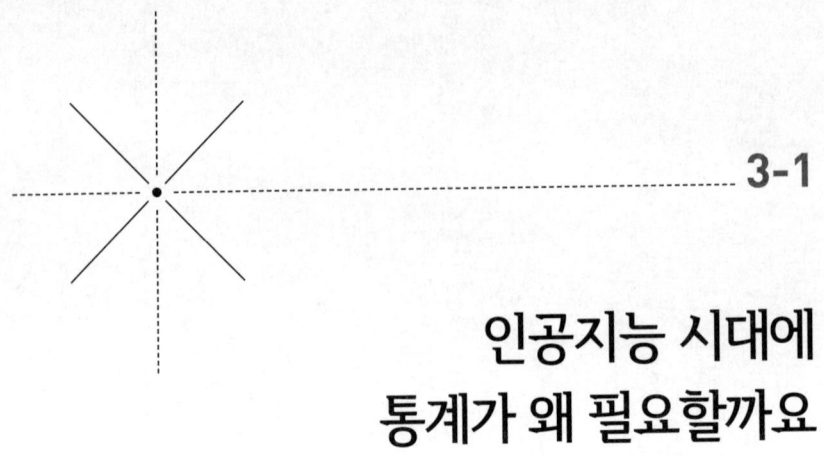

3-1
인공지능 시대에 통계가 왜 필요할까요

인공지능이 대세라는 말이 이젠 지겨울 정도로 이곳저곳에서 인공지능이란 단어가 활용되고 있다. 딥러닝이 여기저기서 언급되기 시작하면서 은근히 지펴지던 열기는 2016년 이세돌과 알파고의 대결에서 알파고가 4승 1패로 이기면서 한층 달아올랐고 이제는 가전제품 같이 우리와 밀접한 관계를 맺고 있는 물건들에도 '인공지능'이라는 단어가 붙곤 한다.

최근 업무와 관련하여 사람들과 이야기를 나눌 때도 인공지능에 대한 관심이 눈에 띄게 높아졌음을 체감할 수 있는데, 과거에는 '데이터 분석에 머신러닝 기법을 사용해야 하냐', '통계와 데이터 마이닝이 어떻게 다르냐' 등의 질문이 주를 이루었다면 최근에는 거기서 한 발짝 더 나아가 '데이터 분석은 인공지능하고 무슨 관계냐', '통계 기법은 인공지능 시대에 뒤떨어진 것 아니냐' 등으로 관심이 옮겨졌다. '인공지능에 데이터가 왜 필요하냐', '데이터나 통계 기술은 이제 머신러닝이 나오면서 쓸모 없어진 것 아니냐' 하는 질문은 예전에도 없진 않았지만, 최근에는 답을 이미 정해 놓고 질문을 가장한 주장을 펼치기도 한다.

이런 질문에 대한 내 답변은 비슷하다. '데이터로 문제를 풀고 해답을 찾는 데 최적의 방식은 문제에 따라 다르다. 따라서 다양한 시도를 해보고 그중 가장 적합한 방식을 사용하면 된다고 생각한다. 문제에 따라서는 그 방식이 통계 기법이 될 수도 있고 머신러닝 알고리즘을 활용한 기법이 될 수도 있다. 각 방식들이 서로 연관성이 없는 것도 아니고 기존에 없던 기술도 아니며 어느 한 방식이 다른 방식보다 뒤떨어진다고도 생각하지 않는다.'

딥러닝, 머신러닝, 빅데이터, 인공지능, 고급 분석 등 최근 데이터와 관련된 용어가 무분별하게 쏟아지다 보니 많은 사람이 용어의 개념을 궁금해하고 데이터 과학을 더욱 어렵게 느낀다. 하지만 면밀히 살펴보면 어떤 용어는 개념 자체가 모호하며 용어 간에 개념이 중첩되어 있기도 하다. 어떤 용어가 갑자기 주목을 받았다고 해서 다른 쪽이 갑자기 사라지는 것은 아니다.

많은 사람이 인공지능이라고 하면 어떤 모델이 자동으로 돌아가고 성능이 계속 향상되는 말을 하고 물리적으로 작동하는 고도화된 로봇 같은 것을 떠올린다. SF 영화 〈2001 스페이스 오디세이〉의 'HAL'이나 〈A.I.〉와 〈프로메테우스〉의 '데이비드' 같은 로봇의 모습이 우리의 상상 수준을 너무 높여 놓았다. 이 정도는 아니더라도 인공지능을 기존의 컴퓨터 프로그램과 굉장히 차원이 다른 모습으로 생각하는 것 같다. 로보틱스 분야에서 만든 하드웨어를 제외하더라도 무언가 움직이는 것을 보기만 해도 인공지능이란 것이 기존에 없던 새로운 무언가라고 생각하기도 한다. 기존의 것을 완전히 부정하고 새롭게 태동하는 것 또는 프로그래밍만으로 만들어진 근사한 피조물이라고 상상하기도 했을 것이다.

그래서 이제는 친숙한 단어가 된 데이터나 통계는 이와 같은 피조물의 구성 요소가 아니라고 보는 건지도 모르겠다. 하지만 사실 이 생각에 동의하지 않는다. 데이터와 확률, 통계의 자리는 여전히 존재한다. 데이터 과학 분야에서도 어느 정도는 머신러닝 알고리즘을 사용한다. 클러스터링, 앙상블, 신경망, 이미 데이터 과학자 및 많은 컴퓨터 전공자가 알고 있고 심지어는 기존에도 사용하고 있던 알고리즘이다. 특히 신경망은 요즘 인공지능과 머신러닝을 이야기할 때 빼놓을 수 없는 딥러닝의 근간이 되는 알고리즘이다. 심지어 '5000원 이상이면 A로 가고 그보다 작으면 B로 가라' 같은 규칙 기반 알고리즘이나 휴리스틱[1]도 우리가 아는 머신러닝과 같이 사용된다.

머신러닝 알고리즘이 무에서 유를 창조하는 것도 아니다. 머신러닝은 말 그대로 기계에 입력 데이터를 떠먹여 주고 이를 기반으로 결과해서 예측값을 낸 후 결과 데이터와 맞춰 보면서 알고리즘으로 구성한 모델의 예측 적중률을 높이는 일이다. 그리고 그 과정에서 추가로 알고리즘 자체에서 모델의 적중률을 평가하는 연산을 통해 성능을 높인다. 추천 기능과 같이 우리에게 어느 정도 익숙한 기능은 머신러닝 알고리즘과 이런 규칙 및 휴리스틱의 합작품이다. 가까운 사례로 쇼핑몰에 들어갔을 때 '당신이 살 것 같은 제품'이라고 보여주며 우리의 시선을 잡아 끄는 것도, 보통은 내

---

1 행동경제학이나 심리학에서 자주 사용되는 용어로 정밀한 정확성을 무시하고 일반적으로 좋은 해결법이나 보다 간단한 해결법으로 풀고자 하는 문제 해결법이다. 예를 들어 컴퓨터 바이러스 검색 소프트웨어들은 특정 속성이나 특징들을 임의로 정한 후 이를 검색해서 바이러스나 나쁜 소프트웨어를 찾아낸다. 하지만 잠재적인 정확도 하락의 요인이 되기도 한다.

가 구매한 다른 제품을 구매한 다른 사람이 같이 샀던 제품들 중 잘 팔린 제품이라거나 해당 제품과 같은 카테고리에 있는 제품 중 잘 팔리는 제품이라거나 내가 1달 전에 샀던 제품같이 이해하기 쉬운 '규칙'을 통해서 나온 것들이 많다.

이런 이야기를 하면 본인이 생각하는 인공지능과 다른 이야기를 한다고 생각하는 사람도 있을 것이다. 그래서 일단 인공지능의 개념을 이해하는 것이 필요하다. 인공지능에 개념적으로 접근하는 방법은 크게 계산주의와 연결주의 두 가지 관점이 있다. 계산주의는 인간의 뇌는 개념과 정보를 기호로 저장하고 수식을 푸는 것처럼 이를 조작하여 문제를 해결하는 방식으로 작동한다고 보았고 따라서 지능도 복잡한 계산의 연속을 통해 구현할 수 있다고 보는 관점이다. 일반적으로 지능이라고 했을 때 가장 먼저 떠오르는 계산이나 논리 같은 이성적 활동은 알고리즘을 통해 인간의 사고 과정과 비슷하게 수행될 수 있다. 실제로 가장 먼저 시작된 인공지능 연구 중 하나는 컴퓨터가 알고리즘을 통해 논리적 추론을 하도록 하는 방식이었다. 여기서 사용되는 알고리즘은 우리에게 머신러닝이나 데이터마이닝 같은 이름으로 이미 친숙한 분류나 회귀, 추론 등에 사용되는 확률 기반 알고리즘과 크게 다르지 않다.

반면에 연결주의는 인간의 뇌가 매우 간단한 기능을 하는 작은 단위들이 서로 복잡하게 연결되어 있다고 보는 관점으로 이 관점에서 지능을 구현하는 가장 흔한 접근 방법은 뇌의 신경망을 모방하는 것이다. 그중 가장 성공한 알고리즘은 인공 신경망(Artificial Neural Network) 알고리즘으로 뇌의 뉴런을 흉내 낸 모듈을 조합함으로써 인간의 두뇌 활동을 모방하려는 시도였다. 근 10년간 이를 기반으로 인공 신경망을 누적하고 압축하는 형태의 다층 인공 신경망을 통해 만들어진 것이 요즘 알파고를 비롯해 전성기를 누리고 있는 '딥러닝(DeepLearning)'이다.

딥러닝은 이미지 같은 데이터를 수치화하거나 이미 수치화된 데이터를 사용하여 이 안에서 흔히 '패턴'이라고 하는 특징을 찾아내어 일종의 분류 판단을 하는 머신러닝 알고리즘이다. 딥러닝의 근간이 되는 인공 신경망은 입력과 출력 사이에 뉴런 역할을 하는 노드를 연결하는 방식으로 구현되는데 이때 각 노드는 앞의 입력값마다 가중치를 부여한 값을 0과 1 사이의 값으로 결괏값을 내는 함수(간단한 S 모양의 곡선 형태로 나타나는 시그모이드(sigmoid) 함수가 가장 많이 사용된다)에 적용하고 그 결괏값을 다음 노드로 보내는 형태로 이루어져 있다.

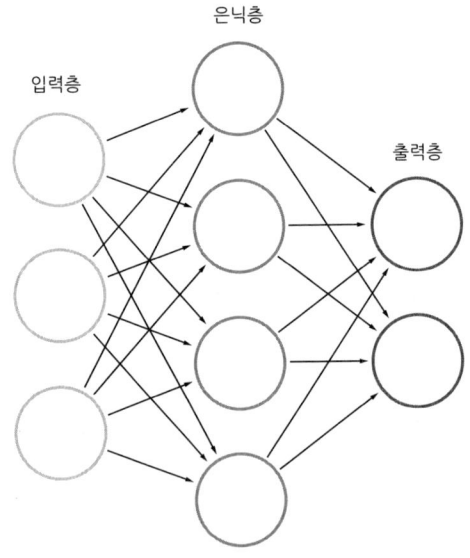

그림 3-1 인공 신경망의 기본적 구조[2]

---

2 https://ko.wikipedia.org/wiki/인공신경망

이때 인공 신경망의 성능을 좌우하는 것이 이 가중치다. 처음에는 임의의 값으로 가중치를 정하므로 웬만큼 운이 좋지 않고는 처음에는 결과가 부정확한 경우가 많다. 그러면 결과가 '부정확하다' 또는 '어느 정도 정확하다'라는 판단을 토대로 더 나은 결과를 위해 가중치를 재조정하는 과정을 거친다. 이런 과정을 통해 점차 결과의 정확도를 높이는 것이 머신러닝, 즉 기계가 하는 '학습'인 것이다. '학습'은 새로운 것을 익히는 것과 동시에 기존의 결과를 보고 본인이 못하는 것을 파악해서 개선하는 것인 만큼 머신러닝 역시 기계가 그동안 만들어 냈던 답과 실제로 일어난 결과와의 차이 정도를 계산하여 부족한 부분을 강화하고 개선하는 방법을 사용한다. 기본적인 확률과 통계가 재차 반복되면 결과가 더 좋은 값으로 개선되는 형태다. 딥러닝 역시 인공 신경망을 여러 층으로 겹쳐서 확산한 후, 계산된 많은 값을 집계하는 방식으로 이루어지므로 뉴런을 모방한 구조에서 크게 벗어나지 않는다.

우리에게 아주 익숙한 알파고를 살펴보자. 알파고도 내부는 다층의 인공 신경망으로 이루어진 큰 딥러닝 알고리즘이 있고 이런 알고리즘 여러 개가 조합되어 있다. 이 조합에 기존의 기보를 입력 데이터로 넣고 이것이 이긴 시합인지 진 시합인지에 대한 결과 데이터를 주고 이를 통해 이긴 시합의 수는 좋은 것으로 진 시합의 수는 나쁜 것으로 구하여 각 기보의 수를 합하여 확률 기반으로 판단하는 형태로 구성되어 있다.

그러므로 '머신러닝을 지나 인공지능의 시대가 왔으니 통계는 더 이상 쓸모없다' 혹은 '통계는 머신러닝이나 인공지능보다 떨어진다'라는 생각은 완전히 오해라고 생각한다.

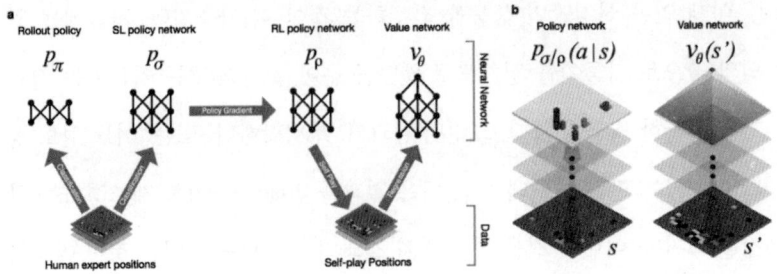

그림 3-2 알파고를 다룬 논문[3]에 제시된 알파고의 인공 신경망 구조

　빅데이터 시대, 인공지능 시대에는 여전히 통계가 할 일은 많다. 통계의 역할은 크게 두 가지 정도로 구분할 수 있다. 첫 번째는 인공지능 분야 내에서의 역할이다. 통계는 앞서 설명한 것처럼 머신러닝과 인공지능을 위한 초석으로 확률과 통계를 사용하지 않는 인공지능이란 상상할 수 없다. 요즘에는 데이터의 양이 늘고 하드웨어 성능도 발전하여 과거에는 물리적으로 구현하기 어려웠던 딥러닝 알고리즘도 실제로 구현 가능해져 알파고 같은 프로그램이 나올 수 있게 됐지만, 확률 모델을 기반으로 한 점은 여전하다.

　또한 유사한 알고리즘을 사용해서 구성한 여러 모델을 데이터에 맞게 최적화하는 과정은 대부분 무수한 통계 기법을 활용한 변수 튜닝 및 집계 방식 변경 등으로 이루어지게 된다. 따라서 기본적인 인공지능 알고리즘 프레임워크를 어느 정도 갖춘 상태에서 성능 개선을 통해 더 효과적으로 사용하기 위해서는 통계의 역할이 보다 중요해질 것이다.

3　D. Silver, A. Huang, C. J. Maddison, A. Guez, L. Sifre, G. van den Driessche et al., "Mastering the game of Go with deep neural networks and tree search", Nature 529(2016): 484, doi:10.1038/nature16961.

두 번째는 인공지능 분야 외에서의 역할이다. 아무리 인공지능이 대세라고 해도 여전히 인공지능과 크게 관련되지 않은 분야에서 통계가 할 일은 산더미처럼 많다. 이런 분야에서 통계의 필요성은 쉽게 줄어들지 않을 것이다. 정보 통신 기술의 발달로 다양한 서비스와 시스템이 대거 등장하고 있다. 그러면서 더욱 많은 사람이 데이터를 활용하기 위해 각 서비스와 시스템에 맞는 지표를 보려고 한다.

이런 지표를 결정하고 효과적으로 활용하는 일에는 인공지능이 쓰일 필요도 없으며 쓰더라도 완전하지 않다. 왓슨(Watson) 등 몇 가지 인공지능 플랫폼에서 유사한 일을 진행했으나, 아직 뚜렷하고 보편적인 성공 사례는 확인되지 않았다. 데이터를 통해 결정할 값의 기준을 설정하고 조정하고 결과를 유의하게 해석하는 일은 여러 산업 전반에서 필수적이고 이는 통계 개념을 기반으로 다양한 도메인 지식을 반영해 만들어진다. 아직 이를 인공지능이 유용하게 풀어내기는 어렵다. 마찬가지로 아직은 그리고 앞으로도 인공지능을 굳이 활용할 필요가 없는 문제, 통계로 해결해야 하는 문제가 여전히 산재해 있으리라 생각한다.

인공지능 붐이 일어나면서 통계 분야도 새로운 도전을 맞이하고 있다. 새로운 프레임인 데다 '컴퓨터가 인간을 이긴' 사례가 발생하다 보니 두려운 마음이 앞서는 사람들도 있다. 하지만 통계 입장에서 생각해 보면 늘 그랬듯이 기본적으로 '데이터가 중시되는 방향으로의' 변화에서는 통계의 역할이 작아지고 싶어도 작아질 수 없다. 물론 개념상 인공지능은 생물학, 철학, 심리학, 신경과학 등과 얽혀 있지만, 기본적인 뿌리는 전산학, 확률, 통계 이론에 두고 있다. 따라서 통계는 인공지능 분야 내외적으로 더욱 많은 활약을 할 것이다. 물론 이를 위해서는 인공지능을 기획하고 만드는 사람들이 통계학 기반을 튼튼히 다지고 그 위에서 인공지능 및 사용되는 배경지식에 대한 유연한 이해가 필요하다. 이런 유연성이라면 인공지능 시대가 도래해도 혹은 어떤 다른 환경에 처해도 통계의 역할은 더욱 커질 수밖에 없을 것이다.

데이터의 역할 역시 마찬가지다. 앞서 살펴본 것처럼 많은 머신러닝 기법에는 데이터가 필요하고 심지어 점점 더 많은 데이터를 사용해서 정확도를 높여 간다. 머신러닝 응용 분야에서는 '데이터는 현대의 석유[4]'라고 이야기하기도 한다. 가끔 데이터 없이도 프로그램이 자체적으로 학습할 수 있으니 데이터가 더는 중요하지 않다는 이야기도 나오지만, 이는 일부 분야에 국한된 이야기다. 우리가 아무런 교재나 자료 없이 모든 분야를 공부하기 어려운 것과 마찬가지다. 게임이나 일부 프로그램에서는 입력 데이터를 임의로 다양하게 자동 생성하고 이를 시뮬레이션해서 테스트 통과 여부(예를 들어, 로봇이 일어선다든가, 게임 스테이지를 통과한다든가)에 따른 결과 데이터를 생성해 이를 학습하기도 한다. 하지만 경우의 수가 매우 많거나 시뮬레이션에 한계가 있고 특정 도메인 지식이 필요한 경우에는 어느 정도 기존 데이터를 사용해야 한다.

알파고도 학습에서 일단 기존의 기보를 사용해서 데이터를 분류하고 자체 알고리즘 엔진을 생성한 후, 이를 기반으로 랜덤 데이터를 학습해서 기존 알고리즘을 업데이트하는 방식을 사용했다.[5] 자동차도 어떤 경우가

---

4 Kiran Bhageshpur, "Data Is The New Oil -- And That's A Good Thing" Forbes, November 15, 2019, https://www.forbes.com/sites/forbestechcouncil/2019/11/15/data-is-the-new-oil-and-thats-a-good-thing/?sh=20164c697304

5 알파고의 경우에도 이후 버전에서는 기존의 기보를 활용하지 않았으나, 이는 앞 문단에서 제시된 경우와 유사하다.

결함인지 아닌지, 어떤 경우일 때 속력을 줄여야 하는지 파악하려면 운행에 따른 센서 데이터와 주행 데이터를 봐야 할 것이다. 혹은 실제 상황과 유사한 여러 가상 환경에서 시뮬레이션을 거쳐야 할 것이다. 마찬가지로, 실제 서비스에 이런 인공지능을 사용하는 기능을 더하고 싶다면 기존 데이터에 머신러닝 알고리즘을 잘 엮은 엔진을 만들어야 한다. 이런 일은 그리 멋져 보이지 않았을 뿐 기존 데이터 과학에서도 어느 정도 하고 있던 일과 비슷하다. 그럼에도 인공지능이 하는 일이 기존 데이터를 가지고 하던 일보다 대단해 보인다면 데이터 과학자가 주변에 흔히 보이기 때문일까?

데이터 과학을 대하는 기업의 태도나 제약 사항 탓도 분명 있을 것이다. 많은 기업에서 데이터 분석을 원하는 결과만 받아 보기 위한 수단으로만 활용하고 데이터 분석 업무에서 시간 부족이나 우선순위 등의 문제로 다양한 알고리즘을 사용하고 다룰 기회를 갖지 못하며 데이터 과학을 더 멋진 곳에 활용하지 못하는 경우가 많다.

더불어 바둑 데이터는 완전히 정형이고 규칙이 완벽하게 구성된(바둑판의 크기, 돌의 종류와 수, 승패) 데이터로 전처리가 거의 필요 없는 형태다. 하지만 다양한 데이터를 정형화된 형태로 만들려면 데이터의 규칙과 적재 형태 결정부터 시작해서 무수한 전처리가 필요하다. 기존 데이터 분석에서도 전처리가 굉장히 중요하지만 머신러닝에서는 이런 규약이 더 중요하고 엄격한데, 처리해야 할 데이터는 훨씬 많고 사람의 손을 덜 타야 하며 계산의 복잡도가 더 크면서 계산 시간마저 길기 때문이다. 기존에도 데이터의 정합성이나 데이터 형태에 제대로 신경 쓰지 않는 문제가 있어 왔기에 머신러닝과 인공지능에 적용할 때도 성급하게 무언가를 하려고 하지만 수단만 있고 재료가 없어서 아무것도 못 하는 상황이 될까 우려된다.

인공지능과 머신러닝을 더 적극적으로 활용하고 싶다면 데이터가 필요 없다고 생각할 게 아니라 오히려 데이터의 모든 단계에 더 공을 쏟고 고민해야 할 것이다.

SF 소설가 윌리엄 깁슨(William Gibson)이 했다고 알려진 말 중에 '미래는 이미 와 있다. 단지 널리 퍼져 있지 않을 뿐이다.'라는 말이 있다.[6] 인공지능처럼 이 말이 적확한 곳이 있을까? 기존의 데이터와 지식을 사용한 인공지능은 이미 페이스북의 광고 추천, 처음엔 일부 자동차에서 쓰였지만 점점 적용 범위가 늘어나고 있는 오토파일럿 기능, 점점 많은 기능을 제공하는 인공지능 스피커 등을 통해 이미 우리 곁에 와 있었다. 나 역시도 긍정적이고 놀라운 인공지능 기능을 실생활에서 만나기를 기대하고 있다. 하지만 마치 몇 년 전 돌풍을 일으켰던 '빅데이터' 같이 새로운 신세계인양 기존의 통계나 확률 같은 것은 다 필요 없지 않냐는 혹은 데이터가 머신러닝에 왜 들이기냐는 이야기를 듣고 있다 보면 왠지 안타까운 마음이 든다.

멋진 신세계는 순식간에 만들어지는 것이 아님을 이해하고 현재의 데이터와 확률, 통계 기법을 본격적으로 활용해서 인공지능 세상에 먼저 뿌리내릴 방법을 고민하는 것이 '이미 와 있는 미래'를 더 의미 있게 퍼뜨리는 방법이 아닐까 생각한다.

---

6   quoteresearch, "The Future Has Arrived — It's Just Not Evenly Distributed Yet" Quote Investigator, January 24, 2012, https://quoteinvestigator.com/2012/01/24/future-has-arrived/

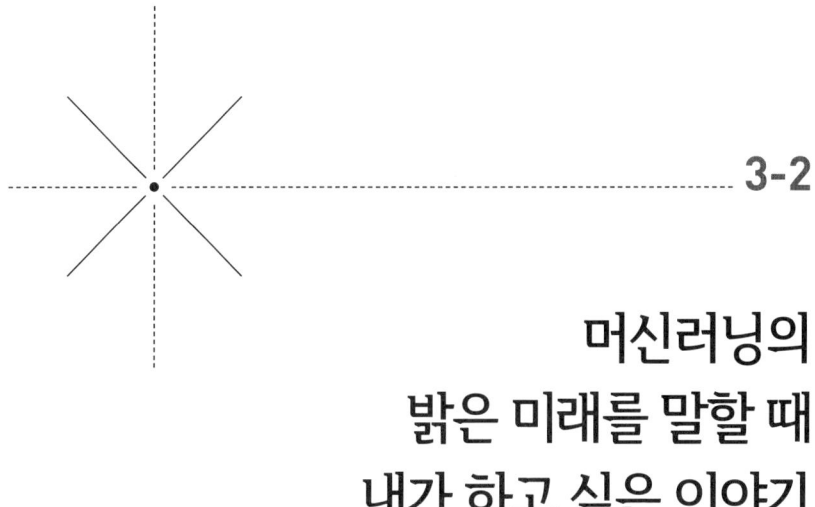

3-2

머신러닝의 밝은 미래를 말할 때 내가 하고 싶은 이야기

몇 년 전 AI 컨퍼런스에 참석했을 때 키노트로 피터 노빅(Peter Norvig)[7]의 발표가 있었다. 학생 시절 나를 괴롭혔던 인공지능 수업의 교과서이자 지금도 머신러닝계의 명저로 손꼽히는 책의 저자다 보니 여전히 그 이름을 기억하고 있다. 그분이 연사인 키노트를 직접 보게 되다니 신기했고 더욱 집중해서 보게 되었다. 그때의 발표 내용인즉, 무수한 딥러닝과 머신러닝 프레임워크가 등장하면서 인공지능 프로그램도 손쉽게 대량으로 만들어 낼 수 있게 되었지만, 여기서 주의해야 할 것이 머신러닝을 일반 프로그래밍처럼 다루게 되는 것이라고 했다.

딥러닝 모델을 프로그램 짜듯이 만들고 데이터를 모델에 적용해서 트레이닝을 디버깅 개념으로 사용하고 트레이닝에서 반복을 프로그램 패치

---

[7] 현재 구글의 디렉터이며, 2002년에서 2005년까지 핵심 웹 검색 엔진 개발을 이끌었다. 스튜어트 러셀과의 공저서 《인공지능-현대적 접근 방식》은 대표적인 머신러닝의 교과서로 쓰인다.

와 유사한 개념으로 받아들이는 경향이 있는데, 이렇게 일반 프로그래밍처럼 머신러닝 모델을 다루면서 간과하게 되는 것이 많다는 것이다. 특히 주어진 입력에 대해 출력값이 명확히 정해져 있고 정해진 대로 결과의 흐름이 이어져야 하는 프로그램과 달리, 머신러닝 알고리즘은 불확실성을 최소화하려고 할 뿐 모든 과정에서 불확실성과 확률이 존재하는데, 이 존재를 고려하지 않는다는 것이다.

이전에도 피터 노빅의 발표를 몇 번 들은 적이 있다. 주로 '프로그래머여, 머신러닝을 배워라'라는 내용이었고, 굉장히 진취적인 느낌이었던 것으로 기억한다. 그와 달리 이번 발표에서는 왠지 조금 지친 느낌을 내비치는 그를 보면서 조금 생경한 마음도 들었고 1년 사이 그 마음에 얼마나 많은 한숨과 고민이 지나갔을까 하는 마음도 들어서 기억에 매우 오래 남았다. 그 기분이 어떤 기분인지 조금은 알 것 같기도 했다. 어느 분야든 마찬가지지만 머신러닝처럼 주목받는 분야리면 더욱 '제대로 공부하지 않고 빠른 결과만을 위해 도구 사용에만 천착하는 경우'가 많을 것이고 이 분야를 수십 년 연구해 온 사람이 이런 상황을 생각해 본 적이나 있었을까. 그 와중에 이렇게 무조건 도구만 사용하려고 하면서 중요한 것을 계속 놓치는 모습을 보면 수많은 회한이 지나갈 것이다.

'프로그래머가 알고리즘을 이론적으로 알아야 하느냐'라는 주제가 가끔 주변 프로그래머 사이에서 아주 많이 회자되곤 했다. 많은 의견이 있었고 흥미로웠지만 조금은 서글픈 이야기들이었다. 세상은 빨리 변하고, 특히 프로그래밍 분야는 데이터 분야만큼 공부해야 할 것이 기하급수적으로 늘고 있다. 프로그래머 역시 맡은 일을 처리하는 것만으로도 빠듯한 사람들인데, 공부해야 한다는 것도 산더미다. 끊임없이 공부하라고 요구받는 와중에 제대로 하지 않는다고 논란거리가 되고 만다.

이론적인 내용이 필요 없다는 이야기는 언제나 있어 왔기에 빠르게 범위를 넓히고 있는 머신러닝 분야에도 역시 등장한 것 아닐까. 머신러닝 커뮤니티에서도 '수학 배경이나 알고리즘 이런 거 복잡하게 알 필요 없고 어떤 기능이 어떤 용도에 사용되는지만 알면 된다', '일단 나오는 기능을 바로 썼더니…' 같은 이야기가 계속 나온다. 물론 머신러닝 거품에 올라타기 위해 깊이 있는 이론을 건너뛴 것일 테고 완전히 이해 못할 정도는 아니다. 머신러닝이 다양하게 등장하기 전부터 머신러닝 알고리즘을 꾸준히 사용하던 데이터 과학 분야에서도 잊을 만하면 나오던 화제이기 때문이다. 이 담론이 이제 머신러닝이 IT 분야에서 상식이 되다 보니 관심 있는 사람 모두에게 퍼졌을 뿐이다.

피터 노빅같이 전설이 된 분도 머신러닝을 배워야 한다고 하고 여기저기서 인공지능이 등장하니 머신러닝을 배워야 할 것 같은데 개념도 뭔가 프로그래밍과 비슷한 듯 다르고 수식은 안 본 지 너무 오래되었고 어차피 프로그래밍 언어로 작동하고 입력값으로 데이터를 넣으면 결과가 나오는 건 똑같은데 일단 간단하게 쓰는 법과 용도만 알아도 충분할 것 같은데 왜 복잡한 수학적인 내용까지 우리가 알아야 하는가, 이거 말고도 공부해야 할 게 넘쳐나는데 같은 생각 말이다. 오죽하겠는가 싶다.

맨날 이것도 알아야 하고 저것도 알아야 한다는 말에 잔뜩 압박을 받고 이제는 그 압박에 익숙해질 법도 한데 익숙해지지 않는 데이터 과학자로 일하는 나도 여전히 공부하기 싫고 봐야 할 자료들이 쌓여 가는 것만 봐도 질리고 피로감이 밀려오니 말이다. 하지만 피터 노빅의 말을 그대로 옮기지는 않더라도 대충 어떤 데이터가 들어가고 어떤 결과가 나오며 이 기능을 어떤 용도로 사용한다 정도만 수박 겉 핥기 식으로 알고서 그걸 사용할 수 있냐고 묻는다면, 그건 아니라고 생각한다. 특히 머신러닝처럼 '불확실성'을 안고 갈 때는 더욱 그러하다.

물론 재미로 무해한 실험용 데이터를 가지고 '우와! 뭔가 신기한 그림이 그려진다', '뭔가 돌렸더니 결과가 나온다'와 같이 정도만 이해해도 충분하다면 이론을 이해하기 위해 딱히 시간과 노력을 많이 들일 필요는 없다. 몇 개의 동영상을 따라 하면서 예제 데이터를 함수에 넣고 작동하는지만 보면 충분하다. 잘 따라 했다면 어떤 그림이 나올 것이고 그 그림을 보고 기뻐하면 된다. 하지만 이 정도를 가지고 머신러닝을 쓸 줄 안다고 이해했다고 이제 다른 데도 활용할 거라고 해도 될까, 그래도 괜찮을까.

알고리즘을 적합하게 구현해서 매번 사용할 수 있는 정도가 되고 이게 어떤 논리로 작동하는지 과정 하나하나 세밀하게 이해할 수 있다면 정말 좋겠지만, 모두가 모든 알고리즘에 대해서 그렇게 이해하는 것은 불가능하다고 생각한다. 하지만 직접 구현하지는 않더라도 기본을 이해하고 사용할 줄 알아야 하지 않을까. 구조를 이해하지 않고 단순히 입력값, 출력값, 용도만 알고서 사용하면, 결과가 나와도 이것이 얼마나 제대로 된 결과인지, 사용해도 되는지, 혹은 이걸 사용하기 어렵다면 왜 어려운지, 어느 부분을 수정해야 하는지 알 수 없다. 더불어 머신러닝 알고리즘은 변수라든가 튜닝해야 하는 부분도 다수 있고 입력하는 데이터에 따라 각 알고리즘을 사용해서 만든 모델의 예측력 역시 달라질 수 있기 때문에 일반적으로 구현된 것을 그냥 기본값으로 가져다 썼을 때 기대하는 성능이 나올 것이라고 판단하기 어렵다.

특히 다른 프로그래밍은 결과만 보고 잘못되었다는 것을 바로 알 수 있는 반면, 머신러닝 알고리즘은 그렇지 않기에 더 주의해야 하는데, 이는 확률이 갖는 특유의 불확실성 때문이다. 따라서 최소한의 확률과 통계 지식, 알고리즘의 배경과 개념에 대한 이해가 선행되어야 한다.

더불어 데이터는 자신을 포함하는 도메인과 컨텍스트를 함의하는 입력값이므로 그저 큰 파일로 여기고 다른 파일 처리 프로그램에서처럼 사용할 수 있는 것도 아니다. 따라서 입력하는 데이터와 활용에 대한 사전 이해도 필요하다. 실제로 이를 '다루는' 사람이 과정과 결과에 대한 이해 없이 개괄적인 형태와 넓은 범위에서의 용도만 알아도 된다고 생각하는 건 굉장한 오만이다. 그리고 실제로 이런 오만으로 인한 결과를 우리는 이미 몇 가지의 실제 사례(와 수많은 SF 작품)에서 보지 않았는가.

다른 알고리즘이나 학문도 마찬가지지만, 머신러닝이라는 분야도 초기에는 매우 작고 단순한 알고리즘을 연구하는 형태로부터 시작되었고 어떻게 활용해야 할지 답도 없던 시기부터 자기 자리에서 훌륭하신 분들이 꾸준히 연구해서 나온 결과다.

지금 가볍게 가져다 쓰는 결과물을 조금이나마 이해하려고 천천히 보고 있노라면 사람이 매우 겸손해지고 어렵다고 불평하기도 미안해지고 그렇게 익혀야 할 것은 한도 끝도 없어진다. 그래서 요즘 인터넷에서 학습 관련 마케팅 문구로 자주 사용되는 '이것만 알면 되고 이것만 쓰면 되고 다른 건 알 필요 없다'라는 식의 말이 다소 오만하게 들리고 불편하다. 다소 과장하면 간단한 기능 하나에도 사실 내가 이렇게 막 갖다 써도 될까, 내가 누를 끼치는 것은 아닐까 하는 생각이 들기도 한다. 거기다 머신러닝 알고리즘같이 복잡하고 불확실한 성격의 것은 더욱 그렇다.

물론 세상에 배워야 할 것은 넘쳐나고 당장 필요 없는 것을 공부하느라 정작 급한 것을 못하고 있을 수도 있으니, 그런 경우라면 일단 급한 것부터 먼저 공부하는 것이 좋겠다. 하지만 그 누구라도 '이것만 알면 되지 더 알 필요 없어.' 하고 단정 짓는 건 좋지 않다고 생각한다.

배움이란 '낯선 것에서 익숙함을 찾고', '익숙함에서 낯섦을 찾는 것'이라는 말에 공감한다. 그래서 배움의 시작은 일단 '낯선 것에서 익숙함을 찾는 것'이고 처음 접하는 분야라도 익숙한 내용을 발견하면 가져다가 써보려고 하는 접근도 매우 좋다고 생각한다. 하지만 그 전에 '낯설었던' 이유와 배경을 잊어버리고 익숙함에만 만족하고 익숙함에서 낯섦을 더 이상 찾지 않는다면 과연 괜찮을까. 이렇게 배워 더 넓은 분야에 사용하는 것이 과연 옳을까.

나는 이런 식의 배움은 일종의 다크 사이드라고 생각한다. 스타워즈에시 디크 사이드를 가리켜 빠르고 쉽고 유혹적인 것(quicker, easier, more seductive)이라고 했고[8] 우리도 그 말을 다시금 되새길 필요가 있다. 다크 사이드가 결국 어떻게 되는지를 우리는 이미 보아 왔고, 특히 머신러닝처럼 파급력이 점점 커지고 불확실성도 커지기만 하는 분야에서는 그 결과가 더욱 크게 다가올 것이다.

---

8   영화 〈스타워즈 에피소드 V - 제국의 역습〉(1980) 중 요다의 대사

데이터 분석의 가시 박힌 꽃, 예측 분석

데이터 분석에 대해 공부하다 보면, '예측 분석'이라는 단어를 꽤 자주 접할 것이다. 고급 분석처럼 예측 분석이라는 말은 다소 모호하게 사용되지만, 전자보다는 개념이 조금 쉽게 와닿기는 한다. '예측'을 하기 위한 데이터 분석, 얼마나 근사하고 멋져 보이는가!

 사람들이 데이터를 분석하는 최종 목적은 결국 기존 데이터를 활용해 잘 모르는 것을 예측하는 데 있다. 데이터를 보고 데이터로 의사 결정을 해야 한다며 데이터가 가진 힘을 강조한다. 데이터의 힘이 무엇이냐고 물으면 이렇게 이야기한다. 언제 사고가 날지 알고 싶고 수익이 어느 정도 발생할지 알고 싶다. 그리고 이메일을 열어 볼 개연성이 높은 사람에게만 광고 메일을 보내고 싶고 조건에 맞는 특별한 사용자를 찾고 싶으며 이런 일을 데이터로 할 수 있을 것이라고 말한다. 이런 이야기의 공통점은 데이터로 결국 무언가를 '예측'하고 싶다는 것이다.

이런 데는 흔히 고급 분석이라고 불리는 머신러닝 알고리즘을 활용한 데이터 분석 기법이 사용되는데, 추이를 살핌으로써 명확하지 않은 변동 상황이나 알 수 없는 미래를 예측하거나 분류를 통해 정확하지 않거나 알 수 없는 대상의 속성을 예측하는 데 초점이 맞춰 있다. 이런 분석 기법을 흔히 '예측 분석'이라고 불렀고 데이터를 분석하는 대다수 사람은 이런 기법을 실제 상황에 직접 적용해서 사람들이 꿈꾸는 '예측'에 발을 들이고자 했다. 특히 학계와 산업계 전반에서 데이터 분석을 자연스럽게 받아들이게 됐다.

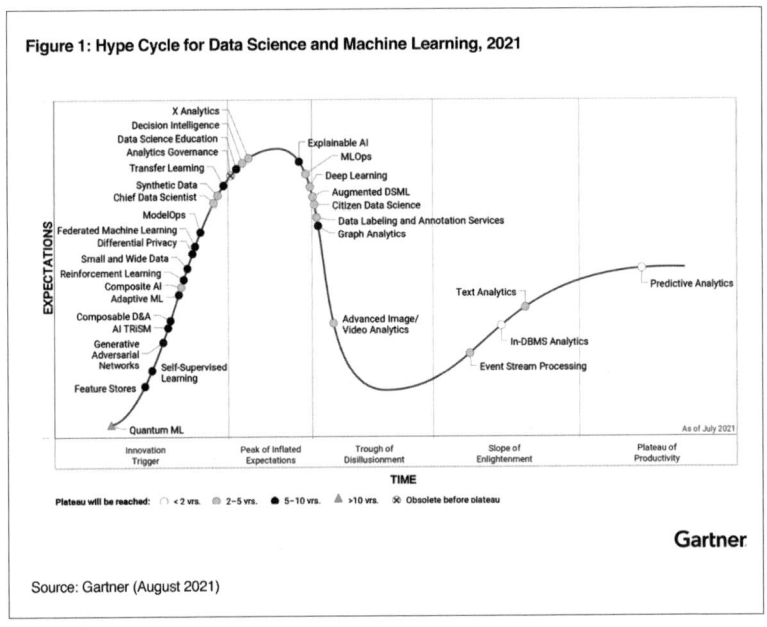

그림 3-3 가트너 사의 데이터 과학 및 머신러닝 분야 하이프 사이클(hype cycle)[9]

---

9 Farhan Choudhary et al. Hype Cycle for Data Science and Machine Learning, 2021 (Gartner)

머신러닝이나 인공지능이란 단어가 일상 단어로 자리잡으면서 데이터로 무언가를 '예측 분석'한다는 말 역시 사람들에게 더욱 친숙해졌다. 하지만 데이터 분석의 궁극적인 목적이 예측이라는 것을 생각하면, 이 '예측 분석'이라는 단어는 결국 '데이터 분석'과 궤를 같이한다. 사람들이 '데이터 기반으로 의사 결정을 한다'라고 하는 이유도 데이터를 분석하면 미래를 조금이나마 더 '예측할 수 있다'라고 믿기 때문이다. 그리고 이 '예측 분석'은 이제는 데이터 분석에서 어느 정도 당연히 해야 하는 것 중 하나로 자리잡았다(그림 3-3의 가트너 사의 하이프 사이클을 보면 예측 분석(Predictive Analytics)은 이제 안정적으로 자리를 잡은 것처럼 보인다). 일부에서는 이제 예측 분석을 넘어서서 해결책까지 제공해주는 '처방 분석(Prescriptive Analytics)'의 시대가 오고 있다고도 한다. 하지만 아직 예측 분석마저도 제대로 활용하는 경우가 얼마나 될지는 다소 의문이다.

인류 역사를 망라하고 '죽음'과 '예언'처럼 인기가 좋은 콘텐츠도 없다. 그만큼 예측에 대한 갈망은 인간의 근원적인 욕망이자 오랜 시간 동안 인류가 궁극적으로 목적하던 바다. 사람들은 늘 판단할 수 없는 미래와 현상을 다른 존재의 도움을 받아 추측하려고 시도해 왔다. 그리스 델포이의 아폴론 신전에서 피티아[10]라는 사제를 두고 신탁을 받았던 것부터 수많은 건국 신화나 오래전부터 전해 내려오는 설화 등에는 항상 신탁을 받는 내

---

10 피티아(헬라스어 Πυθία)라고 부르기도 한다. 델포이의 여사제를 칭하는 이름으로 피티아는 가장 정직하고 가장 존경받는 가정 출신으로서 그 자신이 아무런 책 잡힐 것이 없는 삶을 살았어야 하며 예언의 자리를 계승하면서 어떤 기술이나 또는 그 외의 지식을 전혀 지니고 있지 않아야 했다고 전해진다. 신탁을 구하는 많은 청원자들에게 응하기 위해서 델포이 성소에는 세 명의 피티아, 즉 두 명의 정식 피티아와 한 명의 보조 피티아가 동시에 그 직을 수행하였다. 피티아는 역사적으로 고대 지중해에서 영향력 있는 여성 종교인이었다.

용이 있다. 그리고 로마 시빌라의 예언서[11]부터 시작해 전 세계에는 예언서에 대한 관심도 널리 퍼져 있다. 예측에 대한 욕망은 인류 역사와 함께 아주 오래전부터 선명하게 존재해 왔다.

중세까지 예측은 신의 영역이었다. 인간은 신의 예측 능력을 신탁, 예언, 주술의 형태로 빌려 왔다. 하지만 근대로 넘어오면서 르네상스의 물결이 일어나고 신 중심의 세계관이 인간 중심 세계관으로 변모하면서 예측 능력 또한 인간의 영역으로 넘어왔다. 그 과정에는 수학과 과학의 발전이 자리잡고 있다. 17세기 이후 수학은 확률과 통계라는 실생활에 근접한 형태로 가지를 쳤고 숫자의 표현 범위는 점점 넓어져 갔다. 그러면서 사람들은 수학적으로 계산된 미래를 믿기 시작했다. 물론 여전히 전 세계의 정·재계에서 예언자의 말을 믿는다는 소문이 돌고 새해가 다가오면 무료 토정비결 링크가 SNS에서 수없이 공유되고 돼지꿈을 꾸면 복권을 사면서도 보통은 농담이나 미신 같은 비이성적 행동이라고 선을 긋는다. 반대로 사주나 관상은 통계라는 둥 근거 없는 말을 붙여서라도 이성의 영역으로 끌어오려고 노력하기도 한다. 계산되지 않은 예측은 비합리적이라는 개념이 사회 전반에 공유되고 있다. 하지만 그럼에도 '예측'에 대한 욕망은 더 커지면 커졌지 줄어들지는 않았다. 심지어 시간이 흐르면서 불확실성은 더욱 커져만 갔고 그럴수록 인간은 더욱 '확실한 예측'을 갈망하게 되었다.

다행히 컴퓨터라는 강력한 기계가 등장하고 데이터라는 개념이 자리

---

11 고대 로마에서 가사 상태로 아폴론의 신탁을 전했다고 하는 무녀가 기록한 예언서. 이 예언서는 특별히 조직된 신관단-처음에 2명, 기원전 4세기에 10명, 기원전 1세기에 15명으로 증원-의 감독하에 카피톨리누스 언덕의 유피테르 신전에 보관되고, 홍수, 역병, 전쟁 때에 신관단이 원로원의 명령에 의해서 이것을 풀어서 신의를 물었다고 전해진다.

잡고 다양하게 쌓이면서 예측 분석은 꾸준히 발전해 왔다. 미국의 수학자 노버트 위너(Nobert Wiener)[12]가 제2차 세계 대전 당시 독일 공군 조종사의 행동을 예측해서 격추하기 위해 만들었던 자동 조준기의 모델은 1초 후의 비행기의 움직임을 예측하는 데 그쳤지만, 이제는 기업에서 각각의 고객이 가게에 방문해서 살 것 같은 물건을 예측한다. 인공지능이 면접관이 되어 회사에 적합한 사람을 가려내는 채용 방식을 시도하기도 한다.

현대 예측 분석에 사용하는 기법은 데이터 분석이다. 확률과 통계부터 머신러닝 알고리즘까지 모두 사용한다. 현대의 머신러닝 알고리즘의 강력함에 대해서는 이제는 이야기할 필요도 없을 것이다. 알파고 등장 이후, 인공지능에 대한 사람들의 생각은 한 번 큰 전환기를 맞았다. 이제는 '초지능'이나 '라이프 3.0' 시대가 도래할 것이라고도 이야기한다. 그러면 그 중심에 있는 데이터 분석도 예측 분석이라는 관점에서 생각해 보면, 조만간 '신탁'을 내릴 수 있는 예측 분석 기반의 초지능도 등장할 수 있지 않을까?

이런 모습은 아이작 아시모프의 장편 SF 소설 《파운데이션》[13]에서 심리역사학(Psychohistory)이라는 이름으로 그려지기도 했다. 주인공인 수학자 해리 셸던(Hari Seldon)은 기체 분자의 운동역학을 인간 집단에 적용하여 미래를 수학적으로 예측할 수 있다는 것을 발견한다. 그리고 평생에 걸친 연구 끝에 사회와 역사의 흐름을 과거의 역사(데이터)를 기반으로 하여 수학적으로 설명하고 이를 통해 미래를 예측하게 된다. 이런 이야기는 과학적 접근 방식을 통한 예측을 지향하는 많은 사람을 자극했으며 많은 예측

---

12 미국의 수학자이자 철학자, 전기공학자. '목적을 가진 메커니즘'이라는 뜻의 사이버네틱스를 제창하고 대중화했다.
13 아이작 아시모프의 SF 대하소설인 《파운데이션》(황금가지, 2013) 시리즈를 통칭한다. 1966년 휴고상을 수상했다.

분석의 영감이 되기도 했다.[14]

다만, 이 '심리역사학'에서도 '사람들이 자신의 미래를 알고 행동하면 안 됨'을 전제 조건으로 삼는다. 이는 예측 분석에서 인과 관계를 구하는 것이 어렵다는 것을 잘 설명해 주는 부분 중 하나다. 사람이 예측된 미래를 알게 되면 행동이 크게 바뀔 것이다. 그대로 하는 사람도 있을 것이고 일부러 정해진 미래를 거부하고 예정된 행동과 다르게 하는 사람도 있을 것이다. 미래가 보일 경우, 행동 종류의 범위는 넓어지고 이 때의 행동은 '정해진 미래'에 영향을 받기 때문에 심리역사학에도 저런 전제가 생겼을 것이다. 하지만 과연 사람의 행동을 예측하기 어려운 게 미래에 대한 인과 관계가 적용될 때에만 한정될까. 보통 분석은 각 사건이 독립적으로 시행된다고 가정한다. 그 결과로 나온 확률은 모든 조건이 동일하다는 가정하에 성립한다. 그래서 항상 변화하는 세상에서는 예측 분석으로 나온 확률을 항상 옳다고 보장할 수 없다. 다양한 변수를 고려해서 모델을 만들고 결과를 보정하지만, 그래도 확신할 수 없는 외부 요인은 항상 있다. 특히 변동성이 강한 현대 사회에서는 더욱 그러하다.

또한 예측 분석은 '어떤 행동을 취하기 위해서' 이루어진다.《파운데이션》에서도 심리역사학을 통해서 암흑 시대를 예측했고 암흑 시대를 최대한 줄이고 벗어나기 위해서 여러 노력을 한다. 아마도 이것이 예측 분석과 처방 분석의 모습일 것이다. 그리고 그럴수록 사람들의 행동과 사건은 예상하지 못한 방향으로 흘러간다. 이것은 비단 소설 속 이야기만이 아니다. 서비스에서 이탈이 예상되는 사용자에게 쿠폰을 주었더니 사용자가 해당

---

14 실제로 많은 경제학자, 과학자, 미래학자가《파운데이션》을 필독서로 꼽으며, 많은 예측 분석 및 데이터 과학 이야기에 '심리역사학'이 등장한다. 결국 이 글에서도 등장했다.

서비스를 계속 사용했다. 그렇다면 이 사람이 쿠폰을 받지 않았다면 예상대로 서비스를 이탈했을까? 아니면 계속 사용했을까? 우리는 그 답을 알 수 없다. 아무리 모델을 잘 만들어도 그 모델은 어떤 일이 높은 확률로 발생할 수도 있음을 알려줄 수는 있어도 실제로 이행하지 않은 행동에 대해 '네' 아니면 '아니오' 혹은 몇 명 같이 숫자로 딱 떨어지는 정확한 답을 알려주지는 않는다.

확률이 100%가 아닌 이상 0과 1로 나타나는 결과는 완전히 맞을 수도 완전히 틀릴 수도 있다. 어떤 사람이 어떤 행동을 할 확률은 알 수 있을지 몰라도 그 행동의 원인은 알 수 없기 때문이다. 쿠폰을 받는 행위와 다음 달 서비스를 결제하는 행동 간의 상관관계는 알 수 있어도 인과 관계는 파악하기 어렵다. 행위 사이에 시간선을 넣어서 추정할 뿐이다. 미래를 예측하는 것만큼 과거의 원인을 추론하기도 어렵다. 이 때문에 A/B 테스트 같은 대안을 사용하고 있지만, 이 역시 보조 수단일 뿐이다.

그렇지만 이미 '예측 분석'이 자리를 잡았다고 평가받는 것처럼 데이터를 사용해서 무언가를 예측하는 행위가 곳곳에서 사용되고 있다. 수많은 온라인 서비스에는 추천 기능이 이제 사용자가 알아차리지 못할 정도로 들어가 있고 기업의 수익 프로젝션 모델링은 연말·연초에 기본적으로 하는 일이 되었으며 구글 플레이나 앱 스토어 같은 애플리케이션 다운로드 서비스에는 자동으로 사용자가 사용할 만한 앱이 노출된다. 메일 서비스는 스팸 메일을 자동으로 분류해 주고 게임에서는 내 행동에 따라 반응하는 NPC(Non Player Chracter)[15]를 상대로 게임할 수 있다. 그리고 우리

---

15 게임에서 사람이 조작하지 않는 캐릭터

는 이런 기능을 매우 자연스럽게 사용하고 있고 일부 예민한 부분에 대해서만이 아니면 크게 거슬린다고 생각하지 않는다.

예측 분석이 마치 신탁이라도 내려 주는 양 말하는 약장사들은 분명 경계 대상이지만, 그렇다고 예측 분석이 무조건 쓸모없다고 할 수도 없다. 분명 '세상에는 죽음과 세금 외에 확실한 것이라고는 아무것도 없다.[16]' 나심 니콜라스 탈레브는 자신의 가장 유명한 저서인 《블랙 스완》(동녘사이언스, 2018)에서 검은 백조의 개념을 이야기하면서 "우리가 검은 백조를 이해하지 못하는 유일한 이유는 과거의 관찰을 미래를 결정짓는 것 혹은 미래를 표상하는 것으로 오해하기 때문이다."라고 말한다. 여기서 '검은 백조'가 상징하는 '극단의 왕국'은 불확실성이 지배하는 곳으로 비일상적이고 예상할 수 없는 사건이 느닷없이 발생해 많은 것이 바뀌어 버린다. 그리고 현대 사회는 점점 그런 극단의 왕국화되어 가고 있다고 말한다.

실제로 《블랙 스완》 도서의 출간 이후 미국에서 발생한 서브프라임 모기지 사태가 그랬고 9.11 테러 사건이 그랬으며 최근의 COVID-19가 그랬다. 이렇게 대규모의 극단적인 사건이 아니더라도 데이터가 많을수록 잡음도 많아지고 세상의 발전 속도가 빠를수록 과거의 흐름만으로 추정할 수 없는 불확실성도 커진다.[17]

불확실한 검은 백조가 등장할 때의 파급력은 매우 커서 우리의 일상은 흰 백조만 존재하던 때로 돌아갈 수 없다. 그렇지만 예측 분석이 무력해지지는 않을 것이다. 검은 백조가 등장하면 우리가 알고 있던 '모든 백조는

---

16 벤저민 프랭클린의 말
17 심리역사학의 전제 조건 중 하나도 '과학 기술의 발전이 방정식의 영향 이상을 넘지 않아야 한다'라는 것이다.

희다'라는 상위 범주의 명제는 사라지겠지만, 그렇다고 흰 백조가 다 죽어 버리고 검은 백조만 남는 것은 아니기 때문이다. 또한 애초에 '예측 분석'을 포함한 대부분의 '분석 결과'는 여기에 흰 백조가 몇 마리가 있을 수 있다는 것을 말하는 것이지 '모든 백조가 희다' 혹은 '여기에서 검은 백조가 발견될 것이다'라고 말하지 않는다. 분석은 확률의 문제이며 확률은 어떤 결과나 미래도 보장하지 않는다. 분명 예측이 유용한 부분은 계속 존재할 것이고 확률이 무언가를 단언하지는 못하더라도 어떤 '정도'를 말할 수는 있다. 이런 부분을 잘 잡아내서 제대로 예측 결과를 전달하도록 노력하고 이를 올바르게 사용하도록 돕는 것이 예측 분석을 다루는 사람의 역할일 것이다.

인류는 예측을 욕망했던 만큼 불확실성 속에서 살아왔다. 수학은 항상 견고한 객관성을 가진다고 생각할지 모르지만, 사실 수학이라는 학문도 불확실성의 구멍이 여기저기 뚫린 채 쌓아 올려진 성이고 사람들은 그 구멍을 차분히 메워 가며 성을 더 높이 쌓기 위해 끊임없이 고군분투하고 있다. 현대에는 예측 분석이란 것이 존재하지만, 예측 분석은 데이터 분석이고 데이터 분석은 항상 확률과 함께한다. 그렇게 만들어지는 분석의 계단을 밟고 올라간다는 것은 그만큼 더 큰 확률로 놓인 불확실성의 길을 걷는 것이다.

이제 신탁이란 것은 존재하지 않고 모든 예측에는 늘 100% 미만의 확률이 함께한다. 현실은 예측하지 못한 상태를 갑자기 직면할 수도 있고 과거의 데이터를 통해서 근사하게 예측한 결과가 잘 재단되어 나올 수도 있다. 우리가 아무리 불안해한다고 해도 달라지는 것은 없다. 불확실성은 더욱더 커지고 사람들의 불안감도 함께 높아지며 결과의 공정에 대한 의심 역시 커질 것이다.

　우리가 애써서 알아낼 수 있는 미래는 극단의 왕국에 지배당하지 않은 부분의 미래가 과거에 반사되어 찍힌 흐릿한 사진 속에만 존재한다. 사진 속 모습은 때에 따라 선명하게 보이기도 또는 정말 알아볼 수 없을 만큼 흐릿하게 보이기도 하며 인화에 실패하기도 한다. 하지만 결국 우리는 '예측 분석'이라는 이름으로 필름과 사진기를 보완해 가면서 인화한 한 장의 사진을 들고 걸음을 옮긴다. 그렇게 데이터로 남아 현재와 미래의 길을 희미하게나마 비춰 주는 과거에 감사하고 혹은 과거를 돌아보며 반성하고 어떤 상황에서도 자신이 할 수 있는 일을 해 나가고 그 일에 책임을 지며 그렇게 만든 데이터 하나를 떨구고 한 발짝을 또 나아갈 뿐이다.

3-4

아무 말 대잔치
빅데이터 인공지능 기사 거르기

'인공지능, 목적 이루려 언어 개발… 사람은 이해 못 해'[18]

몇 년 전 어느 일간지에 올라온 기사 제목이다. 바둑 대국에서 알파고가 이세돌을 이긴지 그다지 오래 지나지 않은 시점이었다. 인공지능에 대한 관심과 낯섦이 공존하는 가운데, 이 제목은 사람들의 마음에 두려움을 주입해 공포심을 가속화하고자 기자가 최대한 머리를 쥐어짠 광고 카피 같았다. 심지어 기사와 직접적인 연관이 없는데도, 영화 〈아이, 로봇〉에서 로봇이 인간에게 반기를 드는 장면을 기사 중간에 넣어 놓기까지 했다.

이 기사를 본 나와 동료들은 한숨을 쉬며 "또 뻥튀기된 기사가 나왔구나." 하고 중얼거렸다. 인공지능이 설계 단계부터 주어진 목적이 아닌 새로운 목적을 만들어 내려면, 영화 〈2001 스페이스 오디세이〉의 'HAL

---

[18] 구본권, "인공지능, 목적 이루려 스스로 언어 개발…사람은 이해못해" 한겨레, 2017년 6월 26일, https://m.hani.co.kr/arti/economy/it/800264.html

9000' 정도의 지능이 구현되었다는 이야기인데 아직 어디에서도 그런 이야기는 들어 본 적이 없다. 이 정도의 강(强) 인공지능[19]이 세상에 나왔다면 이미 세상이 한참 소란스러웠을 것이다. 기사 내용을 자세히 들여다보면 '목적'이란 '설계 단계에서 설정한 목적'임을 알 수 있고 '사람이 이해 못 하는 언어를 개발'한 것은 오류일 가능성이 크다.

이 기사는 너무 부풀려진 기사라는 생각이 강했기 때문에 굳이 이 내용이 보고된 보고서를 찾아보는 수고까지는 하지 않았다. 실제로 며칠 뒤 '인공지능이 만든 이상한 언어는 단순 오류'라는 기사가 나왔다. 예상은 했지만, 역시 아니었다. 그제야 조금 짬이 나서 해당 보고서[20]를 찾아보았다. 페이스북과 조지아 테크의 공동 연구에 관한 보고서로 인공지능 챗봇을 만들어 두 챗봇이 서로 대화하며 협상하도록 훈련시키는 연구를 하던 중 사람이 사용하지 않는 어휘와 문법을 사용해서 대화가 이루어진 것을 발견한 것이며 이는 수정, 보완 중이라고 밝혔다.

이 기사는 워낙 화제가 되어 기억하고 있지만, 사실 이런 식의 기사는 한둘이 아니다. 국내외를 막론하고 의도했든 의도치 않았든 오보는 계속해서 생산된다. 특히 해외 기사를 검증 없이 번역하여 잘못된 기사를 그대로 옮겨오는 것이 현재 국내 언론이 가진 문제 중 하나이다. 혹은 해외 기

---

19 다트머스 회의에서 존 매카시가 주장한 인공지능의 구분법으로, 철학적 관점으로 인공지능을 구분하였다.
- **강인공지능(범용인공지능)**: 강한 인공지능은 어떤 문제를 자주적으로 사고하고 해결할 수 있는 컴퓨터 기반의 인공적인 지능을 만들어 내는 것에 관한 개념이다.
- **약인공지능**: 약한 인공지능은 사진에서 물체를 찾거나 소리를 듣고 상황을 파악하는 것과 같이 기존에 인간은 쉽게 해결할 수 있으나 컴퓨터로 처리하기에는 어려웠던 각종 문제를 컴퓨터로 수행하게 만드는 데 중점을 두고 있다. 현재 인공지능이라고 하는 대부분의 것은 약인공지능에 속한다.

20 Mike Lewis et al., Deal or No Deal? End-to-End Learning for Negotiation Dialogues, Cornell University, 2017

사를 오역하여 전혀 다른 내용을 전달하기도 하고 새로운 기술을 틀리게 설명하기도 한다.

물론 신문사나 방송사의 고충도 어느 정도 이해는 간다. 인공지능 관련 연구는 현업에서 일하는 사람도 모든 이슈를 쫓아가기 힘들 정도로 너무나도 다양한 연구가 빠른 속도로 진행되고 있고 데이터를 활용하는 분야도 전보다 극적으로 늘어났으며 예전부터 해 오던 연구도 요즘에는 '빅데이터'나 '인공지능' 이름을 달고 나온다. '빅데이터'는 처음부터 마케팅 용어로 활용되어 왔지만 '인공지능'은 이제 조금씩 마케팅 용어로 활용되어 가는 모양이다. 게다가 이야기에 거품까지 추가되니, 기자들의 어려움도 이만저만이 아닐 것이다.

하지만 독자들은 기자의 고충까지 헤아릴 이유가 없다. 그리고 그런 고충을 이해하기에는 언론과 미디어의 파급력은 매우 크다. 인터넷과 SNS는 그 파급력에 박차를 가하고 콘텐츠를 끊임없이 재생산한다. 빅데이터와 인공지능 기사는 매일 수십에서 수백 개가 쏟아져 나온다. 워낙 많은 사람이 관심 있는 분야다 보니 이런 기사를 많은 사람이 읽고 이야기하고 퍼뜨린다. 그런 기사 중에는 부정확한 기사가 상당수지만, 이런 기사가 기억에 잘 남고 흥미롭기 때문에 사람들이 잘못된 내용을 계속 전파하게 되는 것이다. 특히 이렇게 공포심을 자극하거나 눈에 확 띄는 기사일수록 이해하기 쉽고 자극적이어서 사람들에게 더 널리 빠르게 퍼진다는 연구 결과도 있다.[21]

---

21 Vosoughi et al., "The spread of true and false news online", Sience 359, 6380(2018): 1146, doi: 10.1126/sience.aap9559.

많은 사람이 빅데이터와 인공지능에 지나친 불안감을 보인다. 예전부터 SF 작품에 등장하는 빅데이터와 인공지능은 주로 사람에 대적하는 악역을 맡아 왔다. 낯선 것이 주는 불안감을 이용해 인간의 이기심에 대한 경고를 전달하기에 괜찮은 소재였던 것이다. 기술이 제자리에 머물지 않고 빠른 속도로 발전하는 점은 여전히 빅데이터와 인공지능을 미지의 악역으로 남겨두고 있다. 현실에서도 빅데이터와 인공지능은 이미 알게 모르게 우리 가까이에서 익숙하게 사용되는 기술임에도 불구하고 여전히 신비롭고 무서운 이미지로 인식된다. 많은 사람이 빅데이터와 인공지능에 호기심, 공포, 경외감과 같은 관심들을 동시에 가지고 있다는 것을 미디어는 잘 알고 있고 그 입맛에 맞춰 생산하는 기사는 마크 트웨인의 죽음에 관한 기사만큼이나 과장되어 있다.[22] 여기서 과장된 기사를 더욱 부풀려 사람들의 호기심을 자극해서 클릭을 유도하는 데에 가장 큰 역할을 하는 것은 역시, '제목'이다. 사실을 전달하는 일에 무게가 실려야 하는 과학 기사임에도 제목은 영화 카피만큼이나 선정적이다.

　내용을 살펴보자. 대부분의 과학 기사는 학회에서 발표된 논문이나 해외 기사에 보도된 연구 결과를 다룬다. 모든 기사의 출처를 명확하게 파악하기는 어렵지만, 최소한 본인이 정말 관심 있는 주제거나 주변에 퍼뜨리고 싶은 기사라면 그 전에 관련 내용을 직접 찾아보고 기사와 비교해 보는 것이 좋다. 만약 연구 결과라면 논문을 찾아보면 되고 단순히 기술을 설명하는 내용이라면 기사에서 지식을 습득하는 것을 권하지는 않는다.

---

[22] 마크 트웨인이 살아있는 와중에 마크 트웨인 사망에 대해 대서특필한 뉴욕 헤럴드 기사에 대해 "The reports of my death are greatly exaggerated(내 죽음에 대한 보도는 완전히 과장되었다)."라고 마크 트웨인이 직접 논평했다고 한다. The Cambridge Introduction to Mark Twain, Peter Messent, Cambridge University Press, 2007 등.

특히 출처가 불명확한 기사라면 일단 의심하고 보는 것이 좋겠다. 출처가 제대로 밝혀지지 않았거나 출처라고 되어 있는 것이 확인이 되지 않는다면, 광고나 오락성 기사일 가능성이 크기 때문이다.

사실 광고나 오락의 의도로 작성된 기사가 아니더라도 그 기사의 내용을 믿을 근거나 이유는 없다. 혹여 기사가 아니라 칼럼이라면 더더욱 믿지 않아도 된다. 레퍼런스를 명시해 두지 않았다면 칼럼은 어떤 주제에 대한 에세이에 가깝기 때문이다. 물론 공신력 있는 지식을 가진 사람이 쓰는 경우가 많지만, 그 내용이 너무 공포심을 자극한다면 어느 정도 허구를 섞었을 가능성이 크다. 일단 대부분의 인공지능은 아직 사람이 컨트롤할 수 있는 수준이다. 그리고 인공지능을 만들고 퍼뜨리는 것 역시 사람이다. 인공지능 로봇이 갑자기 튀어나와서 인간을 공격하는 일은 아직 나타나지 않았으며 사람들 속에 있어도 티 나지 않는 안드로이드가 돌아다니는 일은 지금으로는 절대 있을 수 없는 일이다.

기사화되는 연구 결과의 대부분은 결과 중에서도 가장 잘 구현되었거나 눈에 띄는 부분이라는 것을 알아야 한다. 연구 내용이 실제로 상용화된 것인지, 추가로 연구가 더 이루어져야 하는지, 연구 결과를 이해할 때 고려 사항은 무엇이 있는지 등 보통 기사 중간에 스치듯이 지나가기 마련이고 그나마도 없는 것이 부지기수다. 제목에 이끌려 기사를 읽기 시작했다면 중간에 어떤 내용이 있는지도 꼼꼼히 살펴야 한다.

기사는 대중에게 사실을 전달하는 수단이므로 사실 확인이 우선되어야 하고 교차 검증이 필요하며 원문이 있다면 원문 대조가 명확히 이루어진 상태에서 작성되어야 한다. 그래야 기사가 힘이 생기고 사람들이 편하게 기사를 읽고 사실을 이해하고 세상을 인지할 수 있다.

하지만 안타깝게도 요즘 많은 언론의 기사, 과학 분야의 기사 모두 그렇지 않으며 특히 빅데이터나 인공지능같이 시대의 흐름을 따라 빠르게 변하며 이목을 끄는 분야의 과학 기사는 더욱 그렇지 않다. 따라서 기사를 통해 제대로 된 과학정보를 접하기 위해서는 기사를 가려 읽는 수고를 거쳐야 한다. 모든 기사가 항상 옳을 것이라는 믿음을 버려야 한다는 것이다. 기사를 통하여 손쉽게 정보를 얻겠다는 생각은 반쯤 내려 두는 것이 좋다.

특히 뚜렷하게 각인되는 기사라면 더욱 의심하며 꼼꼼하게 읽어야 한다. 만약 남에게 공유하고 싶은 마음이 드는 기사라면, 자신도 그 기사를 전파하면서 기사에 힘을 더한다는 사실을 염두에 두어야 할 것이다. 잘못된 기사가 퍼지고 잘못된 지식이 퍼진다면 물론 애초에 잘못 작성된 기사 탓이 가장 크겠지만, 그것을 별다른 확인 없이 퍼뜨린 사람에게도 아무런 책임이 없다고 할 수는 없을 것이다.

다행히도 기사는 분량이 길지 않고 내용이 대중적인 만큼 진위 판별이 그다지 어렵지 않다. 조금 찬찬히 살펴보는 것만으로도 제대로 된 기사와 가짜 기사를 어느 정도 걸러낼 수 있다. 그렇기 때문에 자신의 믿음이나 생각과 잘 부합하는 정보만 받아들이기보다 다양한 시각의 기사를 두루 살펴보는 것이 정말 중요하다. 안타깝게도 손에 닿는 정보가 많아진 만큼 많은 정보 속에서 제대로 된 지식을 가려내는 일이 더 어려워졌다.

과거에는 정보를 확보하는 능력이 중요했다면, 이제는 많은 정보에서 지식을 잘 걸러내는 능력이 중요하다. 이런 기사에 대해 비판적인 사고력을 기르면 아무 말을 늘어놓는 기사의 영향력에서부터 해방되는 것이다. 간단히 기사를 훑어보며 '인공지능으로 이제 다 될 것 같다', '빅데이터가 우리 삶의 모든 것을 감시한다'라고 간단히 단정 짓는 기사들을 제대로 분별하여, 기사로 인해 놀라워하거나 두려워할 필요가 없다.

우리가 가지는 두려움과 같은 맹목적 감정은 대부분 무지에서 오는 경외감일 때가 많다. 그런 경외감을 주는 것들은 우리의 생각을 쉽게 압도한다. 그리고 그렇게 압도된 나머지 사람들은 조급하게 반응하곤 한다. 하지만 모든 것에 빠르게 반응할 필요는 없고 뒤처질 것 같다는 조급함에 시달리지 않아도 된다. 세상이 빠르게 변한다고 해도 기사 한두 개가 나오는 사이에 우리의 삶이 급격하게 달라지진 않기 때문이다. 열 개의 기사를 급하게 먹다 체하는 것보다 세 개의 기사를 꼭꼭 씹어 삼키고 그중 하나의 기사라도 제대로 된 기사인 편이 우리에겐 훨씬 도움이 될 것이다. 아직 세상은 우리에게 숨을 한 번 쉬고 공유 버튼을 누르기 전에 기사를 한 번 더 훑어보는 정도의 여유는 주고 있다. 일단 우리에겐 그 정도만으로도 충분하다.

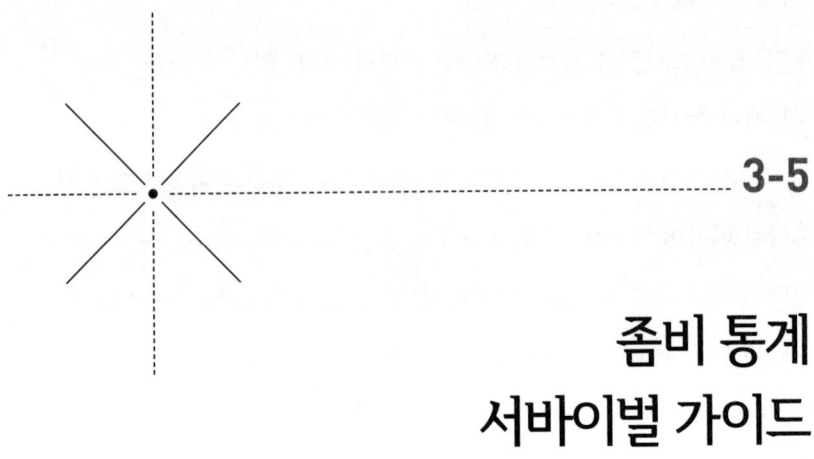

3-5

좀비 통계
서바이벌 가이드

> 통계적 생각은 언젠가 반드시 읽고 쓰는 능력과 마찬가지로 유효한 시민권에 필수적인 것이 될 것이다.[22]
> — H. G. 웰스, 영국의 소설가

'좀비 통계(Zombie Stat)'라는 말이 있다. 이것은 어디선가 어떤 수치가 나왔다고 전해지는 이야기가 끝없이 이어지면서 마치 '사실'인 것처럼 굳어져 여기저기 인용되는 현상이다. 이런 이야기는 보통 사람들이 자신의 말에 힘을 싣기 위해 쓰이며 고정관념을 더욱 견고하게 만드는 데 큰 역할을 한다. 여기에 근거가 되는 통계 수치가 더 붙고 다른 수치가 더해지면, 그 이야기는 사람들의 머릿속에 더욱 깊이 박히게 된다. 근거 없는 말이라

---

23 H.G. Wells, Mankind in making, Chapman & Hall, 1903

고 아무리 설명해도 잠시 주춤하는 듯하다가 그 이야기는 또 다시 망령처럼 되살아나서 사람들의 뇌를 좀먹는다. 그리고 이 이야기는 '통계'고 사실이라고 한다. 하지만 그 이야기에 인용된 통계가 이미 죽은 것임을 이 시점에서는 깨닫지 못한다.

특정 시점에 죽은 통계면 오히려 다행이다. '오전 7시에 운전하는 것이 오후 7시에 운전할 때보다 생존 확률이 4배나 높다'고 한다. 그 이유는 오후 7시의 고속도로 사망자 수가 오전 7시의 4배이기 때문이다. 하지만 애초에 오전 7시에 운전하는 사람 수 자체가 오후 7시에 운전하는 사람 수보다 적다는 것은 이야기하지 않고 그냥 '생존 확률이 높다'는 말만 남아 썩지 않고 오래 남아 사람들의 머릿속을 헤맨다.

요즘은 커뮤니티나 SNS에서 누군가가 비유적으로 사용했거나 출처를 알 수 없는 말도 '팩트'라는 표현과 함께 여기저기 인용된다. "아인슈타인의 말에 따르면 사람은 평생 두뇌의 10%만 사용한다고 한다.[24]"라는 말처럼 증명되지 않은 숫자와 출처의 무게로 지금까지 도시 전설로 남아 있는 이야기들은 정말 많지 않은가. 이렇게 인용되는 숫자가 통계 수치라면, 그것은 '좀비 통계'가 된다.

통계란 기본적으로 어떤 상황을 숫자로 요약한 값이다. '상황'이란 어떤 시공간을 말하고 통계는 결국 특정 시공간의 스냅샷을 떠서 수치화된 지식이므로 제약 조건과 함께하는 숫자다. 그 시공간을 좁게 잡으면 많은 경우를 설명할 수 없고 시공간을 넓게 잡으면 각 상황에 대한 설명력이 부족해진다. 하지만 사람들은 이런 기본이 되는 제약 조건은 망각하고 숫

---

[24] 아인슈타인이 한 말이 아니지만 아인슈타인의 명언으로 알려져 있다(https://en.wikipedia.org/wiki/Ten_percent_of_the_brain_myth).

자만 기억한다. 그리고 이렇게 만들어진 많은 숫자 중에서도 기억하기 쉽거나 누군가가 강조하는 것만을 주로 받아들인다.

만사에 피곤한 현대인은 많은 것을 기억하거나 복잡한 것을 읽기를 원하지 않는다. 간단하면서도 오래오래 통용되는 진리를 찾고 140자 이내로 모든 게 설명되는 사이다 문장만을 읽는다. 요약된 내용이 마음에 안 드는 보고서는 대충 읽고 넘겨 버린다. 클릭 수를 늘려 광고를 실어야 하는 언론은 원하는 논조에 숫자를 끼워서 제목을 짓는다. 제약 조건이나 유의 사항은 기사 끝에 보일 듯 말 듯하게 적어 두고 일단 책임을 벗어난다. 피곤한 사람들은 기사 제목만 읽고 넘길 것이고 열 명 중 한 명 정도가 본문을 읽을 테고 본문을 읽는 그 열 명 중 한 명만이 제약 조건과 유의 사항까지 확인할 것이다. 여기서 '열 명 중 한 명'은 10%가 아닌 일부를 가리키는 관용 표현임을 밝힌다. 이 책의 독자라면 이해하시리라 믿어 의심치 않으나 혹시나 여기서도 좀비 통계가 만들어질까 걱정해 보았다.

하지만 보통은 제목만 보고 최신 데이터로 정리된 정보보다는 머릿속에 강하게 꽂히는 좀비 통계와 직관만 남겨 둔다. 그러고는 '어디에서 봤는데 말이지…' 하며 다른 사람과 이야기하고 그렇게 이야기가 확산되고 또 하나의 좀비가 탄생하는 것이다. 좀비 바이러스의 전염성은 강하다. 만약 사람들이 흥미를 가질 만한 것이 아니면 좀비 통계로 만들어지지도 않았을 것이다.

이런 달콤한 숫자는 대개 고정관념을 다시금 확인해 주는 것들이다. 간혹 고정관념을 놀랍게 뒤집어 놓는 숫자도 있지만, 그런 숫자들은 읽는 사람이 자신의 입맛에 맞는 것만 취하고 버린다. 익숙하지 않거나 입맛에 맞지 않는 것을 새로 받아들이는 것은 달콤하지 않고 쓰기 때문이다. 고정관념이 뒤집히는 데다 자기에게 유리하지 않은 이야기는 이해하기도 전에 거부감이 앞서 바로 받아들이기보다 혹시나 빠져나갈 구멍이 없는지 출처와 예외 사항을 먼저 찾는다. 어쩔 수 없이 열심히 씹어서 맛을 희석하고 억지로 삼켜서 이해했다 치더라도 결국엔 금방 잊어버린다. 그렇게 희석된 맛은 오래 기억되지 않는다.

지금 우리는 확인되지 않은 무수한 숫자가 데이터라는 이름을 달고 진실인 척하는 좀비 데이터가 넘쳐나는 사회 속에서 살아가고 있다. 성수(聖水)를 뿌리고 싶어도 제대로 된 성수인지 확인할 길이 없고 바이러스만 끊임없이 퍼져 이제는 어디까지가 좀비이고 어디까지가 진짜 살아있는 사실인지 알 수 없는 통계 수치가 넘쳐난다.

이런 사회에서 우리는 정신을 차리고 살아야 한다. 누구나 어느 정도 좀비 통계에 감염되어 있고 특별한 백신을 만들 수도 없지만, 그래도 소금이라도 입에 물고 버텨야 한다.[25] 늘 그렇듯 우리는 자신의 자리에서 하는 일에 조금 더 주의를 기울여 면역력을 길러야 한다.

그래서 요즘 데이터를 만지는 사람의 역할이 특히 중요하다. 통계로 이루어진 결과는 집단의 대표값을 말하게 되다 보니 많은 경우 다수의 이야기를 말한다. 사람들은 데이터는 모든 것에 대해서 다 자동으로 존재하는 것이라고 생각하지만, 실제로는 많은 경우 자동으로 이루어지지 않고 누군가의 '의도'에 의해 이루어진다. 데이터를 수집하는 주체는 처음에는 자신이 원하는 데이터를 수집하고자 하는 목적에 맞추어 데이터를 수집하고 가공하여 통계 결과를 만들어 낸다. 데이터를 수집하고자 하는 목적은

---

25 좀비는 소금에 약하다. 김태권, "[ESC] 좀비와 짭짤한 고기 한 점" 한겨레, 2019년 3월 28일, https://m.hani.co.kr/arti/specialsection/esc_section/887731.html#cb

데이터 분석 주제에 맞춰지고 그 주제에 대한 데이터를 수집하기 전에 설계하는 과정에서부터 이미 해당 주체가 생각하는 '다수'의 입맛에 맞는 데이터를 만들게 된다. 표준 사무실 온도를 결정하는 과정에서 대상이 몸무게 70kg인 40세 남성의 기초대사율이 되면서 여성 근로자의 경우 적정한 온도보다 평균 5도가 낮다거나[26] 심장마비의 진단과 치료가 남성 환자에게 맞춰져 있어 여성 심장마비 환자는 처방 후 부작용이 심한 것 등이 이런 이유다.[27] 분석 주체의 인식이 어느 정도 좀비 통계에 잠식당해 있다면 이런 현상은 더욱 심해진다. 그리고 이렇게 이미 다소 기울어진 데이터를 기반으로 통계를 사용하여 크게 뭉뚱그리는 과정에서 그나마 남아 있던 소수의 데이터는 더욱 줄어들게 된다. 그리고 이 통계로 이야기를 만드는 과정에서 작게 줄어든 이야기는 잡음이 되어 사라진다. 특히 '좀비 통계'나 '단순하고 자극적인 문장'에 뇌가 잠식당한 사람이라면 이런 이야기는 눈에 들어오지도 않을 것이다.

통계로 데이터를 예쁘게 추상화할 때도 최대한 고정관념을 덜어낸 중립성을 유지하기 위해 노력해야 한다. 물론 어느 정도의 통찰이 있어야 데이터의 패턴도 찾고 중요한 내용도 파악할 수 있으며 사람들에게 내용을 효과적으로 전달할 수 있다. 하지만 그 '중요한 내용'이 어떤 근거에서 중요하다고 생각했는지 과연 여기서 얻을 수 있는 효과가 무엇인지를 한번 되짚어 보아야 한다. 단순히 재미있어서, 보는 사람이 좋아할 것 같아서

---

[26] Pam Belluck, "Chilly at Work? Office Formula Was Devised for Men" The New York Times, August 3, 2015, https://www.nytimes.com/2015/08/04/science/chilly-at-work-a-decades-old-formula-may-be-to-blame.html

[27] Harvard Medical School, "Gender matters: Heart disease risk in women" Harvard Health Publishing, March 25, 2017, https://www.health.harvard.edu/heart-health/gender-matters-heart-disease-risk-in-women

중요하다고 했다면 그 기반에 고정관념이나 밈(meme)처럼 자리잡은 사고가 있는 건 아닌지 되돌아보자. 인구통계학 정보에 너무 매몰되지 말고 가능한 한 행동 기반으로 데이터를 다뤄야 한다. '30~40대 남성'보다 'SF 소설을 많이 구매한 회원'에게 SF 소설 신간을 추천하는 것이 더 자연스럽지만, 많은 사람이 '30~40대 남성이 SF를 많이 읽을 테니까[28]' 하며 이들을 타깃으로 한 SF 신간 광고를 기획하며 굳이 얻기 힘든 인구통계학 데이터를 어떻게 얻을 수 있을지 고민한다.

특정 대상에 관한 통계가 아니라면, 보통은 소수의 데이터를 따로 고려하지 않는다. '인간'의 사진을 대충 수집하면 백인 남성의 데이터가 상당수일 것이고 흑인 여성의 데이터는 그에 비해 훨씬 적을 것이다. 데이터가 적게 수집된 부류는 확률이나 통계에서 더욱 소외될 것이다. 확률적 알고리즘을 사용하는 머신러닝 모델로 자동 처리되는 데이터는 더욱 그럴 것이다. 많은 핸드폰의 얼굴 인식에서 여성과 흑인의 인식률이 낮았고 어떤 졸음운전 감지 시스템은 아시안의 눈을 제대로 인식하지 못한다.[29] 기술과 데이터는 만드는 사람이 생각하는 다수를 중심으로 돌아가게 되어 있고 데이터 분석 결과의 효과적 전달이라는 측면에서 소수를 다룬 내용은 아주 특이하거나 흥미롭지 않으면 사람들의 관심을 끌지 못한다. 그럴수록 적은 데이터는 더 접근성이 떨어진다.

---

[28] 온라인 서점 알라딘에서 조사한 자료를 보면 근거 없는 이야기다(https://www.aladin.co.kr/events/wevent.aspx?EventId=207781). 전세계적으로 조사된 예제를 봐도 이는 잘못된 가정이다(https://journals.sagepub.com/doi/10.1177/2158244018780946).

[29] Maverick Luca, "Chinese drivers outraged against a sleep detector" Bullfrag, August 9, 2022, https://www.bullfrag.com/chinese-drivers-outraged-against-a-sleep-detector/

데이터를 만들고 활용하는 사람은 더욱 다수와 고정관념에 치우치지 않도록 주의해야 한다. 혹여 그런 데이터가 손에 들어와도 가능한 한 데이터의 상태를 면밀히 파악하고 중립적으로 사용하려고 노력해야 한다. 물론 데이터를 수집할 때 다양한 관점에서 설계 검수를 받는 등 여러 방면으로 중립적인 데이터를 수집하기 위해 노력한다거나 이미 수집된 데이터의 경우 층화표집[30] 한다거나 데이터의 가중치를 다르게 사용하는 등 몇 가지 추가적인 방법을 사용하면 데이터 불균형을 일부라도 보완할 수 있지만, 그나마도 항상 잘 되리라는 보장도 없고 번거롭기만 할 것이다.

'빅데이터'라는 미명하에 있는 데이터를 모조리 다 사용하여 모델링해서 좋은 성능을 내고 싶은 마음도 있을 것이다. 그래 봐야 다수의 데이터에 오버피팅(overfitting, 과적합)되기밖에 더 하겠는가. 그리고 장기적으로는 그다지 재미없고 뻔한, 가끔은 비판을 받을 수도 있는 결과밖에 낳지 못할 것이다.

무심코 만들어진 데이터와 통계 결과를 보는 사람도 이런 결과를 접할 때 본인의 인지 범위를 넓히려고 노력해야 할 것이다. 이런 노력은 달지 않고 쓰기만 할 뿐 효과가 별로 눈에 띄지 않을 수도 있다. 하지만 의미 있거나 주변에 알리고 싶은 통계 자료라면 또는 일을 결정하는 데 영향을 미치는 사안이라면 가능한 한 출처와 조사 방법을 확인하자.

몇몇 신문 기사는 출처나 조사 방법을 생략하기도 하지만, 웬만한 기사는 이 정도는 표기해 준다. 'A에 대해 70%가 찬성해…'라는 헤드라인

---

30 층화추출법이라고도 한다. 데이터에서 일부 샘플을 표집할 때 모집단을 먼저 중복되지 않도록 층으로 나눈 다음 각 층에서 표본을 추출하는 방법이다. 단순임의추출의 단점을 보완하며 추정치를 다소 정확히 구할 수 있어 널리 사용된다.

을 읽고 주변 사람에게 열심히 말하고 다녔는데, 알고 보니 '100명 중 응답한 사람은 10명이고 그중 7명이 긍정적으로 반응한 것'을 근거로 '해당 사안에 대해 70%가 찬성했다'라고 결론 내린 것이었다면 허무하지 않을까? 출처와 조사 방법을 계속 눈여겨보다 보면, 나중에는 어디서 조사했는지만 보아도 대강 신뢰할 만한 이야기인지 아닌지를 가늠할 수도 있게 된다. 어쩌면 기존에 사람들의 입에 오르내리던 좀비 통계의 내용과는 다른 새롭고 흥미로운 이야기를 발견할 수 있을지도 모른다. 교묘하게 사람들의 입맛에 맞게 만들어진 이야기가 수치를 조금만 자세히 보고 문장을 비틀면 완전히 다른 이야기였다는 것을 알게 될지도 모른다. 어쩔 수 없이 기존의 사고와 안 맞는 통계 결과를 가끔 문장을 묘하게 왜곡해서 사람들의 눈에 잘 띄는 형태로 바꿔 버리는 경우도 은근히 산재해 있기 때문이다.

이야기에 숫자가 들어가면 객관적인 것처럼 포장되고 읽는 사람이나 쓰는 사람 모두 중립적으로 판단하고 있다는 지적 허영심에 사로잡힌다. 하지만 무비판적으로 읽는 숫자는 이미 갖고 있는 사고방식의 편향이 열어준 통로로 들어오는 바이러스와 같다. 사이다 같은 '팩트'는 자극적이고 시원하며 소화를 돕지만, 다량으로 섭취하면 위장만 상한다. 이런 것을 사람들이 많이 섭취할수록 세상은 과하게 단순화되고 유통기한이 지난 혹은 원래부터 맞지도 않는 통계만 잔뜩 생산되고 그 사이사이에는 달콤한 좀비 통계들이 넘실댈 것이다.

좀비 통계는 다수 편향적 의사 결정만을 낳을 뿐이다. 물론 다수 편향에 기대어 사는 게 편한 사람들은 입맛에 맞는 좀비 통계에 익숙해져 죽은 지식으로 가득찬 지적 허영에 빠진 채 살아도 아무런 문제를 느끼지 못할 것이다. 하지만 이런 현상이 언제까지 갈지 모른다는 생각을 조금이라도 한다면, 혹은 이런 다수 편향에 조금이라도 불편한 생각이 든다면, 번거롭더라도 숫자를 읽고 쓰는 것을 시도해 보는 것도 좋겠다. 특히 데이터와 통계를 만드는 데 조금이라도 기여하는 사람에게 더 중립적이고 회의적인 자세는 조금은 씁쓸할지도 모르지만 분명 필수적일 것이다.

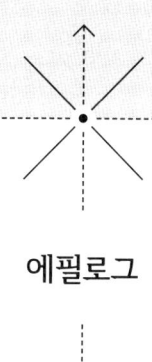

에필로그

지속가능한 데이터 과학을 위하여

2020년은 이상한 해였다. 그리고 그 이상한 해에 난생 처음 온라인으로 발표를 하게 되었다. 이전에도 내 발표 내용이 동영상으로 녹화되어 온라인으로 게시된 적은 있었지만, 오프라인으로 발표한 것을 추후에 올린 형태였을 뿐이다. 이번처럼 관객 없는 곳에서 라이브로 발표하는 것은 처음이었다.

'연차가 낮은 데이터 과학자 또는 데이터 분야에 발을 들이고자 하는 사람'을 대상으로 한 발표였는데, 어떤 내용을 전달하면 좋을지 고민이 되었다. 그러다 떠오른 주제가 **'지속 가능한 데이터 과학을 위하여'**였다.

이 주제는 우선은 발표를 위한 주제였으나 사실은 나를 위한 주제이기도 했다. 그래서 관객 없이 홀로 발표해야 하는 상황에 꽤 잘 어울리는 주제였는지도 모른다. 이 이상한 해에 이상한 일을 하며 이상하게 버티고 있는 사람들에게도 필요했겠지만, 사실 제1의 청취자는 나 자신이었다.

'지속 가능성'이란 무엇일까? 흔히 지속 가능성이라고 하면 지구의 지속 가능한 정도, 환경 오염이나 기후 위기 등의 화제를 떠올린다. 물론 지구의 지속 가능성은 매우 중요하다. 지구가 없으면 우리가 근본적으로 발을 디딜 곳이 사라지기 때문이다. 하지만 시야를 조금 좁혀 보자. '지속하다'라는 것은 시간이 지나도 상태가 꾸준히 유지됨을 뜻한다. 지구보다는 작지만 시간이 흘러도 유지되어야 하는 소소하고도 중요한 것들이 있다. 우리 삶 속에도 지속 가능해야 하는 것들이 많이 있다. 한순간의 즐거움과 한순간의 무언가를 위해서만 살기란 불안을 동반하기 때문에 어렵다. 그래서 우리에겐 지속 가능한 돈벌이, 지속 가능한 음주나 지속 가능한 취미 같은 것이 필요하다. 우리의 일에도 지속 가능성이 중요하다. 금방 망할 회사는 다니고 싶지 않으며 내가 하는 일이 안정적으로 유지되었으면 좋겠다. 마찬가지로 데이터 과학 분야도 지속 가능하기를 희망하며 이런 주제를 떠올렸다.

이상하게 생각할 수도 있다. 데이터 과학은 계속 성장하고 있고 관련된 직업도 계속 늘어난다고 한다. 데이터라고 하면 무언가 화려하고 눈부신 느낌을 받는 사람이 대부분이다. 하지만 나는 늘 불안했다. 과거에는 데이터 과학이 자리를 잡지 못할 것 같아서 불안했고 언제부터는 거기에 가득 낀 거품이 불안했고 이제는 사람들이 모두 데이터를 아는 것 같이 말하지만, 정작 조금만 세부적으로 들어가서 이야기를 하면 하나도 모르는 것 같은 대답이 돌아오는 것이 불안했다. 그리고 그렇게 불안했던 사람은 나뿐만이 아니었을 것이다. 함께 일할 사람을 채용하는 입장이 되어 3~5년 차 경력직 데이터 과학자를 구하는데, 지원자가 너무 없는 것이다. 신입 데이터 과학자와 지망생은 항상 많았던 것 같은데, 경력자는 드물다. 다들

어디로 간 걸까. 간혹 만나는 사람들의 이야기를 들어 보면 데이터 과학을 수단으로만 보는 경우가 많다. 그저 다른 일을 잘하기 위해 데이터 과학 분야의 일을 경험하는 '수단'으로 말이다. 해 보는 게 좋을 것 같다'고 한다. '데이터 과학'이 그 정도의 가치밖에 없는 것일까.

혼란스러웠다. 과연 나는 이 일을 계속할 수 있을까? 데이터 과학은 과연 '지속 가능'한 것일까? 데이터 과학이 단순한 수단이라면, 각 비즈니스 영역에서 일하는 사람들이 약간의 데이터 지식만 갖추면 되는 것이 아닐까? 사람들이 데이터를 제대로 이해하고 쓸 생각은 있을까? 어쩌면 데이터라는 것 자체가 그냥 허상이고 쓸모없는 것은 아닐까?

그래서 자료를 찾기 시작했다. 단순히 내 경험만 가지고 혼자 고민하는 건 한계가 있다고 생각했기 때문이다. 이미 시야가 좁아져 다른 것을 볼 수 없어서 비관적인 생각만 자꾸 드는 것일지도 모른다고 애써 생각했다. 그래도 다른 사람들은 좀 더 멋진 환경에서 변화한 데이터 과학 업계를 즐기고 있을 것이라고 믿었다. 하지만 내가 찾은 여러 설문 결과나 글들을 살펴보아도 이전과 크게 달라진 건 없었다.

데이터 과학은 여전히 비즈니스 환경에 제대로 뿌리내리지 못하고 리더의 입맛대로 움직이고 있는 듯했다. 제대로 된 조직 체계가 없다는 것만 보아도 알 수 있었다. 조직이 뭐가 그렇게 중요하냐고 물을 수도 있지만, 사실 회사가 조직 개편을 자주 하는 데는 어느 정도의 이유가 있다. 일의 범위가 명확하게 정해져 있지 않으며 타 분야와 협업이 잦은 데이터 과학 같은 일은 더욱 그렇다. 그래서 기본적으로도 회사에 따라 데이터 과학자의 일은 다소 다를 수 있으나 그나마 회사 내에서 어떤 역할을 하는지 명확하게 구분되어 있다면 좀 나을 것이다.

하지만 여러 회사의 데이터 과학 조직이 어디에 붙어 있는지만 보아도 한숨이 나온다. 아무리 회사마다 일이 다르다고 해도 개발은 개발 조직, 마케팅은 마케팅 조직이라고 되어 있는데, 데이터 조직은 그렇게 특정 짓기도 뭐하다. 물론 데이터 조직이라고 따로 명시하고 있는 곳도 있지만, 그런 곳은 연구 조직, 비즈니스 조직, IT 조직, 기타 조직 등 조직이 너무나도 세분화되어 있다. 게다가 우리나라에서는 데이터 과학자가 Business Analyst라는 이름으로 매우 다양한 조직에 흩어져 있기도 하고, 컨설팅이나 SI 형태라면 또 소속이 다를 것이다. 그러다 보니 가뜩이나 도메인 지식 문제로 다른 필드로 이직하기가 더 어려운 것이 데이터 분석인데, 조직 형태도 다양하면 업무 형태도 도메인마다 달라 적응이 더 어려워진다. 그래서 이직하기도 쉽지 않고, 이직을 하게 되면 아예 다른 분야의 일을 하게 되기도 한다.

데이터 프로세스는 여전히 즐겁지 않다. 이것은 데이터의 양과 기술만의 문제가 아니다. 기업에서는 데이터를 쌓고 처리하고 문제를 정의하는 과정 모두 명확하지 않다. 데이터를 최대한 명료하게 사용해야 하는 존재가 데이터 과학자인데, 이 때문에 추가로 커뮤니케이션 능력이 요구된다. 그리고 여기에 대단히 많은 시간과 에너지가 소요된다. 데이터 과학자가 데이터 모델링에만 온전히 집중할 수 있는 경우는 흔치 않다. 업무를 분리하기 위해 노력하는 곳도 있다고 하지만, 그 정도로 데이터 관련 가용 인력이 많은 회사가 얼마나 있을지, 그리고 무엇보다 그 일이 잘될지는 아직 미지수다. 업무를 분리하더라도 데이터와 결과의 명료함을 위해서는 결국 데이터 과학자가 당사자와 명확히 커뮤니케이션하여 내용을 전달받아야 할 테니 말이다.

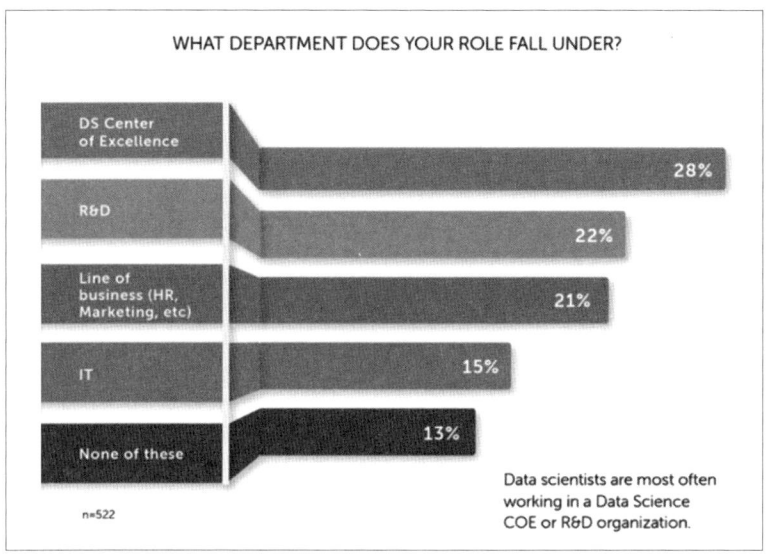

그림 A-1 데이터 조직이 어느 조직 산하에 있는지에 관한 설문.[1] 어느 한쪽에 크게 쏠리지도 않고 골고루 분포되어 있다.

외부에서 보는 기술 인식과 내부에 필요한 기술 인식에도 차이가 있다. 많은 데이터 과학자가 외부 교육 기관에서 기술을 배우고 회사에 들어온다. 그래서 전공이 명확하지 않아도 된다는 장점이 있으나 여러 학교나 외부 교육 기관에서 주로 가르치는 것은 '빅데이터의 환상'에서 필요하다는 내용뿐이다. 회사 내에서도 경영진이나 다른 부서 사람들의 인식과 데이터 실무자의 기술 인식 차이가 크다. 외부에서는 주로 딥러닝, 프로그래밍, 알고리즘 같은 것을 잘해야 한다고 생각하겠지만, 정작 실무에서는 커뮤니케이션 같은 소프트 스킬, 기본적인 통계 개념, 데이터 처리 능력 등이 훨씬 더 필요하다. 데이터 과학은 전반적으로 공부할 분량이 많지만,

---

1 ANACONDA, The State of Data Science 2020 Moving from hype toward maturity(ANACONDA, 2020)

보통 외부에서 가르치는 내용은 기초 지식을 건너뛴 사람들이 관심 있어야 할 만한 것들 위주다. 실무자 입장에서는 본인이 배우고 온 것 또는 다른 동료가 배우고 온 것이 왜 활용도가 낮은지 답답하기만 하다.

다른 일을 하다가 데이터 분야로 이직한 사람은 더 혼란스러울 것이다. 기껏 데이터 과학을 하기 위해서 학교나 외부 교육 기관에서 열심히 배우고 왔는데, 생각했던 것과 너무 다른 현실의 모습으로 인해 어째서 현실은 나를 배신하는 것인지를 궁금해하며 다시 원래 일하던 곳으로 돌아가지 않을까? 이 경우, 외부에서 배웠던 데이터 관련 지식들이 돌아간 곳에서나마 도움이 되기를 바랄 뿐이다.

데이터 과학 업계는 매우 어수선하다. 업이 제대로 자리잡기 전에 정작 손끝에 데이터도 묻혀 보지 않은 수많은 빅마우스가 데이터를 입에 담기 바빴다. 데이터에 대한 이해는커녕 데이터 존재 여부도 모르면서 팀을 꾸리고 데이터 기반으로 일한다고 말하는 곳이 여기저기 생겨났다. 예전에는 정말 아무리 찾아도 안 보이던 데이터 과학자 채용 포지션이 여기저기 열렸지만, 정작 내부는 무주공산이었다. 데이터 과학자를 채용한다고 하지만 그 사람이 와서 어떤 일을 어떻게 할 것인지에 대해서는 전혀 고려하지 않았다. 성공한 회사의 그럴싸한 스토리만 보고 데이터 과학자를 채용만 하면 신기한 도깨비가 나와서 방망이를 휘두른다고 생각하는 사람들이 부지기수였다. 정작 그 내부는 사상누각이고 전반적인 이해와 기반을 다지는 번거로움 없이는 아무것도 만들어지지 않는다는 지루한 이야기는 그 누구도 말해 주지 않았다.

밖에서 보는 데이터 과학자는 정말 근사했을 것이다. 이 길을 택한 사람들은 반짝이는 일을 하고 있으리라 기대치가 높았을 것이다. 하지만 실상은 제대로 자리잡지 못한 일을 하는 느낌 속에서 기껏 열심히 공부해도 만족스럽지 못하다. 이는 낮은 업무 만족도로 이어진다. 2020년 아나콘다의 설문 결과를 보면 데이터 과학자의 34%만이 본인 업무에 만족하고 있고 회사에서 오래 다닐 것 같다고 답했다. 3~40%는 1년 이내, 나머지 70%는 3년 이내에 이직 생각이 있다고 했다. 물론 해외 사례라서 문화적 차이가 다소 있을 수 있지만, 엔지니어링 업계는 크게 분위기가 다르지 않다는 것을 고려해 보면 다들 현재 회사에서 장기적인 비전을 못 보고 있는 것이리라.

이런 데이터 과학을 과연 계속할 수 있겠냐고 다시금 자문해 본다. 어쩌면 빠른 탈출이 답일 수도 있다. 하지만 데이터 과학으로 먹고 살아왔고 지금도 먹고 살고 있는 사람이 작금의 데이터 과학 상황이 답답하니 때려치우자고 할 수는 없는 노릇이다.

나에게 그간 데이터 과학자가 할 만했느냐고 물으면, "아니요, 오조 오억 번 그만두고 싶었지요" 하고 당당히 말할 수 있다. 주변에는 몇 번이고 이 바닥을 떠야 한다고 농담처럼 이야기하기도 했지만, 어쨌든 좀만 더 버텨 보자며 지금까지 걸어왔다. 이제는 돌아가기엔 너무 멀리 와 버렸고 돌아갈 곳도 없다고 생각한다. 그리고 사실 별로 그럴 생각도 없다.

나는 데이터 과학에 대한 허황한 믿음을 마주칠 때마다 2015년에 스트라타 컨퍼런스[2]에 참석했을 때 사람들과 대화 중 들었던 말을 떠올린다. "우리는 가장 큰 한계점이 기술 문제일 줄 알았다. 얼른 신기술을 도입해야 하고… 하지만 이런 생각이 가장 큰 실수였다."

---

[2] 출판사 O'REILLY에서 개최하는 데이터와 인공지능 관련 컨퍼런스. 가장 규모가 큰 컨퍼런스 중 하나다(https://www.oreilly.com/conferences/strata-data-ai.html).

그러면 그 한계는 무엇일까 곱씹는다. 보통은 비즈니스 문제, 사람의 문제였을 것이다. 데이터 과학에서 사람들이 보통 기대하는 것은 기술적으로 멋진 것일지 모르지만, 내외적으로 비즈니스 성과와 연계되지 않는다면 잠깐 홍보용으로 사용되는 것 외에는 별 소용이 없다. 모든 일이 그렇겠지만 비즈니스와 긴밀하게 연결된 데이터 과학은 더욱 그렇다. 우리가 꿈꾸는 데이터 과학이 비즈니스 성과와 연결되기 위해서는 수많은 커뮤니케이션이 수반되고 타 업에 대해서도 꼼꼼히 이해할 필요가 있는데, 이는 데이터 과학자를 시작할 때 기대하던 것도 아니고 눈에 잘 띄지도 않으면서 시간만 많이 소요된다. 하지만 이런 디테일이 성과를 만든다. 나 역시도 이런 일을 좋아하지 않았고 이런 일이 필요하다는 말을 듣고 머리로는 이해해도 마음으로 받아들이는 데는 꽤 오랜 시간이 걸렸다. 하지만 이제는 좀 알 것도 같다.

데이터란 어떤 문화, 해당 도메인 내에 존재하는 언어 같은 것이다. 사람들은 데이터를 안 되던 것도 되게 만드는 마법 지팡이 아니면 뭔가를 만들 수 있는 소품이라고 생각하지만, 그런 것과 성격이 좀 다르다. 데이터는 그 문화, 그 도메인에서 기존부터 지금까지 쌓아 온 과거요, 역사다. 그래서 데이터 과학이란 결국 이런 과거와 역사를 잘 다듬어서 어떤 통찰을 만드는 일이다. 이는 어쩌면 데이터라는 언어로 말을 하는 작업으로 볼 수 있다. 다양한 분야에서 나오는 문제를 데이터라는 말로 풀어 가는 것. 이 과정에 딥러닝이 쓰이기도 통계가 쓰이기도 하고 간단한 산수만 필요한 경우도 있지만, 무엇이 되었든 골자는 어떤 상황을 데이터로 바꿔서 풀어주는 것이다. 따라서 어찌 보면 데이터 과학자는 데이터 통역가이기도 하다. 데이터 통역을 원활하게 하기 위해서는 잦고 긴밀한 커뮤니케이션, 적극적으로 문제를 해결하며 도우려는 자세, 냉정함을 유지하면서도 데이터를 통해 문제를 실질적으로 해결해 주는 자세가 필요하다. 새로운 언어를 사용하는 것, 새로운 요소를 추가하는 것은 어떻게 보면 회사 시스템상으로도 지원이 필요하다. 데이터 과학자 한둘이 뭘 해 보려다가도 회사에서 뒷받침해 주지 않으면 지쳐서 안 될 거야 하고 많은 사람이 지쳐서 나가떨어진다.

그래서 긴 호흡을 갖고 구조적으로 해결하려는 자세가 필요하다. 사람들에게 끊임없이 데이터를 사용하도록 요구하고 그 필요성을 어필해야 한다. 데이터를 잘 쌓고 문화를 잘 만들고 잘 적용하는 것, 서비스에 잘 맞추는 것…

이런 과정을 겪어 보면 '데이터는 긴 호흡이 필요하다'라는 예전 동료의 말이 보다 명료하게 다가온다.

데이터는 혼자 존재할 수 없다. 데이터는 어떤 파트가 아니다. 데이터만으로 무언가를 만든다는 것은 가능할 순 있지만 서비스에 적용하려면 필히 많은 부서와 협업을 거쳐 같이 만들어 가야 한다. 데이터로 문제를 해결하는 것 역시 서비스에 적용하기 위한 것이고 나 혼자 완벽한 답안을 찾기란 불가능에 가깝다. 결국 서비스와 사람에 붙어 있는 것이 데이터다.

이를 우리 자신이 먼저 받아들이고 함께 일하는 사람들도 이해시키고, 천천히 하지만 꼼꼼하게 점진적으로 데이터를 만져야 한다. 눈에 보이는 결과가 바로 나오지 않으면 답답할 수도 있지만, 데이터라는 것이 원래 그렇다. 과거를 하나의 발판으로 만들어서 쌓아 올리는 일이 오래 걸리고 그다지 근사하지 않았을 뿐이다. 그러다 어느 순간 좋은 제단이 만들어지면 분명 반짝거리겠지만, 어설프게 쌓아 올린 것이라도 무너지지 않는다면 충분한 가치가 있다.

현재는 과거를 발판 삼아 올라온 것이고 곧 미래의 발판이 될 것이다. 과거를 엮어 가며 현재를 더 나은 것으로 만드는 데이터 과학자는 누구보다도 이를 잘 알고 있다. 그래서 과거를 이해하고 현실에 충실하며 같은 실수를 반복하지 않기 위해 노력하고 고치려고 하는 것이 데이터 과학의 지속 가능성을 최대로 높이는 방법임을 안다.

그렇게 지속 가능하게 데이터를 엮어 나간다. 시절은 하수상하지만 우리의 일은 계속된다. 우리는 우리의 자리에서 우리가 할 수 있는 일을 조금씩이지만 꾸준히 해 나간다. 주변에서 뭐라고 하든 크게 눈에 띄지는 않더라도 주변을 조금 더 좋게 바꿔 나가려고 애쓴다. 그러다 보면 어느샌가 눈에 보이는 무언가를 만들고 있을 테고 그것은 결국 보기 좋은 결과를 만드는 데이터 과학이란 것을 하고 있을 것이다. 무엇보다 자신의 손에 만져지는 이 일에 보람을 느끼고 있을 것이다.

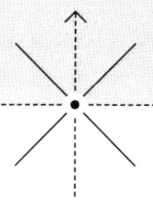

글을 마치며

데이터 분석 일을 적지 않은 기간 동안 해 오면서 정말로 혼란스러운 것들이 부지기수였습니다. 안 따라가는 내 머리, 매일매일 산적해 있는 문제들, 오류가 잔뜩 있는 데이터, 비협조적인 사람들, 이래저래 발목을 잡는 폐단 등. 데이터를 다루는 직업을 일부 소수만 선택했을 때부터 현재까지, 다양한 곳에서 데이터를 분석하는 경험을 할 수 있었지만, 이런 혼란은 경력이 쌓이고 여러 경험을 하면서도 해소되는 듯 해소되지 않았습니다.

끝없는 혼란 속에서도 지금껏 데이터 분석을 꾸준히 해 올 수 있었던 것은 데이터 분석 일이 주는 어떤 매력 때문이었습니다. 혼란이 작지는 않았으나 그로 인해서 내 커리어를 바꿀 정도는 되지 않았습니다. 그렇다면 이런 불만을 개인적으로라도 해소를 해야 했습니다. 제 해소 방법은, 고민을 많이 하고, 그 고민을 남들도 하는지 찾아보고, 내 생각을 글로 쓰는 것이었습니다. 그렇게 블로그에 글을 쓰고, 기회가 닿아 다른 곳에다가도 글을 실었습니다. 수년간 써온 글이 어느 정도 쌓였고, 여기에 새로운 내용을 추가하고 다듬고 묶어서 책 형태로 나오게 되었습니다.

그래서 이 책은 '데이터 과학자로 수년간 여러 곳에서 일을 해 보면서 갖게 된 생각들'이며, 주변 사람들이 기업의 데이터 분석에 대해 말할 때 하고 싶던 이야기입니다. 이야기의 대상은 데이터 분석가의 길이 괜찮은지 고민하는 주니어 데이터 분석가가 될 수도 있고, 데이터 분석 업무가 와닿지 않는 주변 동료가 될 수도 있으며, 실제로 같이 긴밀하게 협업하고 있지만 조금 더 소통하고 싶던 동료일 수도 있습니다. 혹은 먼 발치에서 "데이터 분석이 있다던데"라고 말하는 낯선 사람일 수도 있습니다.

그러다 보니 이 책은 다소 개인적인 고백이기도 하고, 혼란의 기록이기도 합니다. 탈고 후 다시 읽어보면서 다소 부끄럽기도 했습니다. 하지만 여전히 많은 혼란을 겪고 있는 데이터 분석 업계의 동료가 있다는 것을 알고 있고, 그들에게는 저의 이러한 단편적인 생각들이 어느 정도 도움을 줄 수 있을 것이라고 생각합니다. 제가 데이터 분석 업계에서 겪었던 혼란에 대한 이야기가, 생각보다 많은 사람들로부터 공감을 얻었던 경험을 했고, 이를 아직 접하지 못했던 분들에게도 도움이 될 수 있을 것이라고 생각합니다. 기업에서 데이터를 활용하는 것에 대해서 잠시나마 떠올린 적이 있는 사람이라면, 이 책의 한 두 군데에서라도 마음에 맞는 부분이 있기를 바라는 마음으로 책을 구성했습니다.

여러 곳에서 경험을 한 이야기를 정제해서 썼고 여러 문헌을 참고하기도 했지만, 기본적으로는 제가 받아들인 것에 대한 이야기라, 절대적인 현실은 아니고 어떤 독자의 경우 본인이 알고 있는 내용과는 다르다고 생각할 수도 있습니다. 이럴 때는 '이런 경우도 있다'라고, 필자에게 언젠가 기회가 닿을 때 알려주시면 감사하겠습니다.

이 책이 업무 속에서 혼란을 겪고 있는 데이터 분석가에게는 작게나마 위안이, 이 직업에 대해 의구심을 가진 사람에게는 동료의 환경을 이해할 수 있는 창구가, '데이터'라는 단어가 하늘 높이 올라가는 연처럼 보이는 사람에게는 작은 얼레가 될 수 있기를 바랍니다.

끝으로, 저술을 제안해 주시고 이 책이 나오기가지 공들여 주신 편집자님을 비롯하여 비제이퍼블릭 관계자 분들께 감사드립니다. 멀리서 늘 지켜봐 주시는 가족분들과, 무엇보다 나의 경험치를 쌓고 지금까지 데이터 분석 일을 할 수 있게 도와준, 감사하기도 했고 원망하기도 했던 나의 그간의 모든 동료 분들께 감사하는 마음을 전합니다.

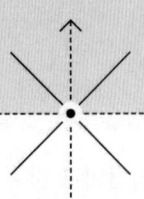

찾아보기

ㄱ

강인공지능	230
개인정보 보호법	187
계산주의	205
과학 3법칙	124
구글 애널리틱스	138
귀무가설	143
근거 기반	32

ㄴ

노버트 위너	223

ㄷ

다크 사이드	218
데이터 과학자	3
데이터 과학자 벤 다이어그램	14, 18
데이터 기반	36, 182
데이터 댐	112
데이터 라벨링	111
데이터 레이크	56
데이터 문해력	43
데이터 엔지니어링	6
데이터 웨어하우스(DW)	6
데이터 주도	32, 126
데이터 중립성	86
데이터 클렌징	108
도메인 지식	19
동굴의 비유	117
딥러닝	207

ㄹ

라이프 3.0	223
레드시프트	8
로널드 피셔	37
린 스타트업 이론	98

ㅁ

메타 데이터	165
문제 해결 과정	105

미케니컬 터크	115	유스 케이스 다이어그램	66
밀그램 실험	177	유의수준	37
		인공 신경망	205, 206
		인공지능 채용	118, 223

ㅂ

베이즈 추론	42		
분석 프로세스	9		
불확실성	226		
블랙 스완	226		
비교 실험	175		
비정형 데이터	66		
빅데이터	4, 55, 72, 231		
빅쿼리	8		

ㅈ

재방문율	133, 134
정보보안법	187
좀비 통계	236
지표	122, 138
질의	6

ㅊ

처방 분석	221
초지능	223
추천	162
층화표집	242

ㅅ

생존자 편향	38
세이지메이커	115
스노우플레이크	8
스파크	7
실질 지표	126
실질적 전문지식	19
실험 계획법	143, 174
실험 윤리	178
심리역사학	223

ㅋ

캐글	60
코딩 테스트	21
콜드 스타트	169
큐레이션	162

ㅇ

아이리스 데이터	61
알파고	207
연결주의	205
예측 분석	220
오버피팅	242

ㅌ

타기팅	139
탐색적 데이터 분석(EDA)	107
태거	115, 165

ㅍ	
파싱	65
파운데이션	223
파인만의 함정	39
페르소나	139
페이지 뷰	125, 133
풀 스택 개발자	104
풀 스택 데이터 과학자	104
피터 노빅	213
피터 드러커	150
피험자에 대한 윤리	180

ㅎ	
하둡	7
핵심 성과 지표(KPI)	122
허상 지표	126, 134
휴리스틱	204

A	
A/B 테스트	36, 42, 139, 172

B	
BA(Business Analyst, 비즈니스 분석가)	91, 148

C	
CCPA	195
CRISP-DM	9

D	
DAU	123
DBA	56

E	
EDA	57
ER 다이어그램(ERD)	66
ETL	58

I	
ISMS	192

M	
MAU	133
meme(밈)	75
MVP	99, 138

N	
NoSQL	7
NPC	225

O	
OLAP	56
OLTP	56
OMTM	124

P	
p-해킹	37

R

RDB(관계형 데이터베이스)　　6, 96

S

SQL　　22

U

UX(사용자 경험)　　138

W

WAU　　134

기타

3V　　4, 55
5W1H　　129

데이터를 엮는 사람들, 데이터 과학자

데이터 분석 업계에 대한 진솔한 이야기

출간일 | 2023년 1월 11일 | 1판 1쇄

지은이 | 권정민
펴낸이 | 김범준
기획 | 오소람
책임편집 | 임민정
교정교열 | 이현혜
편집디자인 | 한지혜
표지디자인 | 임성진

발행처 | 비제이퍼블릭
출판신고 | 2009년 05월 01일 제300-2009-38호
주소 | 서울시 중구 청계천로 100 시그니쳐타워 서관 10층 1060호
주문/문의 | 02-739-0739   **팩스** | 02-6442-0739
홈페이지 | http://bjpublic.co.kr   **이메일** | bjpublic@bjpublic.co.kr

가격 | 16,500원
ISBN | 979-11-6592-191-0(13000)
한국어판 © 2023 비제이퍼블릭

이 책은 저작권법에 따라 보호받는 저작물이므로 무단 전재와 무단 복제를 금지하며,
내용의 전부 또는 일부를 이용하려면 반드시 저작권자와 비제이퍼블릭의 서면 동의를 받아야 합니다.
잘못된 책은 구입하신 서점에서 교환해드립니다.